图解国别

中高等教育制度

主　编：杜修平
副主编：吉琳玄　张馨蕊
编　委：李　敏　美合日古丽·托合提
　　　　李　静　叶海燕

人民东方出版传媒
東方出版社

前　言

2019 年 4 月，教育部发布了《2018 年来华留学统计》。2018 年共有来自 196 个国家和地区的 492185 名各类外国留学人员在全国 31 个省（区、市）的 1004 所高等院校学习。我国已成为全球第 3、亚洲最大的留学目的国。新时代，来华留学教育的关键是提高质量，而不是盲目追求扩大规模，来华留学教育当前进入了提质增效阶段。为了方便广大来华留学管理人员了解生源国的教育情况，熟悉留学生的教育背景，进而招到满足本校要求的优质生源，提高来华留学教育的质量，我们特意编写了本书。

本书的适用对象为来华留学教育管理人员，特别是负责留学生招生的管理人员。本书也可以作为比较教育或国别教育课程学习或教学的参考书。对准备出国留学的学生及其家长也有一些参考作用。

根据《2018 年来华留学统计》，来华留学生规模按国别排序前 15 名为：韩国、泰国、巴基斯坦、印度、美国、俄罗斯、印度尼西亚、老挝、日本、哈萨克斯坦、越南、孟加拉、法国、蒙古、马来西亚。本书第一部分即是对这些来华留学主要生源国的介绍。

2014 年 12 月，习近平总书记对全国留学工作会议作出重要指示，强调新形势下留学工作要适应国家发展大势和党和国家工作大局。2016 年 4 月，

《关于做好新时期教育对外开放工作的若干意见》发布，提出实施“一带一路”教育行动，促进沿线国家教育合作。截至2020年1月底，中国已经同138个国家和30个国际组织签署了200份共建“一带一路”合作文件。包括本书第一部分来华留学主要生源国的韩国、泰国、巴基斯坦、俄罗斯、老挝、哈萨克斯坦、越南、孟加拉、蒙古和马来西亚等国家。由于篇幅所限，本书第二部分只另外选择了15个“一带一路”共建国家，对其中高等教育体制进行介绍。

为服务于来华留学招生，本书主要侧重于高中阶段教育、高中毕业考试、大学入学考试、本科教育等方面的内容，采用图解的方式，力求简洁明了，实用有效。对相关阶段的证书或公证件也尽量搜集、展示出来，力求直观。

虽然大学排行榜经常引发争议和口水战，但是在国际教育中，排行榜的作用是毋庸置疑的。知名高校在对外宣介时，基本上都会引用本校占据优势的排行榜。大学排行榜也是学生和家长出国留学选择学校的一个非常重要的参考。本书引入了QS世界大学排名（QS World University Ranking，以下简称QS排名）、世界大学学术排名（Academic Ranking of World University，以下简称ARWU排名）、泰晤士高等教育世界大学排名（Times Higher Education World University Ranking，以下简称THE排名）、美国新闻与世界报道（U.S. News & World Report）发布的全球大学排名（Best Global Universities Ranking，以下简称U.S. News排名）四大排行榜数据。以QS排行榜数据作为主线，对高校进行介绍。对未能进入四大排行榜的国家，列出其国内主要的知名高校。

国际学生评估项目（Program for International Student Assessment，PISA）是经济合作与发展组织（Organization for Economic Co-operation and Development，OECD）发起的国际比较研究，测评在即将完成义务教育时，学生在多大程度上掌握了全面参与社会所需要的终身学习能力，聚焦在阅读、数学和科学等关键领域的素养上。PISA在评价一个国家的基础教育时，有着非常重要的参考价值，客观而言，在全球的影响力是目前所有国际学生能力评估项目中最大的。本书引用了 PISA 在 2018 年的测评数据，这可以作为来华留学管理人员了解外国学生基础教育水平的一项大体参考。对个人的深入考察，需要进一步采取考试或考核的方式。

本书在撰写过程中，调查、访问了大量来华留学生。在此对你们的支持与配合表示衷心的感谢。国际与比较教育学是天津大学国际教育学院跨文化教育专业研究生和汉语国际教育专业研究生的课程，感谢近四年的中、外留学生，他们在课堂上、作业中为本书贡献了部分资料、观点和想法，在此表示衷心的感谢。

感谢天津大学的娄缃旖（马来西亚）、金贤柱（韩国）、黄瑞金（泰国）、肖兰雅（印度）、凯拉（美国）、尤利娅（俄罗斯）、黄镜颖（印度尼西亚）、卡赛（老挝）、包奕凡（老挝）、近藤雅贵（日本）、丽扎（哈萨克斯坦）、张奇心（越南）、史书（孟加拉国）、胡兰（蒙古国）、孟根莎嘎（蒙古国）、安和玛（蒙古国）、木和（蒙古国）、黄伊晴（马来西亚）、林子锈（马来西亚）、卢伟（意大利）、柏菲（意大利）、卫然（土耳其）、凯德欣（捷克共和国）、白理（捷克共和国）、林荣利（柬埔寨）、宋春元（柬埔寨）、周汉亮（柬埔寨）、吉莉娅（乌兹别克斯坦）、小曼（约旦）、小山（埃及）、王小玉（尼日利亚）、吴瑞龙（委内瑞拉），南开大学的王淑玉（老挝），山东大学的黄君中（泰国），天津师范大学的沙基尔（巴基斯坦），天津大学的张桐、李莉、赵礼娜、李思敏、赵宇航、王云飞、卢鹏菲、赵安琪、宿瀚文、张盛、李梦爽、张之季、刘雪、吴建垲等同学。

由于时间仓促，水平有限，疏漏之处在所难免，敬请读者朋友批评指正，联系方式：duxiuping@tju.edu.cn。

作者

二〇二〇年六月

目录
CONTENTS

第一部分 来华留学主要生源国

第一部分

来华留学主要生源国

2019年4月，教育部发布了《2018年来华留学统计》。来华留学生规模按国别排序前15名为：韩国50600人，泰国28608人，巴基斯坦28023人，印度23198人，美国20996人，俄罗斯19239人，印度尼西亚15050人，老挝14645人，日本14230人，哈萨克斯坦11784人，越南11299人，孟加拉10735人，法国10695人，蒙古10158人，马来西亚9479人。这些国家的来华留学生合计达到278739人，占比56.6%，是来华留学的主要生源国。本部分对其中高等教育制度进行介绍。

第一章　韩国

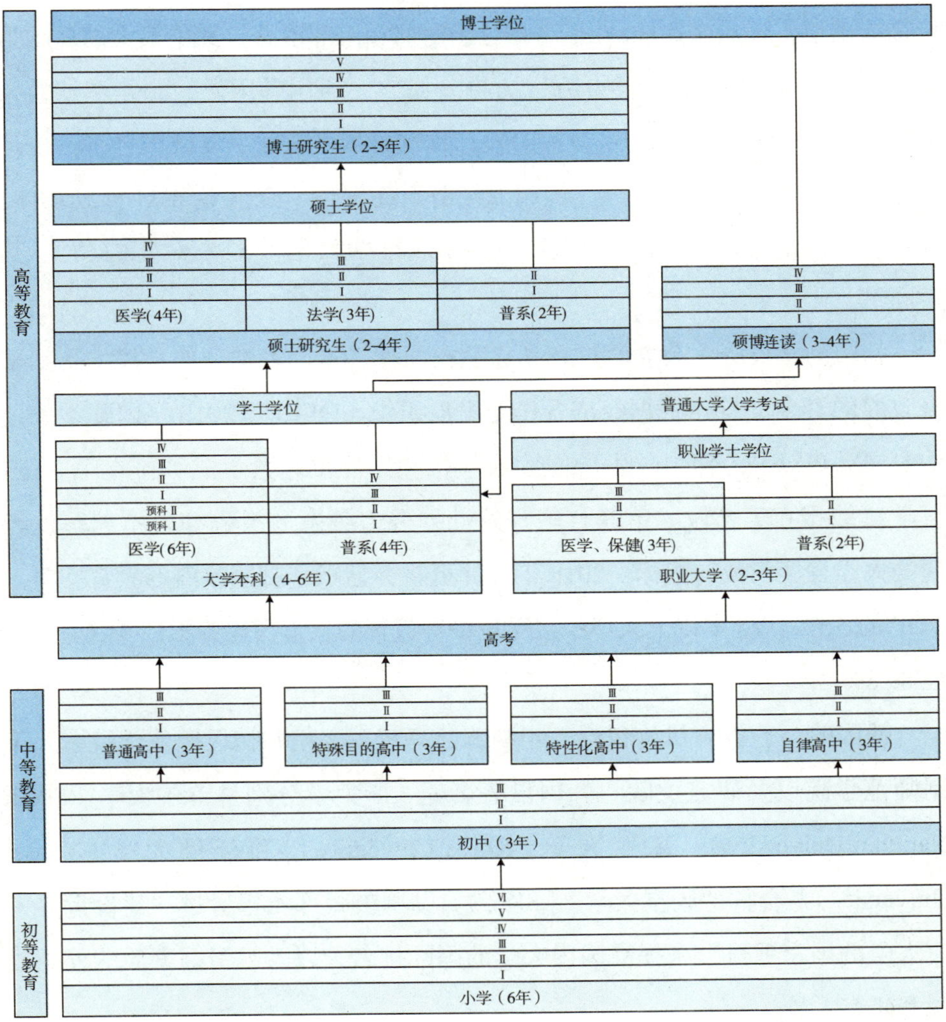
高等教育
博士学位
Ⅴ
Ⅳ
Ⅲ
Ⅱ
Ⅰ
博士研究生（2–5年）
硕士学位
Ⅳ
Ⅲ
Ⅱ
Ⅰ
医学(4年)
法学(3年)
普系(2年)
硕士研究生（2–4年）
硕博连读（3–4年）
学士学位
普通大学入学考试
职业学士学位
预科Ⅱ
预科Ⅰ
医学(6年)
普系(4年)
大学本科（4–6年）
医学、保健(3年)
普系(2年)
职业大学（2–3年）
高考
中等教育
普通高中（3年）
特殊目的高中（3年）
特性化高中（3年）
自律高中（3年）
初中（3年）
初等教育
Ⅵ
小学（6年）

第一节　导言

韩国，全称为大韩民国。地处东亚，位于朝鲜半岛南部，北邻朝鲜。地形多为山地，约有多达 3000 个岛屿位于西部和南部沿海，其中最大的岛屿为济州岛。韩国总人口约 5200 万，为单一民族，通用韩国语，50% 左右的人口信奉佛教、基督教、天主教等宗教。首都首尔是全球主要城市之一，也是全球第 4 大都市经济体之一。韩国的经济高度发达，是世界第 11 大经济体。韩元为韩国的货币，1 人民币大约兑换 165.7877 韩元（本书采集数据时，其后同）。

韩国的学校分为公立学校和私立学校两种，这两种类型的学校均受到来自政府的资金支持。根据经济合作与发展组织（OECD）2018 年国际学生评估测试（PISA），韩国学生的阅读成绩排在第 9 位，数学成绩排在第 7 位，科学成绩排在第 7 位。由联合国开发计划署人类发展报告办公室编写发行的《人类发展指数与指标：2018 年统计更新》显示，韩国政府的教育支出占 GDP 的 5.1%。25 岁以上人口中接受过中等教育的人口占比为男性 95.6%，女性 89.8%。

韩国的高等教育机构包括 4 年制普通高校、2 年制初级职业学院、4 年制师范学院以及研究生院。韩国最著名的 3 所大学分别是首尔大学（Seoul National University）、高丽大学（Korea University）和延世大学（Yonsei University），合称“天空大学”（SKY）。韩国教育部希望通过“建设世界一流大学的国家项目”来提高国内大学的国际排名，以及吸引高素质的外国教授和研究人员。

第二节 中等教育制度

一、中等教育类型

（一）初中阶段

韩国的初中和小学都属于义务教育阶段，初中为3年制。学生会被安排到居住地附近的学校上学，如果父母不送子女上初中，将会被政府罚款。

初中教育课程在小学教育基础上培养学生的学习和日常生活所需的基本能力以及市民的素质涵养，学生每个学期学习8个以上的科目。

（二）高中阶段

韩国的高中学制为3年，初中毕业或通过初中同等学历考试的学生可以升入高中就读。

韩国的高中可分为普通高中、特殊目的高中、特性化高中和自律高中4个类型。各市、道和学校对于学生的招生选拔方式有所不同。

普通高中进行一般教育，其数量在高中学校中占据的比例最大，学校通过各个地区的抽签安排、学生申报的成绩或者选拔考试来招生。

特殊目的高中是指以提供特殊领域的专业教育为目的的高中。特殊目的高中当中，有专门培养科学人才的科学类高中（科高）、专门培养外语人才的外国语类高中（外高）、打造国际专业人才的国际类高中（国际高）、培养艺术家的艺术类高中（艺高）以及培养运动员的体育类高中（体高），还有一些为迎合专门产业的需要而开办的相关高中。学校通过校园生活记录表、教师推荐书、面试和技能考试成绩等来评价学生自主学习的能力，继而对学生进行招生选拔。特殊目的高中是实施专门教学、现场实习等以体验式教育为主的高中。除韩语、数学、英语、社会等一般学科外，还有农业、寿险行业、工业、商务信息、渔业/海事、家政等科目。根据不同学校的特性，学生可以接受各种职业性的专门教育。

自律高中分为“自律型公立高中”和“自律型私立高中”。自律高中与其他高中相比，学生可以更加自主地接受教育。此类高中在管理的过程中有很大的自主性，每个学校都有特殊的教学方案。“自律型公立高中”与普通高中的选拔方式一致，而“自律型私立高中”则与特殊目的高中的选拔方式一致。

高中不属于义务教育阶段范围，因此需要学生家庭自行负担注册费和学费等费用，学费根据地区和学校类型不同而不同。城市里的普通高中每年学费为7375元到9220元（人民币）左右，特殊目的高中、自律型私立高中等则需要更多的学费，但家庭条件不好的学生可以得到学费支援或减免。

学生需要学习的科目有韩语、数学、英语、社会（包括历史和思想品德）、科学、体育、艺术（音乐、美术）、技术·家庭、第二外语、汉字、教养等。学生也可以选修自己想要学习的科目。

除此之外，创意体验活动作为一项课外活动，其间学生可以自主参加社团活动、职业体验、志愿活动等。上述活动可提高学生的实践能力、个人素质与潜力。

二、中等教育毕业制度

韩国的高中一般在3月初开始第一学期的学习，8月底或9月初开始第二学期的学习。高中毕业典礼一般在2月举行。小学、初中、高中阶段均由教学科目和体验活动综合判定学生是否有资格毕业，没有毕业考试制度。

NO

Ansan Technical High School

722 Bu-gok dong, Sangrok-Gu Ansan, Kyonggi, Korea

Phone : 82-31-486-4295 Fax : 82-31-482-8956

TRANSCRIPT

Name :

Date of Birth :

Sex : Male

Entrance Date : March 4, 2013

Date Issued : April 18, 2019

Subject	1st Year(2013)					
	1st Semester			2nd Semester		
	Units	Score/Average (SEM)	Rank (Enroll-ment)	Units	Score/Averag e (SEM)	Rank (Enroll-ment)
Korean Language	3	76/51.8(14.5)	1(104)	3	96/68.4(17.5)	1(98)
Mathematics	3	94/42.9(20.3)	1(104)	3	92/45.1(22.1)	1(98)
Practical English I	3	90/57.8(21.8)	2(104)	3	88/67.4(17.6)	3(98)
Moral Education				2	98/76.6(16.0)	1(98)
Social Studies	2	96/74.5(13.9)	1(104)			
Science	3	89/59.4(16.4)	1(104)	3	97/70(16.1)	1(98)
Physical Education	2	94/85.3(8.4)	Usu(104)	2	89/84.9(8.9)	Usu(98)
Fine Arts				3	95/83.6(9.8)	Usu(98)
Music	3	82/74.9(11.6)	Usu(104)			
Introduction to Industrial				4	93/67.2(15.5)	A(98)
Information Technology Basics	4	99/75.1(14.4)	A(104)			
Programming	7	94/79.8(11.3)	A(104)	7	97/78.1(12.1)	A(98)
Total Units	30			30		

图 1 韩国高中毕业成绩单翻译件(部分)

진본확인필
진본
2019/04/18 11:42
KST
정부진본확인센터

Issue No :

ANSAN TECHNICAL HIGH SCHOOL

Address : 722, Bugok-dong, Sangrok-gu, Ansan-si, Gyeonggi-do, Korea
Phone : 82-31-482-8955 Fax : 82-31-482-8956

CERTIFICATE OF GRADUATION

Name :
Date of Birth :
Verification No :
Issue Date :

This is to certify that the above-mentioned person completed all the required courses at Ansan Technical High School and graduated on February 03, 2016.

Kang Byoung Ok
Principal of ANSAN TECHNICAL HIGH SCHOOL

Official Seal

图 2 韩国高中文凭翻译件

第三节 高等教育制度

一、大学教育制度

（一）入学制度

全国普通高等学校的统一招生考试名为韩国高等教育入学考试，也称为大学学业能力倾向测试（College Scholastic Ability Test，CSAT，以下简称高考），高考的时间固定在每年 11 月第三周的周四。考试内容包含：韩语、数学、外语、韩国史（必考），社会研究 / 科学 / 职业培训（3 选 1）和第二外语 / 汉字和经典（可选）。

学生可以在自己选择的相关科目范围内完成部分或全部考试。必考科目中，韩语、数学和外语的满分均为 100 分，韩国史满分为 50 分；社会研究、科学、职业培训这 3 个领域中，每一个领域均包含一些科目可供学生选考，学生根据自己想入读的专业（社会研究仅限人文系学生选择，科学仅限自然系学生选择，职业培训仅限职业系学生选择），最少选 1 门，最多选 2 门进行考试，每门满分均为 50 分，大部分学生会在选考科目中选择 2 门参加考试，以分数最高的那门成绩作为最后报考大学的成绩；第二外语、汉字和经典这 2 门选考科目则要依照学生报考的学校和专业来决定是否选考。

为了选拔达到大学要求的人才，高等教育机构的录取方式大体分为“随时”和“定时”两种。“随时”是指以学校的综合成绩为主的录取方式，“定时”指以高考成绩为主的录取方式。“随时”包括普通录取和特别择优录取，普通录取又分为成绩优先类、综合类、论述类和艺术类；特别择优录取则是为了消除教育机会的不平等而实施的制度，招生对象具体包括在外国民、国家保勋对象、基础生活保障者、残疾人、地区人才、特性化高中毕业者、农渔村生源、脱离朝鲜的居民等。

表 1　韩国现行“随时”招生制度

	招生类型	评价方法	招生对象
“随时”	成绩优先类	教学成绩、面试等	成绩优秀的学生
	综合类	教学成绩、非教学成绩、自我介绍、推荐信、面试等	在外国民、农渔村生源等特殊情况的学生
	论述类	论述 + 学生部 + 高考最低标准（每个大学的论述类型和范围各不相同）	参加论述考试的学生
	艺术类	艺术考试、教学成绩、自我介绍、面试	特长生

“随时”报考学校范围限制为 6 所大学，可以重复报考（但相同学校的同一招生类型不能进行重复报考）。“随时”招生的最终合格者和追加合格者不论登记与否，都禁止报考“定时”招生。

“定时”是以高考成绩为基础的录取方式。“定时”的报考方式是在“甲、乙、丁”3 个组当中，仅选择 1 个组进行报考（韩国教育科学技术部将所有大学专业分为 3 个组，学生可以选择 1 个组进行报考），每个学校集群的录取时间不一样。

表 2　不属于“随时”及“定时”限制的大学名录

类型	大学
特殊目的大学	陆·海·空军士官学校、国军看护士官学校、警察大学、韩国科学技术院、光州科学技术院、大邱庆北科学技术院、蔚山科学技术院
产业大学	韩国放送通信大学、韩国传统文化大学、韩国艺术综合学校、青云大学、湖原大学

表 2 所示的大学不属于“随时”及“定时”的限制范围，因此不限制报考。除此之外，职业大学对“随时”招生和“定时”招生没有限制。

普通大学和职业大学的招生时间不同，各大学的具体申请标准也不同。与普通大学相比，职业大学的招生时间更长。

表 3　2019 学年“随时”招生报名时间

<table>
<tr><th>普通大学（4 年制）</th><th>“随时”</th><th colspan="2">职业大学</th></tr>
<tr><td rowspan="2">2018 年 9 月 10 日—14 日</td><td rowspan="2">招生报名期间</td><td>第一轮选拔</td><td>2018 年 9 月 10 日—28 日</td></tr>
<tr><td>第二轮选拔</td><td>2018 年 11 月 6 日—20 日</td></tr>
<tr><td rowspan="2">2018 年 9 月 10 日—12 月 12 日</td><td rowspan="2">招生录取期间</td><td>第一轮选拔</td><td>2018 年 9 月 10 日—28 日</td></tr>
<tr><td>第二轮选拔</td><td>2018 年 11 月 6 日—20 日</td></tr>
<tr><td>2018 年 12 月 14 日（周五）前</td><td>发布合格者的名单</td><td colspan="2">2018 年 12 月 14 日（周五）前</td></tr>
<tr><td>2018 年 12 月 17 日—19 日</td><td>合格者注册期限</td><td colspan="2">2018 年 12 月 17 日—19 日</td></tr>
</table>

表 4　2019 学年“定时”招生报名时间

普通大学（4 年制）	“定时”	职业大学
2018 年 12 月 29 日 —2019 年 1 月 3 日	招生报名期间	2018 年 12 月 29 日 —2019 年 1 月 11 日
2019 年 1 月 4 日—27 日	招生录取期间	2018 年 12 月 29 日 —2019 年 1 月 11 日
2019 年 1 月 29 日前	发布合格者的名单	2019 年 2 月 8 日前
2019 年 1 月 30 日—2 月 1 日	合格者注册期限	2019 年 2 月 11 日—13 日

（二）学制与学位授予制度

韩国的普通大学本科学制为 4 年，医学类和牙科专业学制为 6 年，其中包含 2 年的预科学习。学生需要修满 140 学分才能完成为期 4 年的学士课程，学生必须在每学期 16 周之内参加每周 1 小时的讲座 / 辅导或 2 小时的实验室工作 / 实践工作才可以修满学分。6 年制的课程则需要修满 180 学分。由于韩国有服义务兵役的要求，男性学生通常需要 2 年的额外时间完成学业。除本身所学专业外，学生也可以选择其他专业进行辅修。

在大学就读 4 年以上且修满学分并通过规定考试的学生将被授予学士学位。完成辅修并达到毕业要求的学生，除文学士和理学士外，还可以授予学生涉及的相关专业的学位，如工程学士和社会工作学士。

二、研究生教育制度

（一）入学制度

1. 硕士研究生入学

拥有学士学位，且本科期间获得至少 3.0 的平均绩点或 B 以上平均成绩的学生可以申请参加硕士入学考试，通过外语考试和硕士学位综合考试后可以继续攻读硕士学位。

2. 博士研究生入学

申请攻读博士学位的学生必须已获得硕士学位，且在研究生阶段学习满 3 年以上、本科与硕士阶段专业科目总共获得 60 学分（其中硕士课程 24 学分）以上。

硕博连读项目为期 3—4 年，此类学生不需要入学考试就可以攻读博士学位。

（二）学制与学位授予制度

1. 硕士

韩国硕士学制为 2—4 年，普通硕士学制为 2 年，法学硕士学制为 3 年，医学硕士学制为 4 年。

在硕士学位授予程序上，每个研究生院均有不同。但在大多数情况下，需要在攻读硕士过程中注册 4 次（2 年）以上，才具有提交硕士学位申请论文的资格。完成论文审批后授予硕士学位。一般研究生院授予学术学位，专门研究生院授予专业学位（部分专门研究生院也可以授予学术学位）。

2. 博士

韩国的博士课程学制为 2—5 年，毕业要求为：

（1）能流利地说 2 门外语并通过外语考试；

（2）完成 1 篇占到 6 学分的论文；

（3）通过研究生院委员会监管的博士学位预备考试；

（4）通过预备考试后，提交博士学位论文。

如果最终毕业论文通过，学生将获得博士学位。

第四节　高等教育机构类型

韩国高等教育机构包括普通大学、师范大学、职业大学、广播通讯大学、产业大学、军官大学以及科学技术院等各种研究生院。其中，国家机构由教育部供资和管理，公共机构由地方管理委员会供资和管理，私人机构由个人或组织供资和管理。

表 5　韩国大学排名

大学名称	QS 排名	ARWU 排名	U.S. News 排名	THE 排名
（国立）首尔大学（Seoul National University）	37	101—150	128	64
韩国科学技术院（Korea Advanced Institute of Science and Technology）	41	201—300	252	110
高丽大学（Korea University）	83	201—300	271	179
浦项工科大学（Pohang University of Science and Technology）	87	401—500	335	146
成均馆大学（Sungkyunkwan University）	95	151—200	195	89
延世大学（Yonsei University）	104	201—300	329	197
汉阳大学（Hangyang University）	150	301—400	434	351—400
庆熙大学（Kyung Hee University）	247	301—400	553	301—350
光谷科学技术学院（Gwangiu Institute of Science and Technology）	322	901—1000	755	401—500
梨花女子大学（Ewha Woman's University）	331	501—600	692	601—800
韩国外国语大学（Hankuk University of Foreign Studies）	407		1406	
中央大学（Chung-Ang University）	412	501—600	893	501—600
东国大学（Dongguk University）	454	801—900	1063	

续表

大学名称	QS 排名	ARWU 排名	U.S. News 排名	THE 排名
西江大学（Sogang University）	454	901—1000	1053	801—1000
韩国加图立大学（Catholic University of Korea）	462	701—800	630	
蔚山大学（University of Ulsan）	511—520	501—600	616	601—800
仁荷大学（Inha University）	521—530	601—700	879	801—1000
（国立）釜山大学（Pusan National University）	521—530	401—500	641	601—800

* ARWU 排名为 2019 年数据，QS 排名、U.S. News 排名、THE 排名为 2020 年数据，下文中出现此表数据更新时间相同。

参考文献

中文部分

[1] 中华人民共和国外交部：《韩国国家概况》，2020 年 1 月 17 日，见 https://www.fmprc.gov.cn/web/gjhdq_676201/gj_676203/yz_676205/1206_676524/1206x0_676526/。

外文部分

[1]Deepti Mani, Stefan Trines, Education in South Korea, 2018-10-16, https://wenr.wes.org/2018/10/education-in-south-Korea.

[2]OECD, PISA 2018 Insights and Interpretations, 2019-12-3, https://www.oecd.org/pisa/PISA%202018%20Insights%20and%20Interpretations%20FINAL%20PDF.pdf.

[3]United Nations Development Programme, Human Development Reports – 2018 Statistical Update-Chinese, 2019-12-19, http://www.hdr.undp.org/sites/

default/files/2018_human_development_statistical_update_cn.pdf.

[4]Korean Council for University Education, Introduction to Korean Higher Education, 2020-5-2, http://english.kcue.or.kr/board/bbs/board.php?bo_table=Resources_05_01.

第二章　泰国

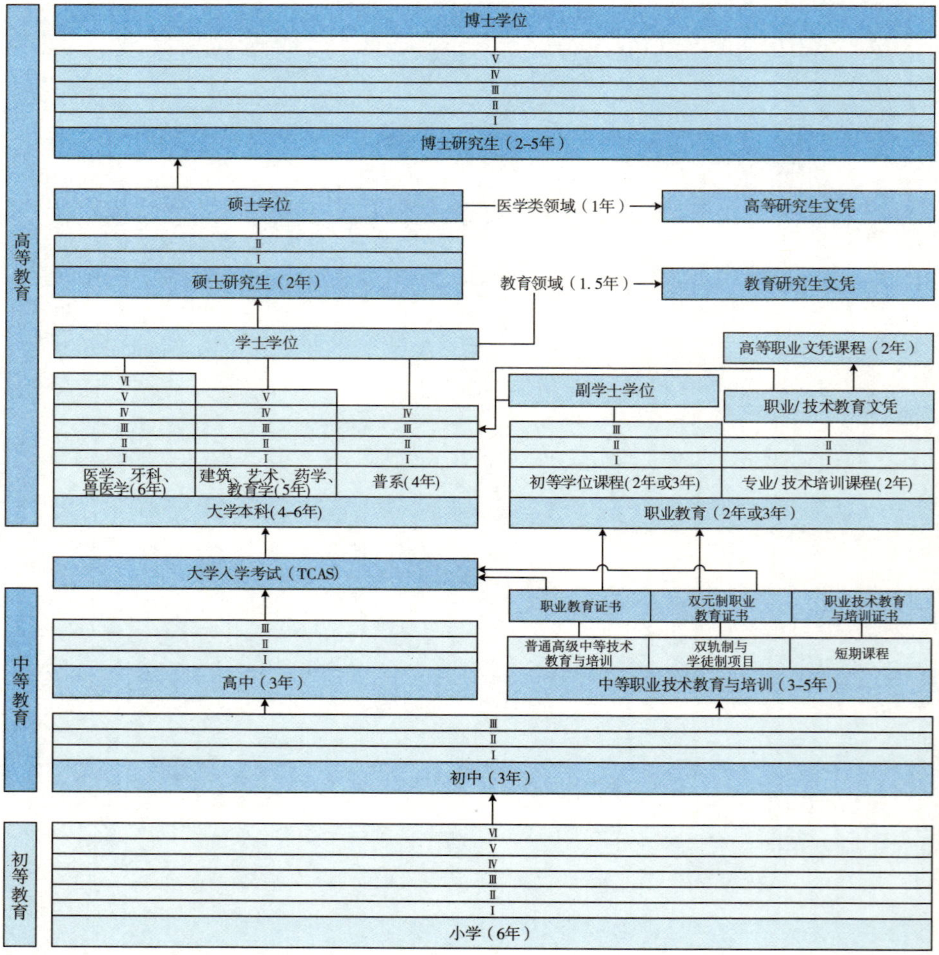
高等教育
中等教育
初等教育
博士学位
Ⅴ
Ⅳ
Ⅲ
Ⅱ
Ⅰ
博士研究生（2–5年）
硕士学位
医学类领域（1年）
高等研究生文凭
Ⅱ
Ⅰ
硕士研究生（2年）
教育领域（1.5年）
教育研究生文凭
学士学位
高等职业文凭课程（2年）
副学士学位
职业/技术教育文凭
Ⅵ
Ⅴ
Ⅳ
Ⅲ
Ⅱ
Ⅰ
医学、牙科、兽医学(6年)
建筑、艺术、药学、教育学(5年)
普系(4年)
初等学位课程(2年或3年)
专业/技术培训课程(2年)
大学本科(4–6年)
职业教育（2年或3年）
大学入学考试（TCAS）
职业教育证书
双元制职业教育证书
职业技术教育与培训证书
普通高级中等技术教育与培训
双轨制与学徒制项目
短期课程
高中（3年）
中等职业技术教育与培训（3–5年）
初中（3年）
小学（6年）

第一节　导言

泰国，全称为泰王国，原名暹罗。位于东南亚印度支那半岛中心，由 76 个省组成。泰国总人口 6900 万，全国共有 30 多个民族。泰族为主要民族，占人口总数的 40%，其余为老挝族、华族、马来族、高棉族，以及苗、瑶、桂、汶、克伦、掸、塞芒、沙盖等山地民族。泰语为国语。90% 以上的民众信仰佛教，马来族信奉伊斯兰教，还有少数民众信仰基督教、天主教、印度教和锡克教。首都和最大的城市是曼谷，首都曼谷和芭堤雅属于特别行政区。泰铢为泰国的货币，1 人民币大约兑换 4.2764 泰铢。

在泰国，14 岁以下为义务教育阶段，政府为公民免费提供教育至 17 岁。泰国私立教育机构发展良好，对整体教育系统发展作出了重大贡献。截至 2017 年，泰国青少年的识字率为男性 98%，女性 98.3%。泰国政府教育支出占总 GDP 的 4.1%。根据经济合作与发展组织（OECD）2018 年国际学生评估测试（PISA），泰国学生的阅读成绩排在第 66 位，数学成绩排在第 57 位，科学成绩排在第 53 位。

泰国有 170 所高等教育机构，包括公立和私立高等教育机构，这些教育机构为学生提供 4000 多种课程。2015 年，泰国的大学容纳量达到 15 万人左右，但只有 10 万人申请参加入学考试。泰国大学在 QS 世界大学排名中得分并不高，与其他亚洲大学相比处于劣势。

第二节　中等教育制度

一、中等教育类型

泰国中等教育学校分为初中和高中两个阶段，初中 3 年教育属于义务教育，高中教育为免费教育。

从中等教育的学校类型来看，可以细分为以下 4 类：（1）从学前教育或小学教育到高中教育一体的学校；（2）从初中一年级到高中三年级一体的中学；（3）只有初中一年级到初中三年级的中学；（4）只有高中一年级到高中三年级的中学。泰国曼谷中学类型大多为“从初中一年级到高中三年级一体的完全中学”，其他地区则根据经济条件和实际教学条件来设立中学的类型。泰国政府同时鼓励经济落后的地区实行“联校制”，即鼓励各所中学根据就近原则，联合 5—10 所中学，由中学的校长组成委员会，彼此之间相互合作，共享教育资源，共商解决彼此遇到的困难。

泰国中等教育的体系可以分为普通教育和职业教育。公立普通教育学校由普通教育司负责管理，私立普通教育学校由私立教育委员会办公室负责管理；职业教育学校在泰国分为运动学校、美术学校、技术学校、农业学校等，分别由体育司、艺术司、职业教育司等相关机构负责管理。

（一）普通中学

泰国普通中学的一到三年级是相当于中国的初中，四到六年级相当于中国的高中。

泰国初中课程设置分为必修课和选修课，必修课分为核心必修课和可选必修课，核心必修课包括泰语、理科、数学、社会学、体育与健康、艺术教育，可选必修课包括社会学、健康与体育、职业教育。选修课分为自由选修课和活动课。自由选修课则包含外语（包括汉语）、理科与数学、社会学、艺术教育、职业教育等课程。活动课程包括童子军、红十字青年、女童导游等。高中课程设置与初中差别不大，也分为必修课、选修课，不同的是高中的活动课程有独立活动、特长发展活动、辅导和补课等。选修课一般课时较少，但也计算学分。泰国中等教育课程大纲中规定，每一位信仰佛教的学生每个学期必须选修1门佛教课，这个规定体现了佛教对泰国教育以及整个社会的深刻影响。

选择进入普通高中的学生，通常以进入大学就读为目标。为此，高中课程的设置很有专业性和针对性。学生必须选择自己的主修科目：主修数学、主修科学或是主修某种语言。学校根据学生的选择进行分班，文科分为汉语班、法语班、日语班、英语班；理科分为科学数学班、英语科学数学班、数学班、科学班。主修科目的学时占总学时的很大部分。选择某科目进行主修的学生考大学时通常会倾向于进入该科目的相关系别就读。

（二）职业中等教育

中学三年级是义务教育的最后一年，要继续学业的学生可以选择接受普通教育或是职业技术教育，泰国选择普通教育和职业技术教育的学生分别占57%和43%。职业技术教育开始于中学阶段，延续到中学后阶段，与普通中等教育分开，设立专门提供职业教育的学校，有公立和私立两部分。

职业院校是泰国职业技术教育与培训项目的主要提供者。其中，职业学院和高等专科学校提供较高层次的职业技术教育与培训，学制通常为3年。教学模式主要借鉴德国双元制模式，学校组织学生在双元制和学徒制项目中学习。有的双元制项目由教育部主管的职业学院组织，有的双元制项目由企业家或国有企业和政府机构共同组织，双元制项目通常持续3年，学生需要花费一半以上的时间接受实习和实训，以获取实践工作经验。

泰国的各类职业院校包括如下几种类型：（1）技术学院；（2）职业学校；（3）农业技术学院；（4）商业学院；（5）工业和造船技术学院；（6）

渔业学院；（7）管理与旅游学院；（8）理工学院；（9）汽车工业学院；（10）金禧皇家金匠学院；（11）工艺美术学院。学生可以在学院提供的9个专业之间自由选择就读的专业领域，这些专业包括：（1）贸易与工业；（2）工艺美术；（3）家政；（4）商业和企业管理；（5）旅游业；（6）农业；（7）渔业；（8）纺织业；（9）信息和通信技术。

职业技术教育与培训体系还包括训练课程，通常学时为225小时，这些接受了3—5年训练课程的学生可以取得培训结业证书。另外，这类训练课程也面向在校学生，作为学生专业辅修或兼修的补充课程。大学和职业学院均提供高等职业技术教育与培训项目，这些职业技术教育培训项目通常包含2个周期，每次持续2年。此外，大学里的很多副学士学位课程也属于职业技术教育与培训项目，学生通过期末考试后可获得本科学历。

二、中等教育毕业制度

（一）普通中学

泰国中等教育学校的毕业要求不单纯以考生成绩为标准，而是综合学生的总体表现。以初中为例，学生需要达到以下标准才有毕业的资格：

1. 修完66个学分的必修学科，至少修完11个学分的选修学科；

2. 必须修完泰语和社会学等核心课程；

3. 至少有80%的时间参与学校的教学活动并且达到规定的目标。

高中的毕业标准则是：

1. 修完41个学分的必修学科，至少修完36个学分的选修学科；

2. 修完所有的必修学科；

3. 至少有80%的时间参与学校的教学活动并达到规定的目标。

Graduation Requirements

1 Meet the requirement for credits enrolled in accordance with the curriculum of 75 credits

2 Earn the total of 77 credits of which 41 credits are core course and 36 credits are selective course

3 Meet the passing criteria for reading. Analytical thinking and writing skills. Desired characteristics. And learner development activities.

Grading System

4 = Excellent　3.5 = Very good　3 = good

2.5 = Rather good　2 = Satisfactory　1.5 = Fairly Satisfactory

1 = Pass　0 = Fail

Measurement Scale for Reading. Analytical Thinking. Writing Skills and Desired Characteristics

E = Excellent　G = Good　p = Pass

F = Fail

Measurement Scale for Learner Development Activities

P = Pass　F = Fail

Summary of Result

Academic Year	No. of Credit of Core Course		No. of Credit of Selective Course	
	Enrolled	Passed	Enrolled	Passed
2016	14	14	16	16
2017	15	15	15.5	15.5
2018	11	11	15.5	15.5
Total Credits	87.0			
Total Credits Enrolled	87.0			
Total Credits Earned	87.0			
GPA	3.20			

Result of Reading. Analytical Thinking and Writing Skills　G

Result of Desired Characteristics　G

Result of Learnner Development Activities.　P

Community Service : 360 Hrs

Date of Graduation : -

Date of Leaving : -

图 1　泰国普通高中毕业成绩单(局部)

学生总成绩的评判为：作业成绩占 4 成，期中考试与期末考试占 5 成，课堂表现占 1 成。

在泰国学生的高中毕业成绩单总结果部分，会呈现学生必修课与选修课的选择数量和通过数量，以及最后所得的总学分，以判断学生高中阶段的整体水平。

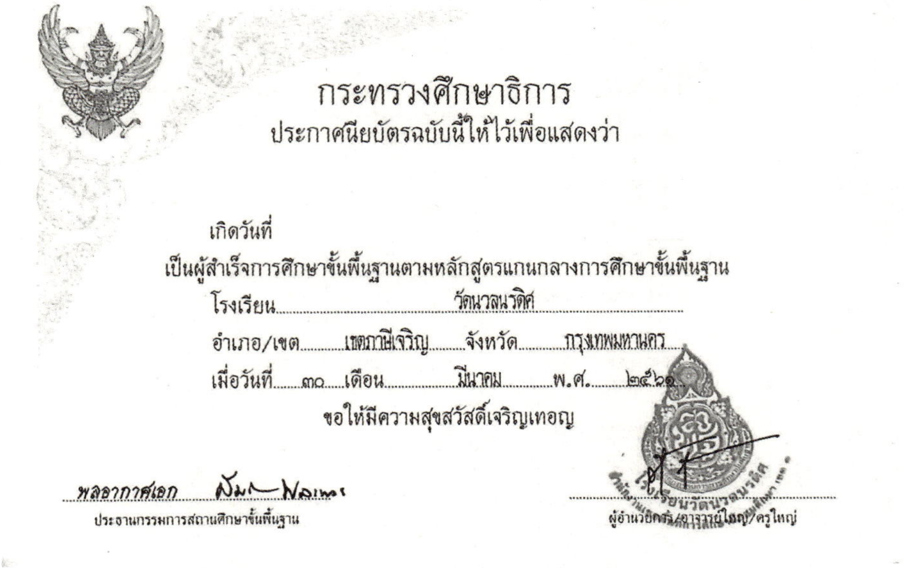
กระทรวงศึกษาธิการ
ประกาศนียบัตรฉบับนี้ให้ไว้เพื่อแสดงว่า

เกิดวันที่
เป็นผู้สำเร็จการศึกษาขั้นพื้นฐานตามหลักสูตรแกนกลางการศึกษาขั้นพื้นฐาน
โรงเรียน วัดนวลนรดิศ
อำเภอ/เขต เขตภาษีเจริญ จังหวัด กรุงเทพมหานคร
เมื่อวันที่ ๓๐ เดือน มีนาคม พ.ศ. ๒๕๖๑
ขอให้มีความสุขสวัสดิ์เจริญเทอญ

พลอากาศเอก
ประธานกรรมการสถานศึกษาขั้นพื้นฐาน

ผู้อำนวยการ/อาจารย์ใหญ่/ครูใหญ่

图 2　泰国高中毕业证

在九年级和十二年级结束时，学生还需要参加泰国国立教育测试服务局举办的普通国民教育考试（Ordinary National Education Test，O-NET），该考试从国家层面对学生的学习成果进行评估。

（二）职业中等教育

泰国职业技术教育与培训包括中等与中等后两个层次，各层次培训包含不同的职业技术教育与培训项目，所需完成时间和最终可获取的资格证书均不相同。参加中等职业技术教育与培训，可选择 3 种不同的项目，学制为 3 到 5 年不等。普通高级中等技术教育与培训最终可以获得职业教育证书；双轨制与学徒制项目可以获得双元制职业教育证书；短期课程可以获得职业技术教育与培训证书。前两种项目在中等职业培训结束后可以继续参加中等后职业技术培训，可以选择进入职业技术教育与培训学院和升入大学本科两种途径，前者毕业后获得技术教育高级文凭，后者获得学士学位。如果所报考的大学需要提供 O-NET 成绩，需要通过 O-NET 考试。

第三节　高等教育制度

就培养层次来说，泰国的高等教育可分为 4 个层次：

1. 专科教育：主要由学院提供，所传授的知识主要与职业教育和专业教育有关。

2. 本科教育：高中毕业或同等学历的学生一般经过 4 年的学习后可获得学士学位，专科毕业的学生还需学习 2 年。建筑、艺术、药学、教育学专业则需要 5 年；医学、牙科、兽医专业需要 6 年。

3. 硕士学位教育：获得学士学位后，进一步学习 1—2 年，完成论文后，可获得硕士学位。

4. 博士学位教育：攻读一般专业的博士学位需要 3 年时间；有些专业的博士学位，课程毕业后还需要 1—2 年的工作实践以后才能获得。

攻读学士学位者须高中毕业，并且需要通过笔试、口试、体能等测验；攻读硕士学位者须具有学士学位、提供 GRE 或 GMAT 等学力测验成绩证明及口试成绩等，各校录取方式未必一致。

每所大学每一学期有期中考、期末考两次以上测验，评分表现方式为类似于我国大学本科使用的学分绩点由 0.00 至 4.00，与其他国家评分表现方式对照比较如下：4.00 相当于 A 或 Excellent，3.50 相当于 B+ 或 Very good，3.00 相当于 B 或 Good，2.50 相当于 C+ 或 Fairly good，2.00 相当于 C 或 Fair，1.50 相当于 D+Poor，1.00 相当于 D 或 Very poor，0.00 相当于 F 或 Failure。攻读学士学位者须取得 120 至 150 个学分，且成绩须在 2.00 以上，攻读硕士学位者须取得 36 个学分及成绩须在 3.00 以上。

泰国各大学一年分两学期，第一学期从6月到10月中旬，6月第一个星期注册，第二个星期开学；10月第一个星期考试，第二个星期结束。第二学期为11月至次年3月，10月最后一个星期注册，11月第一个星期开学；2月第一个星期考试，3月第二个星期学期结束。因此第一学期及第二学期两学期之间只放假两星期。暑期为4月至5月。

一、大学教育制度

（一）入学制度

TCAS是Thai University Central Admission System的缩写，是泰国在2018年启用的新高考制度，人们一般把它称为Entrance 4.0制度。此制度在2020年进行了更新。

新高考制度有5轮考试和选拔，难度从低到高依次递进。根据2020年的最新规则，第一轮和第二轮同步进行。第一轮（Portfolio）是通过荣誉档案录取，一般是获得过突出奖项或拥有特殊专业才能的学生报名，由学生自主向大学提出申请，不需要参加笔试，类似于中国的推免生；第二轮（Quota）是通过配额录取，学校会给每个地区某些领域的招生名额，考试在学生申请并获得考核资格后进行。学生如果经过这轮考核已经被心仪的学校录取，就可以结束招考程序，如果没有被录取或者被录取但改变主意（这种情况需要先在系统中取消录取通知书），再参加第三轮和第四轮的招生。

第三轮（Admission 1）和第四轮（Admission 2）同时进行，都是通过Admission制度录取，区别在于招生的院校分组不同，类似于中国高考后的志愿填报。Admission制度的分数计算标准为：累积成绩点平均值（Cumulative Grade Point Average，CGPA）占20%，国家基础教育测试（O-NET）占30%，普通能力测试（General Ability Test，GAT）占10%—50%，专业能力测试（Professional Ability Test，PAT）占0—40%。所有科目的分数必须符合学院设定的标准，如果不符合最低的标准一概不纳入考虑范围内。各测试总分计算标准为：总分 =CGPA 分数 +O-NET 分数 +GAT 分数或者 PAT 分数。

第五轮（Direct Admission）是自主招生录取，大学通过自己的方式直接录取新生，第五轮在前四轮之后进行，一般是学校为未录满专业进行的补录，此时还没有被录取的学生可以抓住最后的机会报名，类似于中国的补录。

（二）学制与学位授予制度

1. 学士学位

大多数学士学位学制为 4 年，学生需要取得 120—150 学分；建筑、艺术、药学、教育学学士学位的学制为 5 年，学生需要取得 150—188 学分；医学、牙科和兽医学的基础培训则需要 6 年的学习，学生需要取得 210—263 学分。

泰国的教师职业属于专门性质，教育学士学制为 5 年，通常包括 4 年的课程和 1 年的实践教学。除了学习一般教育学课程外，学生还要专门研究某一特定层次或模式的教育，如初等教育或特殊教育。

2. 非学生学位课程

职业教育文凭（por wor sor）或技术教育文凭（por wor tor）分别在学生完成专业或技术培训课程后颁发。获得职业教育文凭或技术教育文凭的学生可以参加为期 2 年的技术教育高级文凭课程，攻读高等职业文凭（Higher Diploma in Technical Education）。

泰国的初等学位课程通常为 2 年制，也可能是 3 年制。入学时需要学生具有中学教育证书或职业教育证书以及一定的高考分数。学生在完成课程后可以获得副学士学位。

获得副学士学位或职业教育文凭（或技术教育文凭），且平均成绩（GPA）高于 2.00 的学生可以进入对应学士学位课程的第 3 年学习。

持有标准学术学科学士学位的人可以通过获得教学方面的“高级”研究

生文凭来获取教学资格，学生获得该文凭需要完成特定学分的课程，并且需要完成为期 1 年的教学实践任务。

二、研究生教育制度

（一）入学制度

绝大多数泰国学生都接受了大学教育，但进一步深造的比例很低。2015 年，大学本科及以下学历的学生达到 214 万人，而大学本科以上学历的学生只有 18 万人左右。

1. 硕士研究生入学

申请攻读硕士学位的学生必须已经获得学士学位，且平均成绩（GPA）达到 3.00 以上。

教育研究生文凭一般仅允许已在校任教的非教育专业的本科毕业生报考，申请人还必须持有暂时教师资格证和教师工作合同。

申请攻读高等研究生文凭的学生一般要具备医学、牙科或类似专业的硕士学位。

2. 博士研究生入学

申请攻读博士学位的学生需要具有硕士学位，且 GPA 为 3.50 分以上。

（二）学制与学位授予制度

1. 硕士、研究生文凭及高等研究生文凭

硕士通常为 2 年制，分为研究型学位和专业型学位。研究型学位包括文学硕士学位和理学硕士学位两种，学生需要通过做研究和撰写毕业论文获得学位。专业型硕士研究生有两种方式可获得学位，一是学习课程并参加考试（45—55 学分），二是学习课程（36 学分）并撰写毕业论文（9—12 学分）。

研究生文凭课程主要提供专业领域的专门培训，如教育研究生文凭的培训课程是教学技能培训，该培训课程包括 1 年的教学实习和一系列教育学课程（共 1.5 年），学生通过期末考试后可获得教学资格。

高级研究生文凭是一种高级的专业资格证书，比硕士学位要高一级，主要授予医学和相关研究领域专业的学生，例如药学和医药科学。申请高级研究生文凭的学生必须具备硕士学位，并且学习规定的课程获得至少 24 个学分，需要至少 1 年的时间。

2. 博士

攻读博士学位需要 2—5 年，且至少需要修够 48 个学分。一般情况下，博士课程的学分都会超过规定的最低学分，并且至少有 12 个学分来自课程作业。此外，博士毕业还需要学生完成论文并进行答辩。

第四节　高等教育机构类型

截至 2019 年 2 月，泰国的高等教育机构共分为 5 种类型，分别是自治大学（26 所）、公立大学（11 所）、拉贾拜特大学（38 所）、拉贾曼加拉工业大学（9 所）以及私立大学（72 所）。

自治大学拥有自己的行政结构和预算体系，可以由大学自行处理行政和管理事务的决策；公立大学以前被称为“政府大学”，目前为独立的、由政府支持的公立大学；拉贾拜特大学最初被称为拉贾拜特学院，是一个师范学院体系，同时也被称为“皇家大学”，2005 年普密蓬·阿杜德国王集体将它们提升为大学，由皇家和政府财政资助，由教育部提供服务和管理；拉贾曼加拉工业大学体系内的 9 所理工学院也在 2005 年被升格为大学，由地方政府资助，高教委员会管理；私立大学即由泰国教育部高教委员会批准成立，私人投资运营的高等教育机构，包括大学、学院和研究院。

表 1　泰国大学排名

大学名称	QS 排名	ARWU 排名	U.S. News 排名	THE 排名
朱拉隆功大学（Chulalongkorn University）	247	601—700	522	801—1000
玛希隆大学（Mahidol University）	314	401—500	522	601—800
清迈大学（Chiang Mai University）	601—650	801—900	893	1001+
泰国国立法政大学（Thammasat University）	601—650		1218	1001+
泰国农业大学（Kasetsart University）	801—1000		1006	1001+
孔敬大学（Khon Kaen University）	801—1000		1059	1001+
泰国国王科技大学（King MongKut's University of Technology Thonburi）	801—1000		1044	1001+
宋卡王子大学（Prince of Songkla University）	801—1000	801—900	1053	1001+
素拉那立皇家大学（Suranaree University of Technology）			1249	1001+
泰国皇太后大学（Mae Fah Luang University）				601—800
先皇技术学院（King Mongkut's Institute of Technology Ladkrabang）				1001+
北曼谷先皇技术学院（King Mongkut's University of Technology North Bangkok）				1001+
泰国马哈沙拉堪大学（Mahasarakham University）				1001+
那黎宣大学（Naresuan University）				1001+
泰国艺术大学（Silpakorn University）				1001+

参考文献

中文部分

[1] 宋秀梅:《东盟国家概况》，云南大学出版社 2009 年版。

[2] 张凡:《泰国的教育制度与汉语教学现状》,《湖北广播电视大学学报》2011 年第 12 期。

[3] 郑阳梅:《泰国国家教育概况及其教育特色研究》,《广西青年干部学院学报》2015 年第 1 期。

[4] 宋晶:《泰国职业教育的现状与发展趋势》,《深圳职业技术学院学报》2018 年第 3 期。

[5] 郭贤、卢双双:《泰国新高考“TCAS”制度研究》,《教育现代化》2018 年第 18 期。

[6] 中华人民共和国外交部:《泰国国家概况》，2020 年 1 月 16 日，见 https://www.fmprc.gov.cn/web/gjhdq_676201/gj_676203/yz_676205/1206_676932/1206x0_676934/。

外文部分

[1]Kaewmala, The sorry state of thai education–part 4: dismal english–language education, 2012–3–23, https://thaiwomantalks.com/2012/03/23/the–sorry–state–of–thai–education–part–4–dismal–english–language–education/.

[2]Dumrongkiat Mala, Unis face crisis as students turn away , 2016–6–13, https://www.bangkokpost.com/news/general/1008477/unis–face–crisis–as–students–turn–away.

[3]Khurusapha, Teachers' Professional Development: Competency Framework, 2018–1–29, http://site.ksp.or.th/content.php?site=englishsite&SiteMenuID=1888&

Action=view&Sys_Page=&Sys_PageSize=&DataID=597.

[4]Thitinan Pongsudhirak, Uni rankings, wages need a bigger boost, 2018-6-8, https://www.bangkokpost.com/opinion/opinion/1480761/uni-rankings-wages-need-a-bigger-boost.

[5]Bureau of International Cooperation Strategy, 2020-4-14, http://www.inter.mua.go.th/.

[6]National Institute of Educational Testing Service, https://www.niets.or.th/en/.

第三章　巴基斯坦

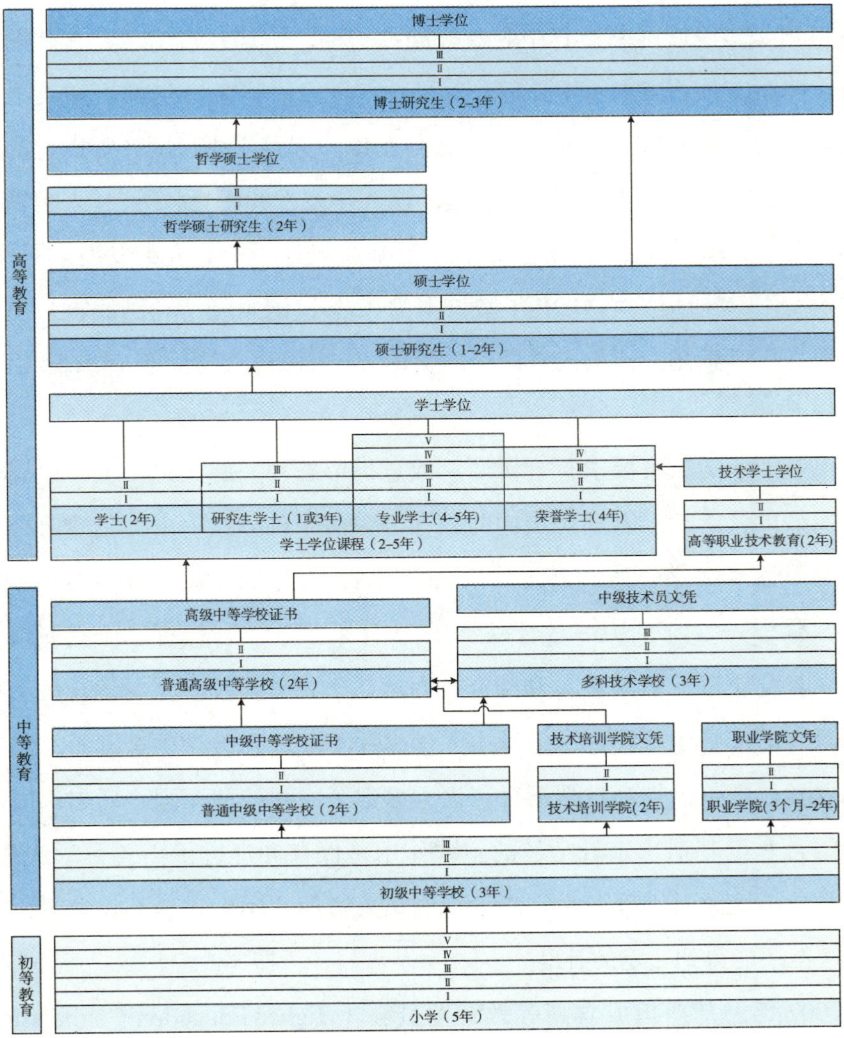
高等教育
博士学位
Ⅲ
Ⅱ
Ⅰ
博士研究生（2–3年）
哲学硕士学位
Ⅱ
Ⅰ
哲学硕士研究生（2年）
硕士学位
Ⅱ
Ⅰ
硕士研究生（1–2年）
学士学位
Ⅴ
Ⅳ
Ⅲ
Ⅱ
Ⅰ
学士(2年)
研究生学士（1或3年)
专业学士(4–5年)
荣誉学士(4年)
学士学位课程（2–5年）
技术学士学位
高等职业技术教育(2年)
中等教育
高级中等学校证书
普通高级中等学校（2年）
中级技术员文凭
多科技术学校（3年）
中级中等学校证书
普通中级中等学校（2年）
技术培训学院文凭
技术培训学院(2年)
职业学院文凭
职业学院(3个月–2年)
初级中等学校（3年）
初等教育
小学（5年）

第一节 导言

巴基斯坦，全称为巴基斯坦伊斯兰共和国，位于南亚。总人口为2.08亿。巴基斯坦是多民族国家，其中旁遮普族占63%，信德族占18%，普什图族占11%，俾路支族占4%。乌尔都语为国语，官方语言为乌尔都语和英语，主要民族语言有旁遮普语、信德语、普什图语和俾路支语等。95%以上的居民信奉伊斯兰教（国教），少数信奉基督教、印度教和锡克教等。《人类发展指数与指标：2018年统计更新》显示，巴基斯坦处于中等人类发展水平国家。2017年，巴基斯坦人均GDP年增长率为3.7%，国家经济和国民收入呈现增长趋势。巴基斯坦卢比为巴基斯坦的货币，1人民币大约兑换16.1654巴基斯坦卢比。

巴基斯坦的教育要求符合伊斯兰教意识形态和民族文化传统，适应社会经济发展的要求。巴基斯坦国内的教育分为两个部分，一方面是政府公办的学校、学院和大学，另一方面是私立的学校以及宗教学校。其中包括5年的初等教育，3—7年的中等教育以及2—5年的大学本科教育。巴基斯坦私立学校在教育质量、教学设备和师资方面远高于公立学校。公立学校虽然在大学本科之前都是免费教育，但学生入学率并不高。在教学语言方面，巴基斯坦私立学校把英语作为教学语言，而大多数公立学校使用国语乌尔都语作为教学语言。巴基斯坦宗教学校的主要作用是保存和促进伊斯兰科学和艺术。宗教学校不受政府管理，由宗教组织或私人管理，学生入学不收学费，有些学生甚至还能得到一定的补助。

2002年巴基斯坦成立高等教育委员会（Higher Education Commission），并对高等教育进行了全面的改革。1947年独立时，新生的巴基斯坦只有1所大学，即旁遮普大学。在高等教育委员会的治理下，2002—2017年间，巴基斯坦大学数量从2002年的59所增加到了2017年的183所，入学人数从27.6万人提高到了130万人。高等教育委员会在巴基斯坦《高等教育2025愿景》中指出，到2025年将建设30所一级研究型大学，作为全球合作、跨学科学术和协同创新的知识中心。

第二节　中等教育制度

一、中等教育类型

巴基斯坦的普通中等教育一般持续3—7年，其中包括初级中等学校3年，中级中等学校2年，高级中等学校2年。与普通中级中等学校并行的职业学校分别为技术培训学院（Technical Training College）和职业学院（Vocational Institutes）；与高级中等学校并行的职业学校有多科技术学校（Poly Technical College）和商业学院（Commercial Institutes）。

（一）初级中等学校

巴基斯坦的初级中等教育相当于我国的初中，学制为3年，在巴基斯坦的教育系统中占重要的地位，有着承上启下的作用，承接初等教育，在其基础上，提升学生的知识和能力，开启高中阶段，为大学培养专才。初中阶段所有学生都会学习同样的课程：乌尔都语、英语、算术、历史、巴基斯坦研究、穆斯林研究。每门课程在学期末都会考试，将这些分数累加，学生在初中毕业时，分数累计要超过900分，才可以获得初中毕业证书。根据成绩高低，一部分学生去普通中级中等学校学习，其他则去职业学院或者技术培训学院。

（二）中级中等学校

1. 普通中级中等学校

巴基斯坦的普通中级中等教育类学制为 2 年。中级中等教育阶段，学生可以根据自身情况选择私立的中等教育学校和政府公办的公立学校就读。私立的中等教育学校学费昂贵，教育质量高，教学设备齐全，一般富贵子弟选择私立中等教育学校。私立中等学校根据学生初中阶段的综合成绩和在该校的面试成绩进行录取。

在中级中等教育阶段，学生会分为理科生和文科生。由于理科生在高级中等学校能选择的方向比较多，大部分学生会选择学习理科课程。在九年级，理科学生主要学习英语、化学、巴基斯坦研究、生物、信德语（每个省开设的语言课程不一样，这里列举的是信德省中级学校开设的课程）。十年级的主要课程有英语、数学、穆斯林研究、物理、乌尔都语。每个课程都有考试，如果九年级某门课程没有及格可以在十年级重新学习参加考试。考试总分为 850 分，学生的成绩会分为 6 个等级，分别为：A-1、A、B、C、D、E。最后根据学生的综合成绩给予学生中级中等学校毕业证书（Matric Certificate），并在毕业证书上标出所在等级。如果学生对自己的成绩不满意，可以准备 1 年后再次参加考试。

2. 中等职业学校

巴基斯坦中等职业学校包括技术培训学院（Technical Training College）和职业学院（Vocational Institutes)。这些学校为无法继续在普通中等中级学校学习的学生提供继续学习的机会。职业学院学制为 3 个月至 2 年，这类学校会男女分班教学。技术培训学院学制为 2 年，这类学校理论课程和实践课程的比例大约为 1∶ 9。

（三）高级中等学校

1. 普通高级中等学校

学生在通过中等学校毕业考试后，按照能力和中等学校毕业考试成绩的高低被录取进入高级中等学校学习。成绩不满足高级中等学校条件的学生可以去多科技术学校或者商业学院学习。如果学生选择在公立的高级中等学校学习，会分为两种类型：自学学生（Private student）和普通学生（Regular student）。普通学生需要每天去上课，自学学生不用参加学校安排的课程学习，只需参加学期末考试。私立高级学校学生都是普通学生，由于学费昂贵，学生都会参加学校每天安排的课程学习。

高级中等学校学制为 2 年，是中级中等教育的延续。学生选择医学方向、工程方向、人文社科方向中的 1 个方向学习。每个方向所开设的课程有所不同，最后通过所有课程考试的学生被给予高级中等学校证书（Higher Secondary School Certificate，HSSC）。总分为 1100 分，学生成绩会被分为 6 个等级，分别为：A-1、A、B、C、D、E。证书中会标出学生成绩等级和所学习的方向。学生如果对自己的成绩不满意，可以准备 1 年后再次参加考试。

表 1　巴基斯坦中级中等学校评分标准

等级	得分
A-1	680 以上
A	595—679
B	510—594
C	425—509
D	340—424
E	280—339

2. 多科技术学校

巴基斯坦多科技术学校为不能上普通高级中等学校的学生提供学习机会，同时普通高级中等学校的学生也可以申请在多科技术学校学习。巴基斯坦的每个省都设立有多科技术学校，学制为3年，3年以后学生可以拿到多科技术学校的证书。

由于巴基斯坦公立学校要求比较低，大部分学生都可以在普通高中学习。因此，高级中等学校的学生可以利用课余时间在多科技术学校学习，如果考核通过，可以同时拥有高级中等学校证书和多科技术学校毕业证书。拥有多科技术学校证书的普通高级中等学校学生在申请大学时有更多的学校和专业可供选择。

二、中等教育毕业制度

（一）普通中等学校

巴基斯坦中级中等学校和高级中等学校毕业要经过巴基斯坦中等中级学校和高级中等学校证书考试。

中级中等学校证书，又称中级证书，是巴基斯坦中级中等学校（初级学院）学生在完成九年级和十年级课程后参加公开考试并通过后获得的毕业证书。能否获得中级证书直接决定学生是否有资格进入高级中等学校学习。中级证书可以细分为科学和艺术课程两种类型。

高级中等学校证书是学生完成十一年级和十二年级课程后参加考试并通过后获得的。该证书可以细分为工程、医学和人文社科课程，如图1所示。

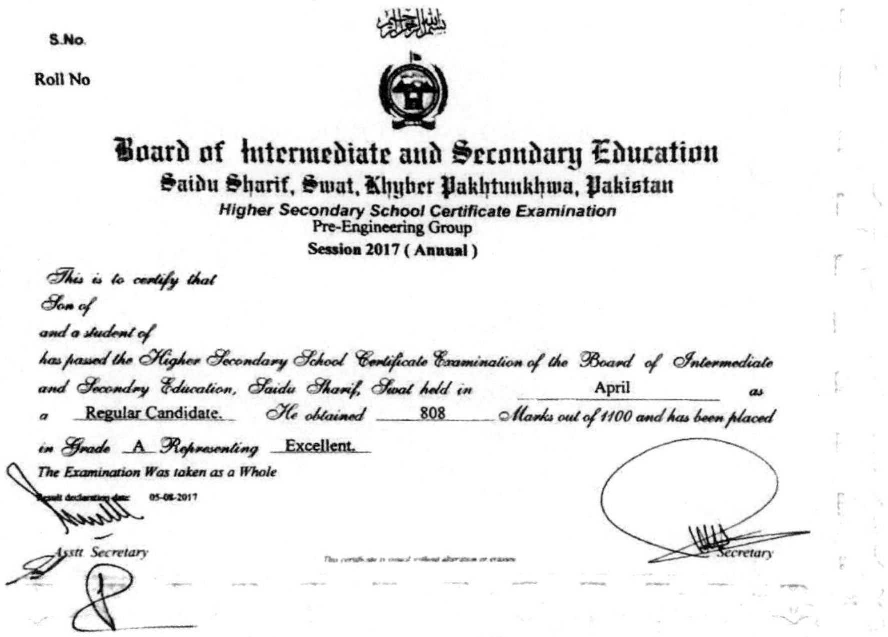

S.No.

Roll No

Board of Intermediate and Secondary Education

Saidu Sharif, Swat, Khyber Pakhtunkhwa, Pakistan

Higher Secondary School Certificate Examination

Pre-Engineering Group

Session 2017 (Annual)

This is to certify that

Son of

and a student of

has passed the Higher Secondary School Certificate Examination of the Board of Intermediate and Secondry Education, Saidu Sharif, Swat held in April *as a* Regular Candidate. *He obtained* 808 *Marks out of 1100 and has been placed in Grade* A *Representing* Excellent.

The Examination Was taken as a Whole

Result declaration date: 05-08-2017

Asstt. Secretary　　　　*Secretary*

图 1　巴基斯坦高级中等学校毕业证书

学习理科的学生可以选择工程前课程或医学前课程，毕业时将获得理学系（Faculty of Science，F.Sc.）证书；学习计算机科学课程的学生获得计算机科学（Integrated Computer Science，ICS）中级证书。学习艺术课程的学生获得艺术系（Faculty of Arts，F.A.）证书。

（二）其他中等学校

多科技术学校主要是培养工业和农业的中级技术人才，学习年限一般为 3 年。学生完成 3 年的课程，经考核后，可以获得中级技术员文凭（或称副工程师文凭），如图 2 所示。毕业生可以选择就业。

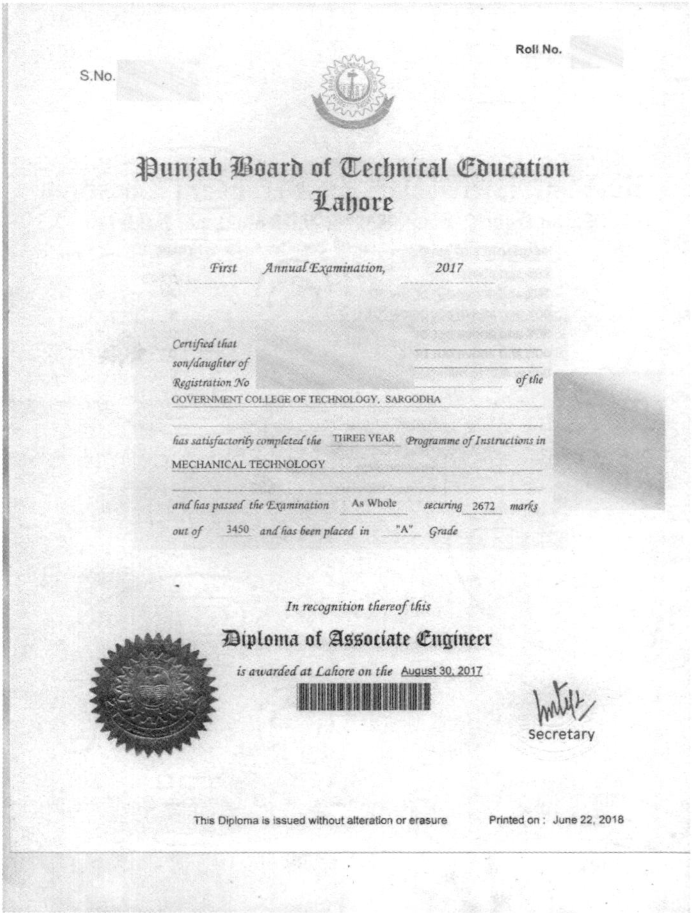

Roll No. [redacted]

S.No. [redacted]

Punjab Board of Technical Education
Lahore

First Annual Examination, 2017

Certified that [redacted]
son/daughter of [redacted]
Registration No [redacted] *of the*
GOVERNMENT COLLEGE OF TECHNOLOGY, SARGODHA

has satisfactorily completed the THREE YEAR *Programme of Instructions in*
MECHANICAL TECHNOLOGY

and has passed the Examination As Whole *securing* 2672 *marks*
out of 3450 *and has been placed in* "A" *Grade*

In recognition thereof this

Diploma of Associate Engineer

is awarded at Lahore on the August 30, 2017

Secretary

This Diploma is issued without alteration or erasure   Printed on : June 22, 2018

图 2　巴基斯坦多科技术学校毕业证书

这类学校第一年的理论课程和实践课程的比例大约为 1∶9，第二年的理论课程和实践课程的比例大约为 4∶6，实践课程所占比重不得少于 60%，并且在暑假期间，学生要在学校企业进行实习，为学校生产产品。多科技术学校根据学生的平时测验成绩、家庭作业、期中考试和期末考试成绩来决定学生是否有毕业资格。

第三节　高等教育制度

一、大学教育制度

（一）入学制度

学生要进入大学本科学习，必须通过结业考试，拥有高中毕业证书，高等教育招生单位可以根据高中的平均成绩或课程为每个专业设定额外要求。学生列出几个想去的大学及想学习的专业来直接申请。每所大学都有自己的入学考试，学生根据考试分数和擅长科目来确定专业。在通过所选大学的笔试考试以后，还需要通过面试。学生可以选择高中时所学方向的所有专业和其他方向的部分专业。高级中等学校毕业的学生也可以申请在多科技术学院学习。

在宗教学校学习的学生，如果背完古兰经并通过宗教学校的考试且拿到证书，在申请大学时会获得加分，加分标准大约为总分的10%。例如，如果总分为400分，学生会加40分。

（二）学制与学位授予制度

1. 普通高等教育

巴基斯坦有4种不同类型的学士学位课程：学士（Pass）、荣誉学士（Honours）、专业学士（Professional）和研究生学士（Postgraduate Bachelor）。

学士（Pass）的学制为2年，专业包括艺术、科学和商业等方向。除了英语、伊斯兰研究和巴基斯坦研究等必修科目外，学生还将学习2至3门选修课。

荣誉学士（Honours）为4年制，专业的选择领域与学士相同，培养计划通常只包括所选专业的专业课程。因此，相对于学士（Pass），荣誉学士

（Honours）会对所选择的领域进行更深入的学习。

专业学士（Professional）的学制根据专业有所不同，一般为 4 年或 5 年：农业、牙科、工程、制药和兽医专业为 4 年制，建筑和医学通常为 5 年制。

研究生学士（Postgraduate Bachelor）仅设置在部分专业，最常见的领域是法律和教育。申请攻读法律领域研究生学士学位专业的学生必须具有艺术、科学或商业的学士（Pass）学位，学位攻读时间为 3 年。教育研究生学士课程的入学要求与法律专业相同，学位攻读时间为 1 年，毕业生有资格在中学教学。如果想要取得高中教学资格，必须完成学士（Pass）和硕士课程。

2. 高等职业技术教育

高等技术学院提供高等职业教育，学制为 2 年，其中包括 1 年的工业培训和 1 年的机构培训，学生毕业将获得技术学士（Pass）学位。毕业生可以继续攻读 2 年制的技术荣誉学士（Honours）学位。技术荣誉学士（Honours）学位相当于工程学士学位。

二、研究生教育制度

（一）入学制度

1. 硕士研究生入学

学生申请攻读硕士学位时，完成 4 年本科学习的学生需要提供本科学位证书及 4 年的学习成绩单；只完成 2 年的学士学位的学生，需要提供 2 年的学士学位证书和 2 年本科学习成绩单。

2. 博士研究生入学

巴基斯坦学生申请博士学位时，学生的成绩平均累积学分绩点（Culmulative Grade Point Average，CGPA）不能低于 3.0。学生如果申请哲学博士学位，必须取得哲学硕士学位。

（二）学制与学位授予制度

1. 硕士

大多数硕士的学制为1—2年，其中获得学士（Pass）学位的学生攻读硕士时学制为2年；获得荣誉学士（Honours）学位的学生攻读硕士时学制为1年。商业、工程、计算机和科学等方向的学生申请攻读硕士学位时，必须拥有荣誉学士（Honours）学位。各大学的学术委员会负责授予合格学生学位证书。

此外，哲学硕士以研究为主，一般在获得硕士学位后才能学习，学制为2年。

2. 博士

一般硕士攻读博士学位需要3年，哲学硕士攻读博士学位需要2年。各大学的学术委员会负责授予合格学生学位证书。

第四节 高等教育机构类型

在巴基斯坦，高等教育由大学、大学附属机构和技术学院提供。巴基斯坦的高等教育体系由两个主要部门组成，分别为大学学位授予机构（Degree Awarding Institution，DAI）部门和附属学院部门。高等教育委员会（Higher Education Commission，HEC，前身为大学拨款委员会），是一个有自治权的最高机构。高等教育部门主要负责从联邦政府拨款给大学和学位授予机构，并认证其学位项目。学院由省级政府资助和管理。虽然高等商学院主要资助公立大学，但它也为一些私立大学的研究和基础设施建设提供资金。巴基斯坦的高等教育部门主要是公共性质的，公立高等教育机构（Higher Education Institution，HEI）在大学学位授予机构和附属学院部门中占主导地位。

巴基斯坦现代高等教育起源于英国殖民者的统治。旁遮普大学 (University

of the Punjab) 是巴基斯坦建立的第一所大学，同时也是巴基斯坦最大的大学，它为其他大学的建立和发展提供了参考。巴基斯坦独立后，高等教育体系逐步健全。巴基斯坦的大学分为两类：公立大学和私立大学。巴基斯坦公立高等学校通常提供范围广泛的课程和计划，而私立高等学校主要提供范围狭窄的以职业为导向的课程和计划，如商业和信息技术等课程。高等教育领域的大部分研究是在公立大学进行的。尽管私立高校无法与公立高校竞争，但在一定程度上改善了巴基斯坦高等教育供给不足的状况。从管辖层次上看，巴基斯坦大学可分为两类：联邦大学和省级大学。高等学校的设立应当经政府批准。政府授权实行“属地管理”原则：联邦高校设在联邦直管区内，由联邦政府管理并授予章程。伊斯兰堡公立联邦大学的校长是巴基斯坦总统。省属高校设在省（区），由省政府管理、授予办学许可。

21 世纪初，巴基斯坦政府明确承诺改善高等教育并增大高等教育支出。自 2002 年成立高等教育委员会，高等教育部门在解决教育质量、准入、治理和管理领域取得了进步。巴基斯坦还积极与国内外高等教育机构合作办学，并在商科、科学、法律以及艺术设计等学科设立了学位项目。

表 2　巴基斯坦大学排名

大学名称	QS 排名	ARWU 排名	U.S. News 排名	THE 排名
巴基斯坦工程与应用科学研究所（Pakistan Institute of Engineering and Applied Science）	375			
巴基斯坦国家科技大学（National University of Science and Technology）	400		951	801—1000
真纳大学（Quaid-i-Azam University）	511—520	801—900	427	401—500
巴基斯坦拉合尔管理科学大学（Lahore University of Management Sciences）	701—750			801—1000
伊斯兰堡康斯塔斯大学（COMSATS University Islamabad）	801—1000	501—600		601—800
拉合尔工程技术大学（University of Engineering and Technology, Lahore）	801—1000			1001+

续表

大学名称	QS 排名	ARWU 排名	U.S. News 排名	THE 排名
旁遮普大学（University of the Punjab）	801—1000	801—900	1133	801—1000
费萨拉巴德农业大学（University of Agriculture,Faisalabad）		801—900	1072	801—1000
阿加汗大学（Aga Khan University）			545	
白沙瓦大学（University of Peshawar）			1172	1001+
巴哈丁扎卡里亚大学（Bahauddin Zakariya University）			1337	1001+
卡拉奇大学（University of Karachi）			1346	
费萨拉巴德政府大学（Government College University Faisalabad）			1461	
巴基斯坦国际伊斯兰大学（International Islamic University, Islamabad）				801—100
拉合尔政府大学（Government College University Lahore）				1001+

参考文献

中文部分

[1] 乔海英：《新世纪巴基斯坦初等教育改革研究》，硕士学位论文，喀什大学教育科学学院，2018 年。

[2] 哈里德·拉赫曼、赛义德·拉什迪·布克哈瑞、刘径华：《巴基斯坦：宗教教育及其机构》，《南亚研究季刊》2007 年第 1 期。

[3] 陈恒敏、古尔扎·阿里·沙阿布哈里：《巴基斯坦高等学校设置制度：缘起、程序及标准》，《比较教育研究》2017 年第 7 期。

[4]《中国高等教育学会代表团圆满完成对巴基斯坦高等教育的访问》，《中国高教研究》2017 年第 9 期。

[5] 史雪冰、张欣：《中国高校在巴基斯坦高等教育 2025 愿景中的机遇与作为》，《比较教育研究》2019 年第 4 期。

[6] 中华人民共和国外交部：《巴基斯坦国家概况》，2020 年 4 月 16 日，见 https://www.fmprc.gov.cn/web/gjhdq_676201/gj_676203/yz_676205/1206_676308/1206x0_676310/。

外文部分

[1]Muhammad Imran Qureshi, Khalid Khan, "Quality Function Deployment in Higher Education Institutes of Pakistan" , *Middle-East Journal of Scientific Research*, No.2(2012), pp1111–1118.

[2]IBE , World Data on Education–Pakistan (7th edition) , 2012–7–31, http://www.ibe.unesco.org/fileadmin/user_upload/Publications/WDE/2010/pdf–versions/Pakistan.pdf.

[3]Anwar Iqbal, Pakistan an emerging market economy: IMF, 2015–11–8, https://www.dawn.com/news/1218182.

[4]United Nations Development Programme, Human Development Reports – 2018 Statistical Update – Chinese, 2019–12–19, http://www.hdr.undp.org/sites/default/files/2018_human_development_statistical_update_cn.pdf.

[5]Robert Hunter, Education in Pakistan, 2020–2–25, https://wenr.wes.org/2020/02/education–in–pakistan.

[6]The Federal Board of Intermediate and Secondary Education, Islamabad, http://www.fbise.edu.pk/.

[7]scholar, Education System in Pakistan, https://www.scholaro.com/pro/countries/Pakistan/Education–System.

第四章　印度

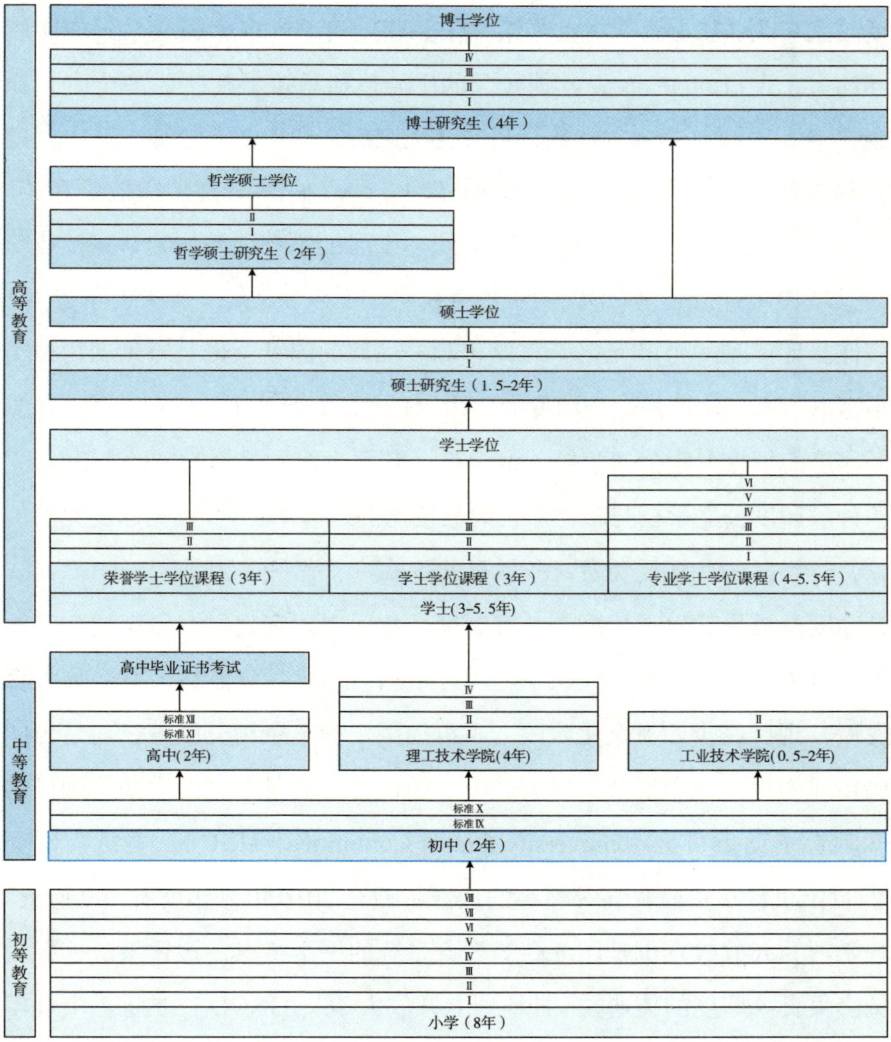
博士学位
Ⅳ
Ⅲ
Ⅱ
Ⅰ
博士研究生（4年）
哲学硕士学位
Ⅱ
Ⅰ
哲学硕士研究生（2年）
硕士学位
Ⅱ
Ⅰ
硕士研究生（1.5–2年）
学士学位
Ⅲ
Ⅱ
Ⅰ
荣誉学士学位课程（3年）
学士学位课程（3年）
Ⅵ
Ⅴ
Ⅳ
专业学士学位课程（4–5.5年）
学士(3–5.5年)
高中毕业证书考试
标准Ⅻ
标准Ⅺ
高中(2年)
理工技术学院(4年)
工业技术学院(0.5–2年)
标准Ⅹ
标准Ⅸ
初中（2年）
Ⅷ
Ⅶ
小学（8年）
高等教育
中等教育
初等教育

第一节　导言

印度，全称为印度共和国，位于南亚次大陆，是世界四大文明古国之一。印度总人口为13.24亿，居世界第2位。印度有100多个民族，其中印度斯坦族约占总人口的46.3%，其他较大的民族包括马拉提族、孟加拉族、比哈尔族、泰卢固族、泰米尔族等。世界各大宗教在印度都有信徒，其中印度教教徒和穆斯林分别占总人口的80.5%和13.4%。官方语言是印地语和英语。1991年开始的经济自由化使印度成为快速发展的主要经济体和新兴工业化国家，其国内生产总值（GDP）排名第6，是世界第3大（购买力平价/PPP）经济体。印度是一个多元化、多语言和多民族的国家，也是野生动物种类非常丰富的国家。印度卢比为印度的货币，1人民币约兑换10.2483印度卢比。

印度的学校分为公立学校（由中央、邦两个级别控制和资助）和私立学校两种。印度公立学校与私立学校的数量比例约为7：5。根据印度宪法的各条款，6至14岁为接受免费义务教育的阶段。

印度是最早建立现代高等教育制度的发展中国家之一。印度的高等教育体系为世界第3大体系，仅次于美国和中国。印度独立之后，其高等教育快速发展，现已经步入大众化阶段，不再局限于为上层精英服务，而是为印度公民传递知识，使印度公民享有受教育的机会。高等教育的主要管理机构是大学教育资助委员会（University Grants Committee，UGC），委员会设立的15所自治机构负责监督高等教育的认证。截至2016年，印度有799所大学。远程学习和开放教育也是印度高等教育系统的一个特点，该体系由远程教育委员会负责。印度的英迪拉·甘地国立开放大学（IGNOU）是世界上规模最大的开放大学，学生人数约为350万。

第二节 中等教育制度

一、中等教育类型

印度中等教育分为普通中等教育和职业中等教育，主要由各邦政府进行管理。

（一）普通中等教育

印度大部分地区的普通中等教育从九年级开始持续到十二年级，包括2年初中（标准X）和2年高中（标准XII）。私立教育机构在中等教育中非常普遍。中等教育的公共考试分别在2个阶段结束后举行，通过后的初中毕业生被准许进入准XI（高一）学习阶段，高中毕业生则获得进入大学的学习机会。印度初中普通课程包括3种语言（地区语言、选修语言和英语）、数学、科学和技术、社会科学、工作/职前教育、艺术和体育。印度高中分为理科、文科和商科3种方向，其中理科还分为物理、化学、数学组（Physics，Chemistry and Math，PCM）以及物理、化学、生物组（Physics，Chemistry and Biology，PCB），学生可以自主选择学习的方向；文科的课程包括政治、历史、地理、经济学、心理学、社会学等；商科课程则包括会计、商业研究、管理和计算机应用等。

（二）中等职业教育

印度中等职业教育包含正规和非正规两种类型。正规机构的学制为半年到4年不等，包括理工技术学院（Polytechnic）和工业技术学院（Vocational Course Institute）；非正规机构主要提供一些短期职业培训。中等职业教育毕业的学生不能获得标准XII文凭。理工技术学院为4年制，学生毕业之后可以继续升入大学；工业技术学院为半年到2年制，学生毕业之后不能继续攻读高等教育学位。

二、中等教育毕业制度

印度共有 2 个中央级和 32 个邦级中等教育委员会，它们是通过联邦政府特别决议、德里学校教育法、国家教育政策法或邦议会立法设立，经人力资源开发部（Ministry of Human Resource Development，MHRD）认可的公共考试机构。中等教育委员会依据国家课程框架为附属学校设定考试标准并举办十年级和十二年级毕业考试，所有经费来自年度考试费用、附属学校会费和出版物销售收入等，没有任何政府财政性经费来源。附属于中央中等教育委员会（Central Board of Secondary Education，CBSE）和印度学校证书考试理事会（Council for the Indian School Certificate Examination，CISCE）两个中央级考试机构的初高中学校都是优质教育资源，承担着精英人才培养任务。附属于邦级考试机构的初高中学校主要是本地区一般性学校，着重承担大众化教育任务。中等教育委员会每年 2—3 月份举办考试，8—9 月份安排补考。

在初中（标准 X）结束时，学生将通过参加全印度教育委员会或各邦教育委员会组织的一系列考试。通过中学考试的学生可以获得中学证书（Secondary School Certificate，SSC)，获得证书的学生可以进入高中学习。

高中毕业证书考试的科目由中等教育委员会决定。经过两年的高中（标准 XI 和 XII）学习后，学生将再次接受学校附属委员会（包括全印度教育委员会和各邦教育委员会）的检查。如学生通过高中毕业证书考试，将获得高中（学校）证书（Senior Secondary School Certificate，SSSC）。

表 1　大多数州二级委员会使用的最常见的评分等级

等级	成绩占总分的百分比
第一级	60% +
第二级	45%—59%
第三级 / 通过	30%—44%
未通过	0—29%

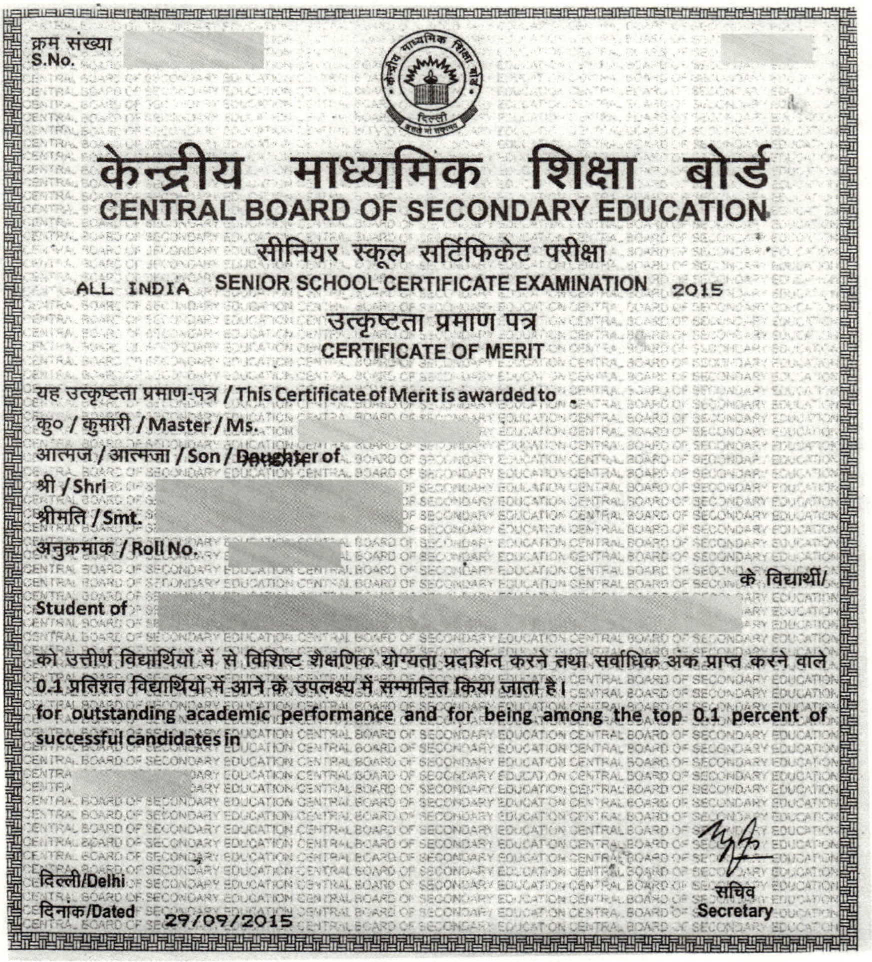

क्रम संख्या
S.No. [redacted]

केन्द्रीय माध्यमिक शिक्षा बोर्ड
CENTRAL BOARD OF SECONDARY EDUCATION
सीनियर स्कूल सर्टिफिकेट परीक्षा
ALL INDIA SENIOR SCHOOL CERTIFICATE EXAMINATION 2015
उत्कृष्टता प्रमाण पत्र
CERTIFICATE OF MERIT

यह उत्कृष्टता प्रमाण-पत्र / This Certificate of Merit is awarded to
कु० / कुमारी / Master / Ms. [redacted]
आत्मज / आत्मजा / Son / Daughter of
श्री / Shri [redacted]
श्रीमति / Smt.
अनुक्रमांक / Roll No. [redacted]
के विद्यार्थी/
Student of [redacted]
को उत्तीर्ण विद्यार्थियों में से विशिष्ट शैक्षणिक योग्यता प्रदर्शित करने तथा सर्वाधिक अंक प्राप्त करने वाले 0.1 प्रतिशत विद्यार्थियों में आने के उपलक्ष्य में सम्मानित किया जाता है।
for outstanding academic performance and for being among the top 0.1 percent of successful candidates in
[redacted]

दिल्ली/Delhi
दिनांक/Dated 29/09/2015
सचिव
Secretary

图 1　全印度高级中学证书

第三节　高等教育制度

一、大学教育制度

（一）入学制度

原则上，拥有高中（标准 XII）毕业证书的每个学生都可以进入大学接受教育，但是许多专业设置了最低分数的附加要求，例如要求一些科目的成绩至少达到总分的 50%，但一般来说，大部分科目达到 45% 的成绩就足够了。有些高等教育机构也会要求申请者参加考试，比如技术类专业。

除了各大学管理的不同入学考试外，在州和国家两级还有一些不同的大学入学统一考试。州一级的例子包括西孟加拉邦联合入学考试，以及安得拉邦和泰兰加纳州的工程农业与医学通用入学考试（Engineering Agricultural and Medical Common Entrance Test，EAMCET），尼赫鲁科技大学（Jawaharlal Nehru Technological University, Hyderabad，JNTUH）和奥斯马尼亚大学（Osmania University，OU）等高等教育机构一般使用 EAMCET 考试进行招生；印度也有国家一级的大学入学统一考试，如 10 个州的中央大学招生通用的中央大学普通入学考试（Central Universities Common Entrance Test，CUCET）。

（二）学制与学位授予制度

1. 学士学位 / 荣誉学士学位

攻读学士学位需要进行为期 3 年的学习。最常见的学士学位是文学学士、理学学士和商业学士。课程分为学士课程和荣誉学士课程两种，分别对应学士学位（B.A.）和荣誉学士学位 [B.A. (Hons.)]。学士学位课程旨在让学生学习该学科的基础知识；荣誉学士课程则侧重于学术方向的特定领域，旨在教授更高级的理论和研究技能，学生毕业后可以继续攻读硕士学位。

攻读学士学位的第三年只需要学习少量课程。例如，文学学士学位前两年学习英语、印地语、经济学等课程，在第三年只学习专业课程；理学学士学位则学习化学、生物学、动物学等课程，同样在第三年只学习专业课程。另外，文学学士学位也可以选择学习 5 门课程，其中英语和现代印度语是必修课，而其他 3 门是选修科目，选修科目可以不选择专业课程。所以普通学士学位的课程主题通常差异很大，很难对这些学位进行总体评估。印度过去几年提供的普通学士课程的数量一直在下降。一般来说，商业学士学位课程与经济学或商业管理领域的课程比较相似。

2. 专业学士学位

工学学士学位、农业学士学位、兽医学学士学位和牙科学学士学位的学制通常为 4 年，法律学士学位和建筑学士学位的学制是 5 年，医学学士学位和外科学士学位（Bachelor of Medicine，Bachelor of Surgery）的学制是 5.5 年。

二、研究生教育制度

（一）入学制度

1. 硕士研究生入学

在印度，学生获得学士学位后可以选择继续读硕士学位。根据高等教育机构不同或者专业不同，招生条件不一，但要求有最低分数限制或自主举行入学考试。通常录取分数线为总分的 45% 或 50%。

哲学硕士学位（MPhil）是印度研究型硕士学位，其主要目的是培养能够进行独立学术研究的学生，并且为攻读博士学位做好准备。获得硕士学位是攻读哲学硕士学位的基本条件，但并不是每个高等教育机构和每个专业都需要攻读此学位才能继续读博。申请攻读哲学硕士学位的学生需要参加入学考试，达到指定分数以上方可入学。

2. 博士研究生入学

原则上，学生在完成硕士学位后就可以继续攻读博士学位。入学通常对于硕士期间的成绩有所要求。有些大学还接受工程学、医学和法律等专业的本科毕业生攻读博士学位。几乎所有大学都会举行博士入学考试。

（二）学制与学位授予制度

1. 硕士

印度硕士学制通常为 2 年。根据专业不同，硕士学位年限也各不相同。例如，学生攻读人文、自然科学和医学专业的硕士学位需要 2 年时间；攻读工程技术专业需要 1.5 年。按照印度法律规定，只有大学才有学位授予权，学院只有依附于某个大学，才有可能授予学生硕士学位所需要的学分。哲学硕士学位一般为 2 年制，毕业生必须要提交毕业论文。

2. 博士

印度博士学制通常为 4 年。博士毕业生获得的学位名称通常是博士学位，但也存在工商管理博士学位（Doctor of Business Administration，DBA），法律博士学位（Doctor of Laws，LLD）、理学博士学位（Doctor of Science，DSc）的名称。

第四节　高等教育机构类型

大学和学院是印度高等教育机构的两种类型。

1. 大学：根据每所大学所属组织部门不同可分为中央大学、邦立大学、私立大学。中央大学由国家拨款、创办和管理；邦立大学由所属邦进行创办与管理；私立大学通常不是由政府直接举办，而是由协会、基金会、公司或个人根据私立大学法创办。

2. 学院：在印度，学院是高等教育机构的主体，一般可分为公立、受助私立和纯私立。公立学院由政府资助；受资助的私立学院是由私人团体创建和管理的，但能得到政府的补助，其运行费用、教育用地等均由政府资助；纯粹的私立学院基本不受政府资助，而是以学费为办学经费的来源，这类的自筹经费学院，才是真正的私立院校。

表 2 印度大学排名

大学名称	QS 排名	ARWU 排名	U.S. News 排名	THE 排名
孟买理工学院（Indian Institute of Technology Bombay）	152	701—800	513	401—500
德里理工学院（Indian Institute of Technology Delhi）	182	701—800	654	401—500
印度科技学院（Indian Institute of Science）	184	401—500	530	301—350
马德拉斯理工学院（Indian Institute of Technology Madras）	271	501—600	654	601—800
卡哈拉格普尔理工学院（Indian Institute of Technology Kharagpur）	281	701—800	722	401—500
坎普尔理工学院（Indian Institute of Technology Kanpur）	291	601—700	752	601—800
卢克里理工学院（Indian Institute of Technology Roorkee）	383	901—1000	747	501—600
德里大学（Universityof Delhi）	474	701—800	763	601—800
瓜哈提理工学院（Indian Institute of Technology Guwahati）	491		926	601—800
海德拉巴大学（University of Hyderabad）	601—650		1072	
贾达普大学（Jadavpur University）	651—700		936	801—1000
曼尼帕尔高等教育学院（Manipal Academy of Higher Education）	701—750			1001+
安那大学（Anna University）	751—800	901—1000	1103	1001+
国立伊斯兰大学（Jamia Millia Islamia）	751—800		1086	601—800
金达尔全球大学（O. P. Jindal Global University）	751—800			

参考文献

中文部分

[1] 吕卉子：《当代印度教育中的兼容、对比、碰撞与推进》，硕士学位论文，南开大学历史学院，2010 年。

[2] 王海林：《印度基础教育阶段教学内容变革研究》，硕士学位论文，西南大学教育学部，2011 年。

[3] 程懿：《印度表列种姓的教育保留政策研究》，硕士学位论文，浙江师范大学国际与比较教育学院，2013 年。

[4] 郑伊从：《独立后印度高等教育经费投入问题研究（1947—2006）》，硕士学位论文，广西师范大学历史文化与旅游学院，2017 年。

[5] 朱玉华：《印度高中入学考试及招生制度探析》，《比较教育研究》2014 年第 11 期。

[6] 胡启明：《印度职业学士学位设置述评》，《学位与研究生教育》2014 年第 12 期。

[7] 李雁南、王文礼：《跨越式发展中的印度研究生教育：成就与问题》，《现代教育科学》2016 年第 5 期。

[8] 陈德胜：《印度高等教育研究》，《教育教学论坛》2017 年第 2 期。

[9] 王文礼：《当前印度大学拨款委员会存在的缺失与重构》，《教育与考试》2018 年第 1 期。

[10] 张继明、张丽丽：《近代以来印度私立高等教育发展历程及启示》，《贵州师范大学学报（社会科学版）》2018 年第 1 期。

[11] 刘进、徐丽：《“一带一路”沿线国家的高等教育现状与发展趋势研究（五）——以印度为例》，《世界教育信息》2018 年第 10 期。

[12] 翟俊卿、袁靖：《印度职业教育的新变革——解读“新中等教育职业

化计划”》,《职业技术教育》2018 年第 24 期。

[13] 张琪琪:《印度现代学制论略》,《文化创新比较研究》2019 年第 24 期。

[14] 安双宏:《印度教育 60 年发展成就评析》,中国教育学会比较教育分会第 15 届学术年会暨庆祝王承绪教授百岁华诞国际学术研讨会论文,2010 年 10 月,第 1—7 页。

[15] 中华人民共和国外交部:《印度国家概况》,2020 年 4 月 3 日,见 https://www.fmprc.gov.cn/web/gjhdq_676201/gj_676203/yz_676205/1206_677220/1206x0_677222/。

外文部分

[1]Sharath Jeevan , James Townsend, Teachers: A Solution to Education Reform in India, 2013-7-17, https://ssir.org/articles/entry/teachers_are_a_solution_to_education_reform_in_india.

[2]Kendriya Vidyalaya Kathmandu, Student Achievers, 2015-12-8, https://www.kvkathmandu.net/english-studentachievers.

[3]UCAS, India: Higher Secondary School Certificate, 2018-1-8, https://qips.ucas.com/qip/india-higher-secondary-school-certificate.

[4]Government of India, All India Survey On Higher Education , 2018-4-3, https://mhrd.gov.in/sites/upload_files/mhrd/files/statistics/AISHE2015-16.pdf.

[5]WENR, Education in India - Sample Documents , 2018-12-17, https://wenr.wes.org/wp-content/uploads/2018/09/India-Sample-Documents-09-18.pdf.

[6]Central Board of Secondary Eucation, 2020-1-10, http://cbseresults.nic.in/cbseresults_cms/Public/View.aspx?page=74.

[7]National Assessment and Accreditation Council, http://www.naac.gov.in/.

第五章　美国

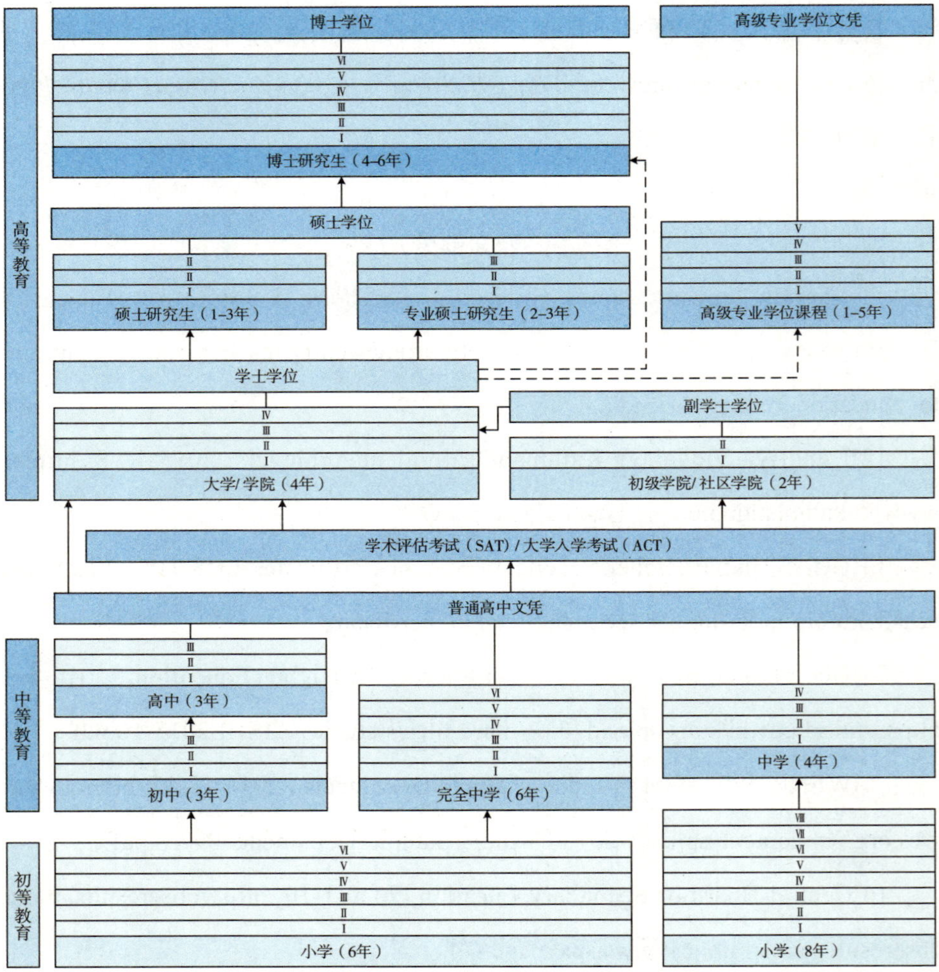

高等教育
博士学位
Ⅵ
Ⅴ
Ⅳ
Ⅲ
Ⅱ
Ⅰ
博士研究生（4–6年）
高级专业学位文凭
硕士学位
Ⅱ
Ⅱ
Ⅰ
硕士研究生（1–3年）
Ⅲ
Ⅱ
Ⅰ
专业硕士研究生（2–3年）
Ⅴ
Ⅳ
Ⅲ
Ⅱ
Ⅰ
高级专业学位课程（1–5年）
学士学位
Ⅳ
Ⅲ
Ⅱ
Ⅰ
大学/学院（4年）
副学士学位
Ⅱ
Ⅰ
初级学院/社区学院（2年）
学术评估考试（SAT）/大学入学考试（ACT）
普通高中文凭
中等教育
Ⅲ
Ⅱ
Ⅰ
高中（3年）
Ⅲ
Ⅱ
Ⅰ
初中（3年）
Ⅵ
Ⅴ
Ⅳ
Ⅲ
Ⅱ
Ⅰ
完全中学（6年）
Ⅳ
Ⅲ
Ⅱ
Ⅰ
中学（4年）
初等教育
Ⅵ
Ⅴ
Ⅳ
Ⅲ
Ⅱ
Ⅰ
小学（6年）
Ⅷ
Ⅶ
Ⅵ
Ⅴ
Ⅳ
Ⅲ
Ⅱ
Ⅰ
小学（8年）

第一节 导言

美国，全称为美利坚合众国，是由华盛顿哥伦比亚特区、50个州和关岛等众多海外领土组成的联邦共和立宪制国家。美国的人口约为3.30亿（截至2019年12月），是世界第3人口大国。其中非拉美裔白人约占62.1%，拉美裔约占16.9%，非洲裔约占13.4%，亚裔约占5.9%，混血约占2.7%，印第安人和阿拉斯加原住民约占1.3%。通用语言为英语。人口中约46.5%信仰基督教，20.8%信仰天主教，1.9%信仰犹太教，0.9%信仰伊斯兰教，0.7%信仰佛教，0.5%信仰东正教，1.2%信仰其他宗教，22.8%无宗教信仰。美国的首都为华盛顿哥伦比亚特区，人口最多的城市是纽约市。美国作为一个高度发达的国家，是全球最大的经济体，其国内生产总值居世界首位。美元为美国的货币，1人民币约兑换0.1436美元。

美国公共教育由州和地方政府运营，由美国教育部通过限制联邦拨款进行监管。在大多数州，儿童必须从4岁或5岁（一般是幼儿园或一年级）开始上学，义务教育的年限根据各州法律不同而不同，一般会持续到16—18岁。在联合国2018年发布的人类发展指数与指标中，美国排在极高人类发展水平国家前列，美国公民平均受教育年限为16.5年，人类发展指数位次排在第13位。截至2017年，美国政府对教育的支出占国民总收入的5%，受过中等教育的人口占25岁及以上人口的25%。根据经济合作与发展组织（OECD）2018年国际学生评估测试（PISA），美国学生的阅读成绩排在第13位，数学成绩排在第37位，科学成绩排在第18位。

美国有许多具有竞争力的私立和公立高等教育机构。不同排名组织所列出的顶尖大学排名中名列前茅的大学较多属于美国。美国的高等教育机构类型包括公立和私立大学、文理学院、社区学院和营利性大学。美国的高等教育受多个第三方组织的监管。2018 年，美国在 Universitas 21（国际高校联合体）全球高等教育总数中排名第 1。

第二节　中等教育制度

一、中等教育类型

（一）公立学校

美国公共教育系统分为 3 个层次：初等教育、中等（初中和高中）教育以及高等教育。在美国，无论种族、性别、能力、宗教和经济地位如何，所有儿童在美国管辖范围内都享有免费就读公立小学和接受中学教育的权利。根据每个州学制的不同，有些地方为初中高中制（3+3 制），另一些为混合模式的完全中学（6 年制），即学生直接读完七至十二年级。6 年制中学把初中（Junior High School）和高中（High School）合二为一，一般前 3 年实施普通教育，后 3 年实施分科教育，即学生分别选修学术课程、职业课程或普通课程。还有一些州实行小学 8 年、中学 4 年的学制。

（二）私立学校

私立学校是非公立学校，不由政府管理，而是作为独立机构运作。所有的私立学校都必须遵守联邦有关非歧视和健康隐私及金融安全法的法律。

（三）特许学校

美国的特许学校不向参加了国家规定考试的学生收取费用。与传统的公立学校相比，这些特许学校受到的规则管控更少，获得的公共资金也比公立学校少，并且通常根据每个学生的固定金额总和进行资助。

（四）大学预科学校

在美国，有公立、私立和特许3种大学预科学校。这类学校的入学方式一般是基于特定的选拔标准，通常对于学生有学术性要求。

（五）家庭教育

在美国，由于宗教等社会原因，家庭教育均为合法的。美国最高法院裁定父母有权利指导子女的教育。父母如果选择在家中教育子女，必须向所属学区政府做出申请，并提交教学计划，只有这样其子女才能够取得相应的学历，否则不会被承认。

（六）在线学校

虽然在线教育和家庭教育有许多相似之处，但也有不同之处。主要区别在于在线学校有远程管理学生教育的老师，父母可以和在线教师一起扮演监督者的角色。就公立在线学校而言，课程不会涉及宗教原则。公立在线学校使用标准化测试，只有符合国家规定的毕业要求，学生才能获得公立在线学校的文凭。

二、中等教育毕业制度

（一）普通高中

美国全国大多数高中都采用学分制来衡量学生的毕业进度，主要使用的信用系统是卡内基信用系统。各州为其所在辖区的所有高中生设定了最低毕业要求，即在卡内基系统中需要的最少数量的学分要求。在大多数情况下，高中的标准为每年至少获得6或7个学分。几乎所有州都采用了4个核心教学领域：英语、语言艺术、社会研究、科学和数学。大多数州也有其他领域的要求，如艺术、体育或外语方面的要求。学生满足学校的最低毕业要求才能拿到高中文凭，普通高中文凭如图 1 所示。

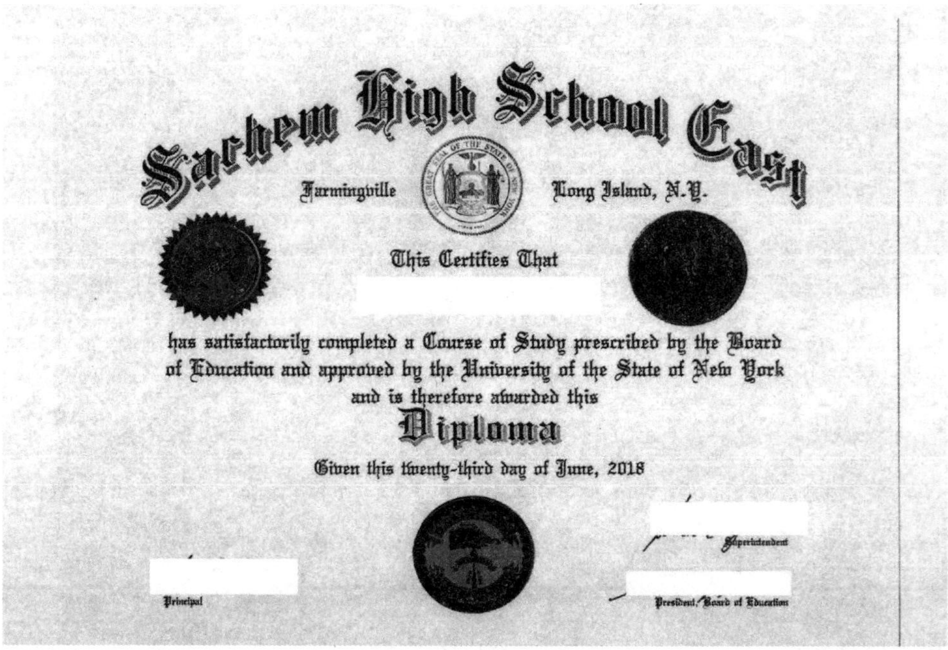
Sachem High School East
Farmingville Long Island, N.Y.
This Certifies That
has satisfactorily completed a Course of Study prescribed by the Board of Education and approved by the University of the State of New York and is therefore awarded this
Diploma
Given this twenty-third day of June, 2018
Superintendent
Principal
President, Board of Education

图 1　美国普通高中文凭

为了确保文凭的可信度，学生在申请大学时需要提供官方成绩记录单。官方成绩记录单（Official Transcript）概述了学生参加的科目、考试成绩和获得的学分。如图 2 所示。

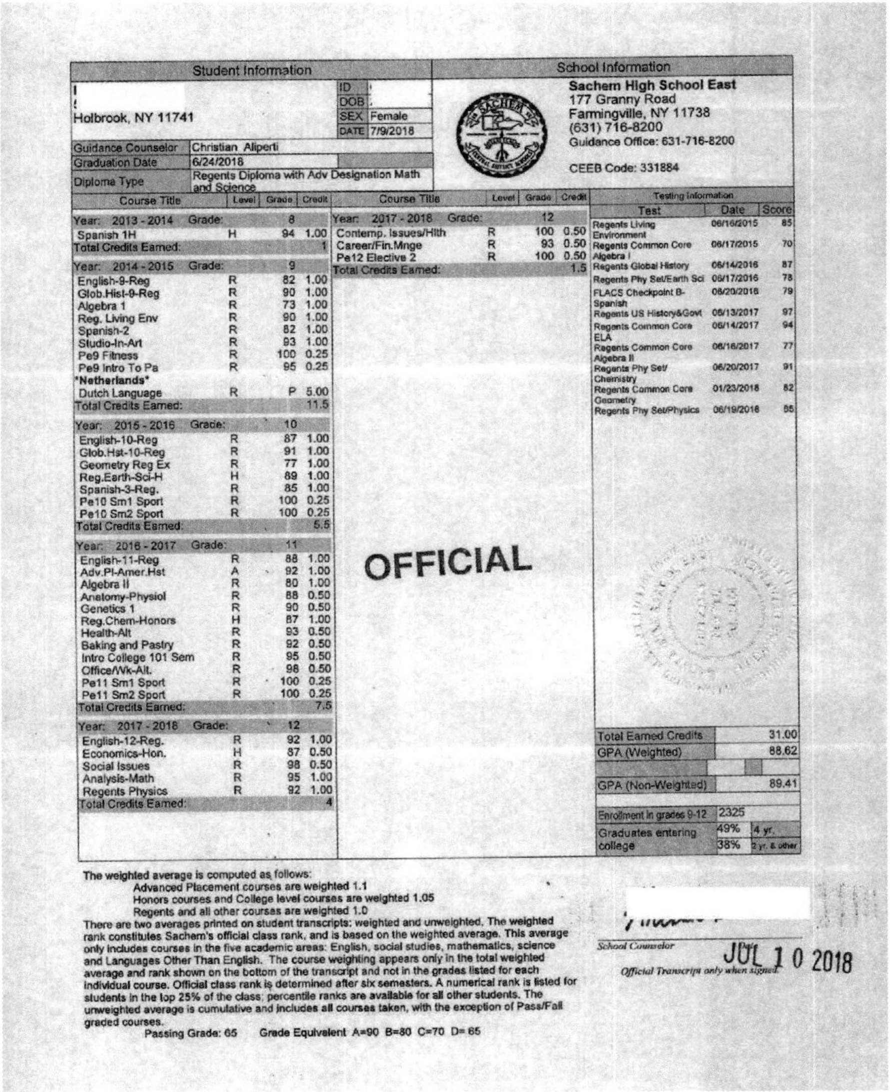

Student Information			
[redacted]		ID	[redacted]
Holbrook, NY 11741		DOB	[redacted]
		SEX	Female
		DATE	7/9/2018
Guidance Counselor	Christian Aliperti		
Graduation Date	6/24/2018		
Diploma Type	Regents Diploma with Adv Designation Math and Science		

School Information

Sachem High School East
177 Granny Road
Farmingville, NY 11738
(631) 716-8200
Guidance Office: 631-716-8200

CEEB Code: 331884

Course Title	Level	Grade	Credit
Year: 2013 - 2014 Grade: 8			
Spanish 1H	H	94	1.00
Total Credits Earned:			1
Year: 2014 - 2015 Grade: 9			
English-9-Reg	R	82	1.00
Glob.Hist-9-Reg	R	90	1.00
Algebra 1	R	73	1.00
Reg. Living Env	R	90	1.00
Spanish-2	R	82	1.00
Studio-In-Art	R	93	1.00
Pe9 Fitness	R	100	0.25
Pe9 Intro To Pa	R	95	0.25
Netherlands			
Dutch Language	R	P	5.00
Total Credits Earned:			11.5
Year: 2015 - 2016 Grade: 10			
English-10-Reg	R	87	1.00
Glob.Hst-10-Reg	R	91	1.00
Geometry Reg Ex	R	77	1.00
Reg.Earth-Sci-H	H	89	1.00
Spanish-3-Reg.	R	85	1.00
Pe10 Sm1 Sport	R	100	0.25
Pe10 Sm2 Sport	R	100	0.25
Total Credits Earned:			5.5
Year: 2016 - 2017 Grade: 11			
English-11-Reg	R	88	1.00
Adv.Pl-Amer.Hst	A	92	1.00
Algebra II	R	80	1.00
Anatomy-Physiol	R	88	0.50
Genetics 1	R	90	0.50
Reg.Chem-Honors	H	87	1.00
Health-Alt	R	93	0.50
Baking and Pastry	R	92	0.50
Intro College 101 Sem	R	95	0.50
Office/Wk-Alt.	R	98	0.50
Pe11 Sm1 Sport	R	100	0.25
Pe11 Sm2 Sport	R	100	0.25
Total Credits Earned:			7.5
Year: 2017 - 2018 Grade: 12			
English-12-Reg.	R	92	1.00
Economics-Hon.	H	87	0.50
Social Issues	R	98	0.50
Analysis-Math	R	95	1.00
Regents Physics	R	92	1.00
Total Credits Earned:			4

Course Title	Level	Grade	Credit
Year: 2017 - 2018 Grade: 12			
Contemp. Issues/Hlth	R	100	0.50
Career/Fin.Mnge	R	93	0.50
Pe12 Elective 2	R	100	0.50
Total Credits Earned:			1.5

OFFICIAL

Testing Information

Test	Date	Score
Regents Living Environment	06/16/2015	85
Regents Common Core Algebra I	06/17/2015	70
Regents Global History	06/14/2016	87
Regents Phy Set/Earth Sci	06/17/2016	78
FLACS Checkpoint B-Spanish	06/20/2016	79
Regents US History&Govt	06/13/2017	97
Regents Common Core ELA	06/14/2017	94
Regents Common Core Algebra II	06/16/2017	77
Regents Phy Set/Chemistry	06/20/2017	91
Regents Common Core Geometry	01/23/2018	82
Regents Phy Set/Physics	06/19/2018	85

Total Earned Credits		31.00
GPA (Weighted)		88.62
GPA (Non-Weighted)		89.41
Enrollment in grades 9-12	2325	
Graduates entering college	49%	4 yr.
	38%	2 yr. & other

The weighted average is computed as follows:
Advanced Placement courses are weighted 1.1
Honors courses and College level courses are weighted 1.05
Regents and all other courses are weighted 1.0
There are two averages printed on student transcripts: weighted and unweighted. The weighted rank constitutes Sachem's official class rank, and is based on the weighted average. This average only includes courses in the five academic areas: English, social studies, mathematics, science and Languages Other Than English. The course weighting appears only in the total weighted average and rank shown on the bottom of the transcript and not in the grades listed for each individual course. Official class rank is determined after six semesters. A numerical rank is listed for students in the top 25% of the class; percentile ranks are available for all other students. The unweighted average is cumulative and includes all courses taken, with the exception of Pass/Fail graded courses.
Passing Grade: 65　Grade Equivalent A=90 B=80 C=70 D= 65

[redacted]
School Counselor
JUL 10 2018
Official Transcript only when signed

图 2　美国高中文凭官方记录单

（二）大学先修课程（AP）

大学先修课程（Advanced Placement，AP）是美国大学理事会在全国高中以及世界各地的美国高中提供的正式课程。这些课程不仅可以使高中生能在高中后两年提前学习大学课程，并通过参加大学委员会组织的统一考试获得 AP 课程成绩，同时为成绩合格的 AP 课程授予学分，并允许学生免修相关课程。在大多数 AP 课程考试中，学生得到 5 分即得到 A 等级，得到 4 分即得到 B 等级，3 分则是最低通过分数。AP 课程项目的实施不仅使高中课程与大学课程紧密衔接，而且使高中生提前了解大学课程、熟悉大学专业。

（三）国际文凭（IB）

美国的一些高中还提供瑞士国际文凭组织的国际文凭（International Baccalaureate，IB）课程。截至 2018 年，IB 网站列出了美国 1814 所 IB 学校。在这些学校，学生毕业时可以获得 IB 文凭。美国大多数司法管辖区都认定 IB 文凭等同于美国高中毕业证书。

（四）普通教育发展证书（GED）

在美国，没有完成学业但仍想上中学的人可以参加成人考试。如通过成人考试，将会获得高中同等学历文凭或普通教育发展凭证，也被称为 GED（General Education Development）凭证。成人考试题型为数学、科学、社会科学、语言艺术等 4 门科目的多项选择题。

第三节　高等教育制度

一、大学教育制度

（一）入学制度

学术评估考试 SAT（Scholastic Assessment Test）创建于 1901 年，主要包括 SAT-I（一般学术能力）和 SAT-II（各学科学业成就测验）两个类型。

2015年，SAT-I进行了第三次改版，其必考内容变为两个部分，即基于证据的读写测验（200—800分）和数学测验（200—800分），作文部分改为选考内容。作文分数包括阅读能力（2—8分）、分析能力（2—8分）和写作能力（2—8分）分数。

美国大学入学考试ACT（American College Testing）创建于1959年，是美国学生大学入学的评估性测试。考试由5个部分组成，分别为英语、阅读、数学、科学推理和可选的写作部分，总分为36分。考试题目一般比学术评估考试（SAT）简单，但题目数量多，答题时间短，而且有科学常识的考查。

由于美国高等教育机构的水平和质量差异很大，每个高等教育机构入学要求也有所不同。有一些机构不要求学生拥有高中文凭，欢迎所有18岁及以上的学生报名学习；有一些机构只要求学生拥有高中文凭，但是入学后仅一小部分学生能从大学真正毕业。

大多数院校的入学要求既不会很严格，也不会很宽松。一般来说，学生需要提供高中文凭、SAT或ACT的分数。

部分院校还会根据学生高中的学习内容和成绩、SAT或ACT考试的分数来选择学生。此外，学校还考虑学生参与课外活动的情况，并且要求学生提供证明其领导能力的相关材料、论文及推荐信等。

（二）学制与学位授予制度

学生可以在4年制学院或大学获得学士学位。学生通常需要学习其专业的入门科目、主修科目、辅修科目和选修科目；在本科四年级会开设1个研究方法单元和1个研究项目，学生可能需要提交学士论文；有时会要求学生实习，通常不超过几个月。

学生可以在初级学院和社区学院取得副学士学位（Associate Degree），副学士学位学制一般为2年。

二、研究生教育制度

（一）入学制度

1. 硕士研究生入学

在美国，学生申请攻读硕士学位，则要求其必须拥有学士学位，外加其他要求，如平均成绩、必修科目和入学考试。GRE（Graduate Record Examination）是一种研究生入学考试，创建于 1949 年，是美国许多研究生院的入学评估性测试。GRE 由语言推理、数量推理和分析性写作组成。美国学生如果想出国攻读硕士学位，学生的 GRE 成绩有时也会影响最终申请结果。

2. 高级专业学位申请者入学

高级专业学位课程是一个单独的高等教育类别，面向特定的专业招生，学制为 1 至 5 年。入学通常要求学生有学士学位，还要求修习过若干必修科目，如医学预科、工程预科或法律预科，并辅以入学考试和上述硕士课程的选择标准。

3. 博士研究生入学

一般来说，人文艺术学科的学生需要拥有硕士学位才能申请攻读博士学位；而理学学生不需要攻读硕士学位即可直接申请攻读博士学位。一些选择性的研究型大学也会录取有发展前景的已获得学士学位的学生。

（二）学制与学位授予制度

1. 硕士

学生可以从学院或大学的研究生院获得硕士学位。硕士学制为 1 至 3 年；专业硕士课程学制为 2 至 3 年。在研究生阶段，学生需要进行研究型论文写作或案例研究。专业硕士学位的学生需要进行论文写作或者参加综合考试。硕士学位包括文学硕士、科学硕士、工商管理硕士、社会工作硕士、公共卫生硕士等。

2. 博士

博士学制为 4 至 6 年。博士毕业要求学生至少有 1 年的教学经验；通过口头和书面资格考试后，学生才可以进行学位论文撰写与答辩。

3. 高级专业学位

高级专业学位课程为学生进入特定职业做准备，例如医学和法律。学生主要学习理论科目（如基础科学课程、高级理论课程、研讨会）、实践科目（如专业发展课程、诊所、模拟试验），并需要有工作经验（如实习、见习、实地经验、临床见习、定向研究项目）。高级专业学位文凭包括法学博士、医学博士、牙科外科博士和兽医博士等。

第四节　高等教育机构类型

美国的高等专业教育与高等学术教育没有区别。学生可以在同一机构接受两种教育。因此，学生可以用学术科目的学习来补充专业科目的学习，反之亦然。美国所从事高等教育各种类型的大学与学院可以分为公立学校和私立学校。其中美国的公立大学除了军事院校以外都是州政府和地区政府主办的大学，主要以州政府拨款作为经费；美国的私立学校的资金来自于学费、公司捐助和校友捐助。其中美国的私立大学录取标准和教学更灵活，学费昂贵，并且美国的一些私立大学是顶级名校，常春藤盟校都是私立大学。常春藤联盟成立于1954年，是由美国东北部地区的8所大学组成的体育赛事联盟，也是美国产生最多罗德奖学金得主的大学联盟。常春藤盟校都是美国一流高校，包括哈佛大学、耶鲁大学、普林斯顿大学、宾夕法尼亚大学、哥伦比亚大学、康奈尔大学、达特茅斯学院和布朗大学。

美国高等教育机构主要包括初级或社区学院、文理学院、综合性大学、研究生院、高等专科学院、技术学院及成人大学。

1. 初级或者社区学院（Junior College and Community College）

初级学院提供 2 年制本科课程。社区学院一般为公立初级学院，提供 2 年制副学士课程和各种职业证书课程。计划继续攻读学士学位（本科课程）的学生必须完成社区大学提供的所谓“转校课程”。社区学院主要由社区支持，其目的在于推广和普及教育，因此对学生入学的要求较低，而且学费也比较便宜。

2. 文理学院（Liberal Arts College）

文理学院是 4 年制的大学，这类学校重点发展大学本科教育而非研究生教育，只有小部分文理学院颁授硕士及博士学位。在美国，文理学院是最先建立的一种高等教育学府。文理学院设置了人文学科、数理科以及专门职业教育等学科。

3. 综合性大学（Comprehensive University）

在美国，综合性大学分为公立的综合性大学和私立的综合性大学。一般而言，私立大学学费比公立大学昂贵。一些私立大学很有名，例如哈佛、耶鲁等大学都是历史悠久的私立大学。通常来说，综合性大学有附属的研究机构来进行深入的学术研究。综合性大学可以授予高级学位，如硕士和博士学位。综合性大学通常分为几个学院，每个学院又分为几个系。

4. 研究生院（Graduate School）

美国研究生院的重点在于做研究。研究生院型高等教育机构数量并不多。这类学校拥有很好的专业学院和藏书量丰富的图书馆，并且招生较为严格。

5. 高等专科学院（Advanced Professional School）

美国的高等专科学院是培养医学、法律、神学、艺术、师范等专业人才的高等教育机构。专科学院可以是大学的一部分，也可以单独设立。攻读医学博士和法学博士学位的学生必须接受 3—5 年的专业培训，才能获得这类学位。

6. 贸易学校（Trade School）

贸易学校，有时也称为职业学校、技术学院或职业学院。此类学校旨在为学生提供技术技能，使他们为从事特定的职业做好准备。贸易学校的学生可以考取信息技术、护理和健康科学、汽车技术人员培训以及医疗协助等领域的文凭或证书（非学士学位），有些学校也可以颁发副博士学位。根据专业不同，学制也各不相同，通常是从 8 个月到 2 年不等。

7. 成人大学

成人大学提供大学课外课程，也可以称为成人教育。成人大学主要通过计算机联网或者录像视频教学。如果学生修够学分，就可以取得学位。这类学校由于上课时间和地点没有限制，因此可以满足职业人士或希望继续进修人士的需求。

表 1 美国大学排名

大学名称	QS 排名	ARWU 排名	U.S. News 排名	THE 排名
麻省理工学院 (Massachusetts Institute of Technology)	1	4	2	5
斯坦福大学 (Stanford University)	2	2	3	4
哈佛大学 (Harvard University)	3	1	1	7
加州理工学院 (California Institute of Technology)	5	9	6	2
芝加哥大学 (University of Chicago)	10	10	13	9
普林斯顿大学 (Princeton University)	13	6	8	6
康奈尔大学 (Cornell University)	14	13	23	19
宾夕法尼亚大学 (University of Pennsylvania)	15	17	16	11
耶鲁大学 (Yale University)	17	11	12	8
哥伦比亚大学 (Columbia University)	18	8	7	16
密歇根大学安娜堡分校 (University of Michigan-Ann Arbor)	21	20	17	21
约翰·霍普金斯大学 (Johns Hopkins University)	24	16	11	12

续表

大学名称	QS 排名	ARWU 排名	U.S. News 排名	THE 排名
杜克大学 (Duke University)	25	28	22	20
加州大学伯克利分校 (University of California，Berkeley)	28	5	4	13
西北大学 (Northwestern University)	31	29	24	22
加州大学洛杉矶分校 (University of California，Los Angeles)	35	11	14	17
纽约大学 (New York University)	39	30	28	29
加州大学圣迭戈分校 (University of California，San Diego)	45	18	19	31

参考文献

中文部分

[1] 刘亚敏、胡甲刚：《美国硕士生教育及其完成率调查：以 STEM 学科为对象》，《学位与研究生教育》2013 年第 4 期。

[2] 张琴：《论美国高等教育的体制创新》，《连云港职业技术学院学报》2015 年第 4 期。

[3] 王茹、高珊、吴迪：《美国 2015 版卡内基高等教育机构分类介绍》，《世界教育信息》2017 年第 9 期。

[4] 中华人民共和国外交部：《美国国家概况》，2020 年 3 月 3 日，https://www.fmprc.gov.cn/web/gjhdq_676201/gj_676203/bmz_679954/1206_680528/1206x0_680530/。

外文部分

[1]U.S. Department of Education, Accreditation and Quality Assurance, 2008-2-21, https://www2.ed.gov/about/offices/list/ous/international/usnei/us/edlite-

accreditation.html.

[2]Crystal Yednak, What does "college prep" school really mean, 2012-12-6, https://www.greatschools.org/gk/articles/college-prep-school/.

[3]US Department of Education U.S. Department of Education, Statistics About Nonpublic Education in the United States, 2016-12-2, https://www2.ed.gov/about/offices/list/oii/nonpublic/statistics.html#homeschl.

[4]Bryce Loo, Education in the United States of America, 2018-6-12, https://wenr.wes.org/2018/06/education-in-the-united-states-of-america.

[5]Central Intelligence Agency, COUNTRY COMPARISON: IMPORTS, 2018-11-14, https://www.cia.gov/library/Publications/the-world-factbook/rankorder/2087rank.html.

[6]universitas21, U21 Ranking of National Higher Education Systems 2019, 2019-4-1, https://universitas21.com/sites/default/files/2019-04/Full%20Report%20and%20Cover.pdf.

[7] nuffic, Education and diplomas United States, 2019-7, https://www.nuffic.nl/en/education-systems/united-states.

[8] United Nations Development Programme, Human Development Reports - 2018 Statistical Update-Chinese, 2019-12-19, http://www.hdr.undp.org/sites/default/files/2018_human_development_statistical_update_cn.pdf.

第六章　俄罗斯

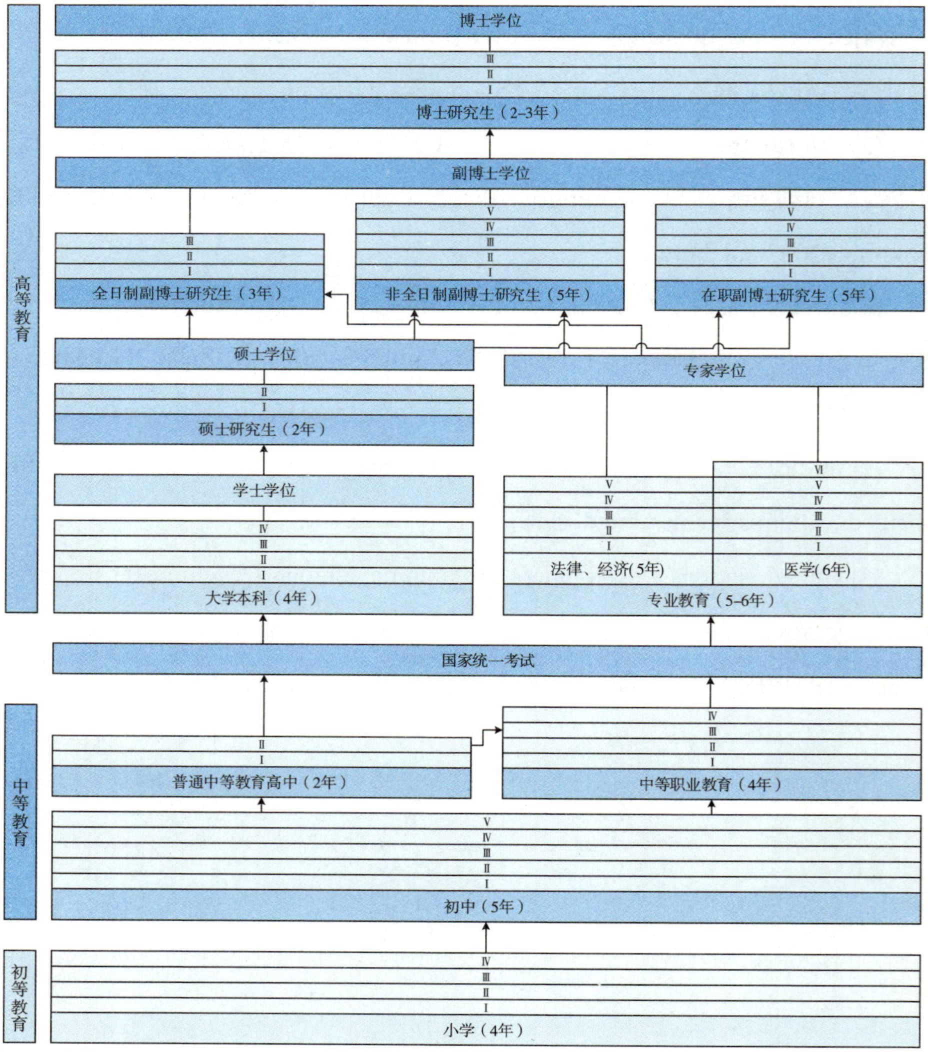
高等教育
博士学位
Ⅲ
Ⅱ
Ⅰ
博士研究生（2–3年）
副博士学位
Ⅲ
Ⅱ
Ⅰ
全日制副博士研究生（3年）
Ⅴ
Ⅳ
Ⅲ
Ⅱ
Ⅰ
非全日制副博士研究生（5年）
Ⅴ
Ⅳ
Ⅲ
Ⅱ
Ⅰ
在职副博士研究生（5年）
硕士学位
专家学位
Ⅱ
Ⅰ
硕士研究生（2年）
学士学位
Ⅳ
Ⅲ
Ⅱ
Ⅰ
大学本科（4年）
Ⅴ
Ⅳ
Ⅲ
Ⅱ
Ⅰ
法律、经济(5年)
Ⅵ
Ⅴ
Ⅳ
Ⅲ
Ⅱ
Ⅰ
医学(6年)
专业教育（5–6年）
国家统一考试
中等教育
Ⅱ
Ⅰ
普通中等教育高中（2年）
Ⅳ
Ⅲ
Ⅱ
Ⅰ
中等职业教育（4年）
Ⅴ
Ⅳ
Ⅲ
Ⅱ
Ⅰ
初中（5年）
初等教育
Ⅳ
Ⅲ
Ⅱ
Ⅰ
小学（4年）

第一节 导言

俄罗斯，全称为俄罗斯联邦，是一个横跨东欧和北亚的国家。总人口1.46亿，民族194个，其中俄罗斯族占77.7%，主要少数民族有鞑靼、乌克兰、巴什基尔、楚瓦什、车臣、亚美尼亚、阿瓦尔、摩尔多瓦、哈萨克、阿塞拜疆、白俄罗斯等族。俄语是俄罗斯联邦全境内的官方语言。主要宗教为东正教，其次为伊斯兰教。俄罗斯首都莫斯科是世界上最大的城市之一，也是欧洲第2大城市。俄罗斯的GDP排在全球第11位，丰富的矿产和能源资源储量居世界第1。俄罗斯卢布为俄罗斯的货币，1人民币约兑换8.8993俄罗斯卢布。

俄罗斯的教育支出从2005年的2.7%增长到2013年的3.8%，但仍低于经济合作与发展组织（OECD）5.2%的平均水平。俄罗斯的大学本科或以上毕业生人数为全球最多，约占全国人口的54%。根据经合组织2018年国际学生评估测试（PISA），俄罗斯学生的阅读成绩排在第31位，数学成绩排在第30位，科学成绩排在第33位。美国中央情报局2015年的数据显示，俄罗斯的识字率为99.7%（男性为99.7%，女性为99.6%）。

俄罗斯联邦大学发展计划于2013年启动，政府积极创建国立研究型大学，旨在提高俄罗斯大学研究水平的国际声誉和知名度。2015—2016年度，俄罗斯联邦共有896所高等教育机构，其中有50所以研究为重点的国家研究大学和国家创新大学，以及9所联邦大学。著名的莫斯科国立大学和圣彼得堡国立大学具有特殊的法律地位，受联邦政府的直接控制，由联邦政府任命其校长并批准其大学章程。

第二节　中等教育制度

一、中等教育类型

俄罗斯的中等教育类型分为两种，即普通中等教育和中等职业教育。

从 5 年制初中经过考试拿到毕业证书后，学生可以选择继续读 2 年制的普通中等教育高中。在结束高中学习后，如果通过全国统一的高等教育入学考试，学生可以选择进入高等教育机构进行深造，成绩未达到进入高等教育机构学习的学生也可以进入中等职业教育机构继续学习。

初中毕业后，学生也可以选择继续接受中等职业教育。由于学生在中等职业教育机构学习的过程中必须完成高中的教学大纲规定的学习内容，因此中等职业教育的学习期限较长，为 4 年。中等职业教育毕业之后，学生也可以继续进入高等教育阶段学习。

二、中等教育毕业制度

中等普通教育结束时需要参加中等普通教育证书考试。高中毕业成绩各门功课均为 5 分的学生可以拿到 1 枚金牌，得到 1 个或者 2 个 4 分并且剩下的科目均为 5 分的学生则可以得到 1 枚银牌。下面是中等普通教育的证书（如图 1 所示）和成绩单（如图 2 所示）。

РОССИЙСКАЯ ФЕДЕРАЦИЯ

АТТЕСТАТ

О СРЕДНЕМ ОБЩЕМ ОБРАЗОВАНИИ

Дата выдачи

20 июня 2014 года

Настоящий аттестат свидетельствует о том, что

в 2014 году окончил(а)

Государственное бюджетное образовательное учреждение города Москвы среднюю общеобразовательную школу

и получил(а) среднее общее образование

...ль организации, ...образовательную деятельность

С.В.

图 1　俄罗斯高中毕业证书

Russian Federation

Enclosure

To the certificate of general secondary education

Birthdate: 28 December, 2000

Subject	Final grade
Russian language	4 (good)
Algebra and pre-calculus	4 (good)
Geometry	4 (good)
Russian literature	4 (good)
Foreign literature	4 (good)
Russia in the world	4 (good)
Social science	4 (good)
Biology	4 (good)
Chemistry	4 (good)
Physics	4 (good)
Foreign language (English)	4 (good)
Foreign language (Chinese)	5 (excellent)
Physical training	4 (good)
Basics of personal and social safety	5 (excellent)
World arts	5 (excellent)

Additional data

Astronomy
Basics of Orthodox culture
Trans-Baikal area studies

Issued on 23 June, 2018

Headmaster: Starostina S.E.

Stamp:

Перевод с русского языка на английский язык выполнил переводчик Виленский Александр Юрьевич. Подтверждаю знание русского и английского языков в объеме, достаточном для перевода данного документа.

Переводчик ______ Виленский А.Ю.
09.07.18 г.Чи-

图 2　俄罗斯高中成绩单

第三节　高等教育制度

一、大学教育制度

（一）入学制度

国家统一考试（The Unified State Exam）是俄罗斯联邦统一的、标准化的高等教育入学考试。除俄语和基础数学为必考科目外，如果想要继续升入高等教育系统，还必须再选择2—3个考试科目，选择哪个科目取决于毕业生计划进入的专业。可选的考试科目包括：专业数学、物理、化学、信息学与信息通信技术、生物、地理、历史、社会、文学、英语、德语、法语、西班牙语、中文。一些高等教育机构也会在高考的基础上自主加入额外的招生条件。2020年高考时间安排如表1所示（由于疫情原因，实际考试时间有所调整），设置两个考试时间可供考生根据自己的考试科目调整参加考试的日期。

表1　2020年俄罗斯国家统一考试时间安排

科目	考试时间1	考试时间2
地理	5月25日（星期一）	6月19日（星期五）
文学	5月25日（星期一）	6月19日（星期五）
信息学与信息通信技术	5月25日（星期一）	6月19日（星期五）
俄语	5月28日（星期四）	6月22日（星期一）
数学（专业/基础）	6月1日（星期一）	6月25日（星期四）
历史	6月4日（星期四）	6月24日（星期三）
物理	6月4日（星期四）	6月24日（星期三）
化学	6月8日（星期一）	6月23日（星期二）
社会	6月8日（星期一）	6月23日（星期二）
生物	6月11日（星期四）	6月20日（星期六）
外语	6月11日（星期四）	6月20日（星期六）
外语（口语）	6月15日（星期一），6月16日（星期二）	6月19日（星期五）

（二）学制与学位授予制度

俄罗斯和一些东欧国家的高等教育学位由学士学位、硕士学位、专家学位、副博士学位、博士学位组成。其中学士学位、硕士学位和我国同级别学位基本一致。副博士学位相当于我国博士学位。俄罗斯现施行双轨高等和高等后教育体系，即一轨为专家—副博士—博士；另一轨为学士—硕士—副博士—博士。这两部分也可以被视作职业教育和普通教育。

除医学、兽医学、药学和牙科学外，其他学科专业都提供学士课程。俄罗斯本科学制为 4 年，学生需要修满 240 个学分。攻读期间学生需要提交期末论文或项目报告，并参加 2—4 次州考。毕业证书附有 1 份附录，列出了学生在攻读学士学位期间的所有科目、学时、成绩、实践培训以及期末考试和论文的成绩。学生顺利毕业则可以获得学士学位（Диплом бакалавра）。

除学士课程外，如果学生选择技术领域学科的专业，包括法律、经济以及医学专业（兽医、医学、药学和牙科）等，则应该选择攻读专家学位（Специалист）。一般来说，专家学位学制为 5 年，学生需要修够 300 学分，医学专业学制为 6 年（360 学分）。如果在一流大学进行技术研究，则攻读时间可能会更长。俄罗斯的专家学位与硕士学位为同等级学位，但具有专家学位的学生来华留学时，一般需要从硕士阶段开始学习。

在俄罗斯的高等教育体系中，学术教育和高等专业教育没有区别。根据俄罗斯联邦教育法 29.12.2012 N 273–ФЗ (ред. от 26.07.2019) 规定，俄罗斯职业教育分为 4 个阶段：

1. 中等职业教育；

2. 高等教育——本科教育；

3. 高等教育——专业教育、硕士教育；

4. 高等教育——高级培训。

二、研究生教育制度

1. 硕士

凡接受过高等教育的学生都可以继续申请攻读硕士。国家不举行统一的硕士招生考试，各招生单位自主进行招生考试的组织和举办，考试内容也依招生单位不同而不同。一般来说，考试均包含笔试和面试，申请人申请参加考试需要提交招生单位需要的相关证明文件。一般硕士学制为 2 年，学生需要修够 120 个学分，毕业则需要参加考试、提交论文，各专业毕业的要求不同。学生如顺利毕业，则可以获得硕士学位。

2. 副博士

俄罗斯的博士研究生教育阶段与其他国家稍有区别：俄罗斯有副博士学位和博士学位两个阶段。

为了获得副博士学位，申请人必须在所选的专业领域进行科学研究工作，并在专门的认证机构（学位论文答辩委员会）监督下通过答辩，最终由最高学位评定委员会授予科学学位。

在开始撰写学位论文之前，申请人必须决定其就读类型，就读类型包括：普通研究生（全日制和非全日制）以及在职研究生。

全日制副博士的学制为 3 年，非全日制为 5 年。在攻读副博士学位期间，学生需要上课，同时需要在导师的指导下选择论文研究的主题并开始进行研究。无论选择哪种学习的形式（普通或者在职），副博士学位申请者都必须在所研究领域的科学杂志上发表若干篇论文或者 1 篇专题论文。

在职研究生是一种攻读副博士学位的自由形式，不需要上课，申请人独立准备通过考试并撰写论文，考试时间和论文研究由申请人选择，一般学制为 5 年。

3. 博士

博士学制为 2—3 年，申请攻读博士学位的申请人需要具备以下条件：

（1）具有至少5年教学活动的经验和（或）在指导组织中至少进行1年科学（研究）活动的经验；

（2）具有副博士学位（或在外国获得俄罗斯联邦认可并与副博士学位相同的科学学位）；

（3）其著作发表在最高学位评定委员会要求的科学期刊上。

博士没有入学考试，录取学生的标准由大学的科学理事会决定。学习形式有全日制，也有跟副博士一样的在职学习方式。

博士学位论文必须满足以下条件之一：

（1）具有相关的科学成就；

（2）解决政治、社会、经济或文化领域的重要问题；

（3）提出技术、工艺方面或其他解决方案，并且这些解决方案的实施为国家的发展做出重大贡献。

在撰写博士学位论文的过程中，学生必须在科学杂志上发表自己研究工作的主要科学成果，需要发表的文章数目是固定的。一般来说，艺术和文化研究、社会经济、社会和人文科学领域需要发表至少15篇，其他领域需要发表至少10篇。

博士论文需要通过初步审查，可以算作博士论文的预答辩。委员会对论文进行鉴定，鉴定内容包括：

（1）申请人亲自参加研究并获得研究结果；

（2）作品的原创程度；

（3）研究结果的可靠程度；

（4）研究的新颖性和实用性；

（5）科学工作的价值；

（6）论文材料的完整性。

博士论文答辩以科学讨论的形式进行，每场答辩会由3位答辩委员参与，委员需要向学位委员会提供书面审查结果。博士论文答辩结束后，学生需要将校级学位委员会的评审意见提交至俄罗斯联邦最高学位评定委员会，如通过则由最高学位评定委员会授予其博士学位。

第四节　高等教育机构类型

俄罗斯的高等教育机构包括联邦大学、大学、研究所和学院。根据法律规定，大学必须提供学术和专业的高等教育，并在自然科学、社会科学和人文科学的各种学科中进行科学和应用研究。

俄罗斯有数百个研究所，通常提供专注于农业、医学、制药、教育和技术领域专业的课程。许多前理工学院、医学院、农业研究所和教师培训机构都已获得大学地位。然而，这些“新”大学和旧的“古典”大学之间存在着非官方的区别。

学院一般只提供某个主要学科的相关课程，如音乐或艺术。

表 2　俄罗斯大学排名

大学名称	QS 排名	ARWU 排名	U.S. News 排名	THE 排名
莫斯科罗蒙诺索夫国立大学（莫斯科大学）（Lomonosov Moscow State University）	84	87	266	189
新西伯利亚国立大学（Novosibirsk State University）	231	401—500	424	501—600
圣彼得堡国立大学（Saint Petersburg State University）	234	301—400	539	601—800
托姆斯克国立大学（Tomsk State University）	268	801—900	509	501—600
莫斯科国立鲍曼技术大学（Bauman Moscow State Technical University）	284			801—1000
莫斯科物理技术学院（Moscow Institute of Physics and Technology）	302	401—500	402	201—250

续表

大学名称	QS 排名	ARWU 排名	U.S. News 排名	THE 排名
俄罗斯国立高等经济大学（National Research University Higher School of Economics）	322	901—1000	574	251—300
国立核能研究大学－莫斯科工程物理学院（National Research Nuclear University MEPhl）	329	601—700	388	401—500
乌拉尔联邦大学（Ural Federal University）	364	701—800	1096	1001+
莫斯科国立国际关系学院（Moscow State Institute of International Relations）	366			
托姆斯克理工大学（National Research Tomsk Polytechnic University）	387			
喀山联邦大学 [Kazan（Volga region）Federal University]	392	801—900	783	601—800
俄罗斯人民友谊大学（RUDN University）	392			801—1000
圣光机大学（ITMO University）	436	801—900	752	401—500
圣彼得堡国立技术学院（Peter the Great St. Petersburg Polytechnic University）	439			501—600

参考文献

中文部分

[1] 李翀哲:《俄罗斯高等教育财政改革研究》，硕士学位论文，哈尔滨工业大学高等教育研究所，2006 年。

[2] 段芳:《中俄研究生教育发展之比较研究》，硕士学位论文，河南大学教育科学学院，2009 年。

[3] 姜炳军：《俄罗斯高等教育学制结构及研究生教育的培养特点》，《佳木斯大学社会科学学报》2008 年第 3 期。

[4] 中华人民共和国外交部：《俄罗斯国家概况》，2020 年 1 月 2 日，见 https://www.fmprc.gov.cn/web/gjhdq_676201/gj_676203/oz_678770/1206_679110/1206x0_679112/。

外文部分

[1]Федеральный закон от 29.12.2012 N 273-ФЗ (ред. от 26.07.2019) “Об образовании в Российской Федерации», 2012-12-29, http://www.consultant.ru/cons/cgi/online.cgi?from= 140174-6&rnd=ED4C56DC10BD7A1A742FB82CBA89C04F&req=doc&base=LAW&n=330174&REFDOC=140174&REFBASE=LAW#7yae17xdpmk.

[2]Москва24, Как правильно получить степень доктора наук, 2016-6-6, https://www.m24.ru/library/ucheba-i-uchenie/06062016/238#1.

[3]OECD, Education at a glance in 2016: Russian Federation , 2016-9-13, https://read.oecd-ilibrary.org/education/education-at-a-glance-2016/russian-federation_eag-2016-76-en#.WBTxUtJ95dg#page1.

[4]Elizaveta Potapova, Stefan Trines, Education in the Russian Federation, 2017-6-6, https://wenr.wes.org/2017/06/education-in-the-russian-federation.

[5]Наталья Демченко, Население России сократилось впервые за 10 лет, 2019-1-23, https://www.rbc.ru/society/23/01/2019/5c489d9d9a79470c1a910c92?from=main_right.

[6] QS Asia News Network, Russian higher education : poised to be global By QS Asia News Network -October 1, 2019, 2019-10-1, https://qswownews.com/russian-higher-education-poised-to-be-global/.

[7]nuffic, Education and diplomas Russia, 2019-10, https://www.nuffic.nl/en/

education-systems/russia.

[8]John C. Dewdney, Olga L. Medvedkov ,Dominic Lieven, et al.Russia, 2020-4-25, https://www.britannica.com/place/Russia.

[9]stateuniversity, Russian Federation: Secondary Education, https://education.stateuniversity.com/pages/1269/Russian-Federation-SECONDARY-EDUCATION.html.

[10]moeobrazovanie, Список предметов ЕГЭ, https://moeobrazovanie.ru/ege_predmeti.html.

[11]moeobrazovanie, РАСПИСАНИЕ ЕГЭ-2020 (ПРОЕКТ), https://moeobrazovanie.ru/ege.html.

第七章　印度尼西亚

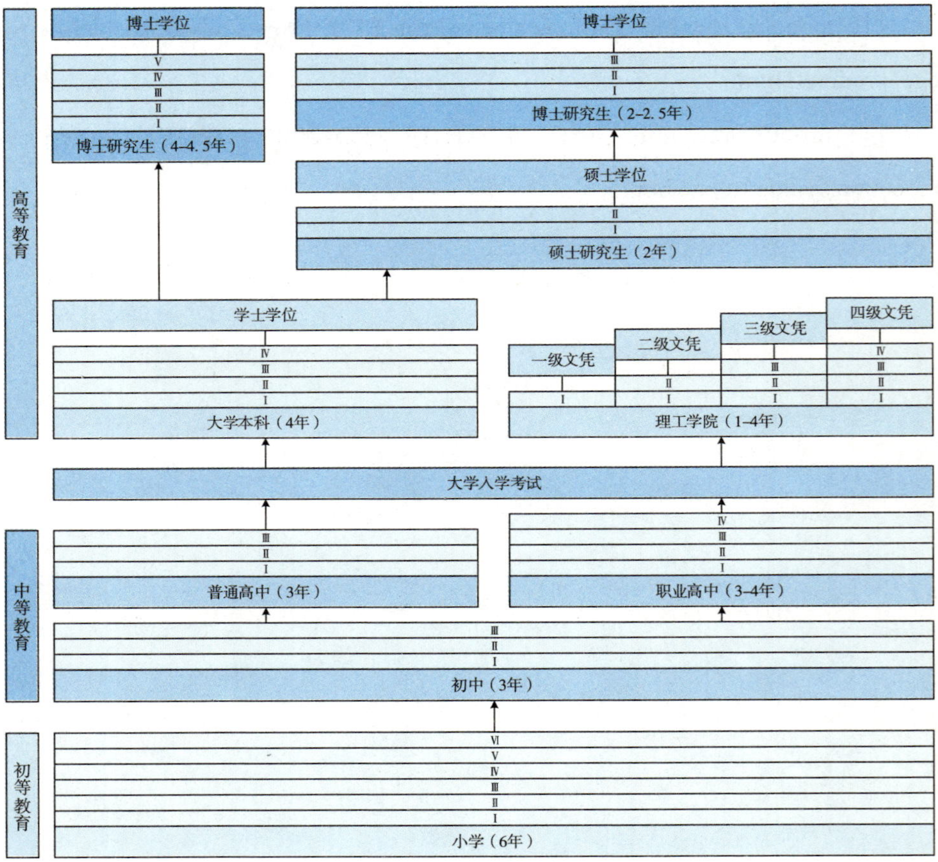

高等教育
中等教育
初等教育
博士学位
博士研究生（4–4. 5年）
博士学位
博士研究生（2–2. 5年）
硕士学位
硕士研究生（2年）
学士学位
大学本科（4年）
一级文凭
二级文凭
三级文凭
四级文凭
理工学院（1–4年）
大学入学考试
普通高中（3年）
职业高中（3–4年）
初中（3年）
小学（6年）

第一节 导言

印度尼西亚，全称为印度尼西亚共和国，位于东南亚的印度洋和太平洋之间。它是世界上最大的岛屿国家，拥有超过 1.7 万个岛屿。印度尼西亚总人口 2.62 亿，是世界第 4 人口大国。有数百个民族，其中爪哇族人口占 45%，巽他族 14%，马都拉族 7.5%，马来族 7.5%，其他 26%。民族语言共有 200 多种，官方语言为印尼语。约 87% 的人口信奉伊斯兰教，是世界上穆斯林人口最多的国家。6.1% 的人口信奉基督教，3.6% 信奉天主教，其余信奉印度教、佛教和原始拜物教等。印度尼西亚由数百个不同的本土种族和语言群体组成，其中在政治上占主导地位的种族群体是爪哇人。尽管印度尼西亚人口众多且稠密，但其也拥有广阔的荒野地区，生物多样性十分丰富。印尼卢比为印度尼西亚的货币，1 人民币大约兑换 1994.4821 印尼卢比。

印度尼西亚的义务教育阶段包括小学和初中，一共 9 年。印度尼西亚的教育体系是世界第 4 大体系，全国大约有 17 万所小学、4 万所初中和 2.6 万所高中。这些学校中有 84%属于国家教育部（MOEC），其余 16%属于宗教事务部（MORA）。截至 2016 年，印度尼西亚的成人识字率达到了 95.4%。2017 年，印度尼西亚至少接受过中等教育的人口数量占比为 48.8%，高等教育入学率为 28%。印尼政府教育支出占 GDP 的 3.6%。根据经济合作与发展组织（OECD）2018 年国际学生评估测试（PISA），印度尼西亚学生的阅读成绩排在第 72 位，数学成绩排在第 72 位，科学成绩排在第 70 位。

自独立以来，印度尼西亚的高等教育机构经历了巨大的增长。2018 年，印度尼西亚大约有 3170 所私立大学，约 446 万学生入学。私立大学的预算几乎完全由学费决定，从政府获得的财政支持是有限的。具有宗教信仰的大学可能会收到宗教组织的资助或赠款。印度尼西亚的国立大学受研究、技术和高等教育部的管辖。截至 2018 年，国立大学约有 249 万学生。

第二节　中等教育制度

一、中等教育类型

小学毕业后，学生可以选择就读普通初级中学（SMP）或伊斯兰教初级中学（MTS）。初中毕业后，学生可以继续接受高中教育。高中的类型分为职业高中和普通高中，具体包括普通学术高中（SMA）、职业高中（SMK）、伊斯兰教学术高中学校（MA）和伊斯兰职业高中（MAK）。其中，职业高中包括的范围很广泛，有技术高中、家政高中、经济高中和师范学校。职高和普通高中数量的比例是 1：2。

普通高中生可以选择继续接受高等教育，而职业高中的学生则可以直接进入劳动力市场，无须进入下一阶段的教育。伊斯兰教高中与普通学术高中基本相同，但其宗教课程的部分多于普通学术高中。普通学术高中学制为 3 年（十至十二年级），在高中的最后两年中，学生可以专修语言（印尼语、英语和其他外语）、科学（生物学、化学和物理学）或社会科学（社会学、经济和地理）。宗教学校的学生则专修宗教。学生在高中毕业时需要参加学校考试以及全国考试（UN）。那些无法接受正式教育或辍学的学生，可以接受非正式的教育。接受非正式教育的学生经过考试后可以获得高中同等学历证书。

印度尼西亚的技术和职业教育与培训（TVET）不仅在正规学校系统内进行，非正式的学徒工作、其他基于工作的培训计划或政府职业和技能培训中心（BLK）同时也提供此培训。在正规系统中，TVET 从高中开始，由世俗职业学校（SMK）和宗教学校（MAK）共同提供。SMK课程通常在九年级后进行为期3年的学习，学生也可以选择4年的“SMK Plus”项目。完成这些课程后，学生将参加通识教育科目和职业科目的国家考试。如通过考试，除高中文凭外，学生还会被授予1年的专上教育文凭（D1）。专上教育是一种过渡教育，是由于国内的毕业证书在国外有时候得不到认可而进行的一种过渡式的教育。

除此之外，还有一种专门为身体或心理上有障碍的学生提供教育的特殊学校（SLB）。

二、中等教育毕业制度

全国考试（UN）是初等教育和中等教育课程的全国性评估考试，在1个学年内至少举行1次，最多举行2次，由政府授权国家教育标准机构（BSNP）组织实施，参加者为正规教育学生和同级非正规教育学生，不需要支付费用。全国考试包括印尼语、英语、数学和教育计划涵盖的特殊专门技术课程。一般说来，考试科目平均分最低为5.25分且没有低于4.25分的科目的考生，或者单科成绩最低为4分且其他科目成绩最低为6分的考生可以通过考试。

受教育者完成中等教育的条件包括：完成所有教学任务；满足宗教和道德修养课程组、公民素养和个性课程组、美学课程组、体育健康课程组所有课程最终评价的最低通过条件；通过学校组织的知识和技术课程组课程考试并通过全国考试，进行升学。

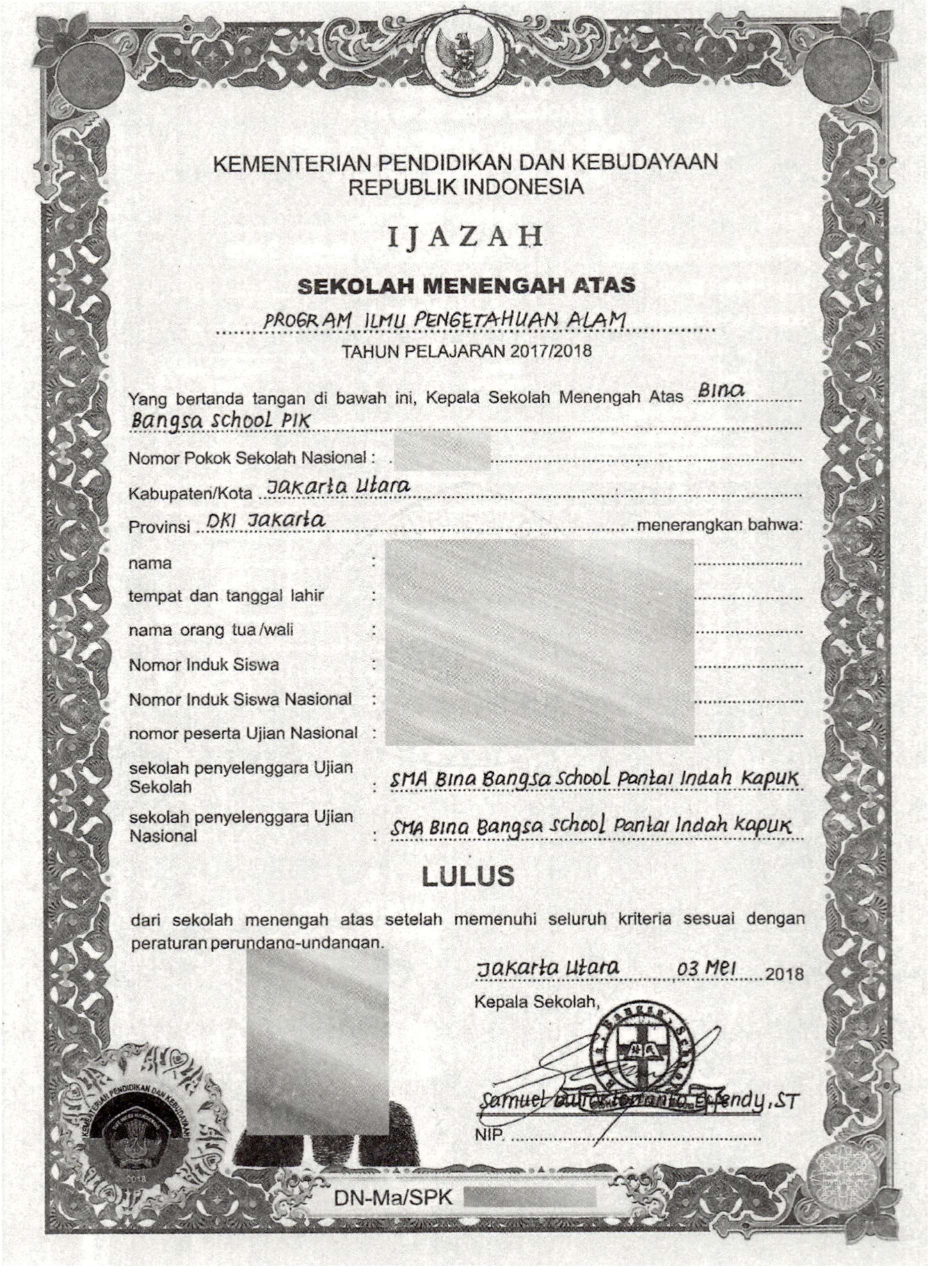

KEMENTERIAN PENDIDIKAN DAN KEBUDAYAAN
REPUBLIK INDONESIA

IJAZAH

SEKOLAH MENENGAH ATAS

PROGRAM ILMU PENGETAHUAN ALAM

TAHUN PELAJARAN 2017/2018

Yang bertanda tangan di bawah ini, Kepala Sekolah Menengah Atas Bina Bangsa School PIK

Nomor Pokok Sekolah Nasional : [redacted]

Kabupaten/Kota Jakarta Utara

Provinsi DKI Jakarta menerangkan bahwa:

nama : [redacted]
tempat dan tanggal lahir :
nama orang tua /wali :
Nomor Induk Siswa :
Nomor Induk Siswa Nasional :
nomor peserta Ujian Nasional :

sekolah penyelenggara Ujian Sekolah : SMA Bina Bangsa School Pantai Indah Kapuk

sekolah penyelenggara Ujian Nasional : SMA Bina Bangsa School Pantai Indah Kapuk

LULUS

dari sekolah menengah atas setelah memenuhi seluruh kriteria sesuai dengan peraturan perundang-undangan.

[redacted]

Jakarta Utara 03 Mei 2018

Kepala Sekolah,

Samuel Putra Hartanto Efendy, ST

NIP.

DN-Ma/SPK [redacted]

图 1 印度尼西亚高中毕业证书

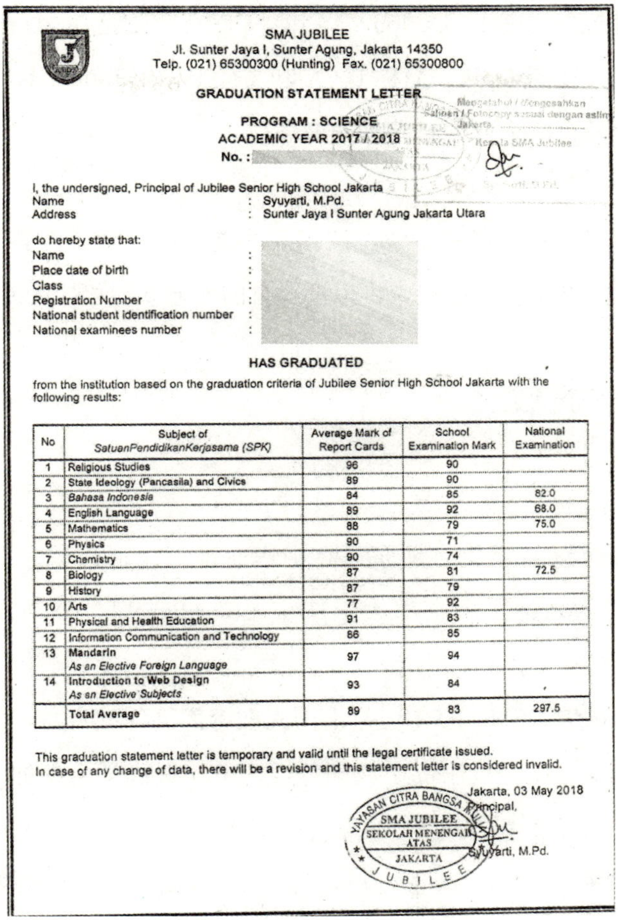

SMA JUBILEE
Jl. Sunter Jaya I, Sunter Agung, Jakarta 14350
Telp. (021) 65300300 (Hunting) Fax. (021) 65300800

GRADUATION STATEMENT LETTER

PROGRAM : SCIENCE
ACADEMIC YEAR 2017 / 2018
No. : [redacted]

Mengetahui / Mengesahkan
Salinan / Fotocopy sesuai dengan aslinya
Jakarta,
Kepala SMA Jubilee

I, the undersigned, Principal of Jubilee Senior High School Jakarta
Name : Syuyarti, M.Pd.
Address : Sunter Jaya I Sunter Agung Jakarta Utara

do hereby state that:
Name :
Place date of birth :
Class :
Registration Number :
National student identification number :
National examinees number :
[redacted]

HAS GRADUATED

from the institution based on the graduation criteria of Jubilee Senior High School Jakarta with the following results:

No	Subject of *SatuanPendidikanKerjasama (SPK)*	Average Mark of Report Cards	School Examination Mark	National Examination
1	Religious Studies	96	90	
2	State Ideology (Pancasila) and Civics	89	90	
3	*Bahasa Indonesia*	84	85	82.0
4	English Language	89	92	68.0
5	Mathematics	88	79	75.0
6	Physics	90	71	
7	Chemistry	90	74	
8	Biology	87	81	72.5
9	History	87	79	
10	Arts	77	92	
11	Physical and Health Education	91	83	
12	Information Communication and Technology	86	85	
13	**Mandarin** *As an Elective Foreign Language*	97	94	
14	**Introduction to Web Design** *As an Elective Subjects*	93	84	
	Total Average	89	83	297.5

This graduation statement letter is temporary and valid until the legal certificate issued.
In case of any change of data, there will be a revision and this statement letter is considered invalid.

Jakarta, 03 May 2018
Principal,

YAYASAN CITRA BANGSA MULIA
SMA JUBILEE
SEKOLAH MENENGAH ATAS
JAKARTA
JUBILEE

Syuyarti, M.Pd.

图 2　印度尼西亚高中成绩单

第三节　高等教育制度

印度尼西亚的高等教育分为 3 类，即学术教育、职业教育和专科教育。

学术教育包括学士（S1）、硕士（S2）和博士（S3）。学术教育的毕业生将获得学士学位，例如经济学学士（SE）、法律学士（SH）等。

职业教育包括文凭 I（Diploma 1，简称 D1）、文凭 II（Diploma 2，简称 D2）、文凭 III（Diploma 3，简称 D3）和文凭 IV（Diploma 4，简称 D4）教育课程。职业教育的毕业生将获得职业学位，如初级专家（A.P.）、青年专家（A.Ma.）、副专家（A.Md.）等。

专科教育只有在完成学士学位课程后才能申请，学习内容为相关职业所需的具体技能。专科教育毕业生将根据各自的专业获得相应的专业学位。

一、大学教育制度

（一）入学制度

进入高等教育的学生必须获得高中毕业证书，通过国家考试。进入公立大学的途径有 3 种，即全国大学选生（SNMPTN）、公立大学联合测试（SBMPTN）和各大学自主招生。

全国大学选生（SNMPTN）是由国家教育部高等教育总局组成的组委会举行的全国入学考试，仅限高中或同等学历三年级的学生参加。通过这种方式，学生可以选择 2 个国立大学的 3 个专业作为志愿，以学习结果报告、比赛证书、成绩证书等作为参考材料。另外，这种报考方法不需要交注册费。申请者通过笔试和技能考试（技能考试是特别为艺术和运动专业学生设置的）获得相应的分数。

公立大学联合测试（SBMPTN）是为应届毕业生以及 2 年内毕业的学生举办的，学生也可以从 2 个公立大学选择 3 个专业。笔试的内容是学术潜力测试，包括基础数学、印尼语、英语、数字和非数字学术潜力、图形学术潜力和其他基础能力。基本能力测试基于申请者所选择的专业不同而不同。例如，科学技术测试由数学、生物学、化学和物理学等测试组成；社会与人文测试由社会学、历史、地理学和经济学等测试组成。

公立大学联合测试后，每个公立大学都会举办自主招生。公立大学的自主招生有以下几种情况：

1. 按照公立大学联合测试（SBMPTN）的分数

没有通过公立大学联合测试（SBMPTN）的考生比较适合直接使用本年公立大学联合测试（SBMPTN）的成绩，因为这种方法通过自主招生的机会比较大，尤其是考生选择分数要求不太高的专业的时候。

2. 按照成绩单和高中毕业考试分数

公立大学对考生的成绩单和高中毕业考试分数进行评估，同时考虑原高中学校、初中学校的名气和高中学校校友的学习记录。这种制度和全国大学选生（SNMPTN）相似，区别在于全国大学选生（SNMPTN）在全国举办，而自主招生在本大学举办，并且自主招生需要交注册费。

3. 笔试

虽然大部分公立大学使用公立大学联合测试（SBMPTN）的分数，但是还有一些公立大学会举办自主命题的笔试，例如 SIMAK UI（印度尼西亚大学招生测试）。此外，还有几个公立大学合作举办笔试，例如 SMM-PTN BARAT（印度尼西亚大学测试）。

私立大学、理工学院和其他学院的入学条件有不同的要求，一般会举办自己的录取考试。与公立高校相比，大多数私立机构的要求通常不那么苛刻。

印度尼西亚研究、技术和高等教育部在 2019 年 1 月 4 日正式成立了大学入学考试机构 LTMPT。LTMPT 带来的好处包括：计算机技术减少填表错误的数量；测试将在 74 个地点同时进行；考生在参加测试 10 天后即可分别获得结果；所有参加者都可以参加 2 次考试。

以下是 2019 年大学入学考试的时间：

SNMPTN：1 月 4 日至 24 日，验证学校和学生的数据；2 月 4 日至 14 日，大学入学考试报名；3 月 23 日，结果公告。

SBMPTN：3 月 1 日至 4 月 1 日，注册；4 月 13 日至 5 月 26 日，应试者参加考试；4 月 23 日至 6 月 2 日，结果公告。

（二）学制与学位授予制度

在印度尼西亚，本科教育被称为 Sarjana Stratum satu。本科学校阶段被称为 SI。SI 一般学习期限为 4 年，学生可以申请延长学习时间，最多可延长至 7 年。医学、药理学、牙科学和兽医学的学生想要获得学士学位还需要完成实习。印度尼西亚实行学分制，4 年制课程需要修够 144—160 学分。

表 1 印度尼西亚高等教育评价等级

数字等级	字母等级	含义	印尼语表述
4	A	特别好 / 非常好	Istimewa/baik sekali
3	B	好	Baik
2	C	满意	Cukup/Sedang
1	D	差强人意	Kurang/Lulus bersyarat
0	E/F	不满意	Gagal/tidak lulus

二、研究生教育制度

（一）入学制度

1. 硕士研究生入学

SII 阶段是 SI 的延续，即硕士阶段。进入硕士阶段需要通过入学考试，同时还要求申请者在 SI 阶段有一篇期末论文（需为所报考硕士专业的相同或相关学科领域的论文），并提供可以证明学术能力的课程成绩（GPA 至少为 2.50—2.75）及推荐信。有的学校还对申请者的英语水平有所要求。

2. 博士研究生入学

SIII 阶段则是印度尼西亚的博士阶段，其录取依据的是 SII（硕士）阶段获得的文凭、至少 3.25 的 GPA 以及博士入学考试的成绩。

（二）学制与学位授予制度

1. 硕士

硕士的学制一般为 2 年（4 个学期），其间要求学生获得 39—50 学分，其中包括研究和期末论文的 8—10 学分。硕士阶段的最长期限为 5 年（10 个学期），学生在顺利毕业后可以获得相应学位文凭。

另外，一些私立机构提供的 MBA（工商管理硕士）课程没有得到国家教育部的认可。一些 MBA 课程是由知名院校提供的；另一些则极易入学，将完成中等教育作为唯一的入学要求。这意味着 MBA 获得的 SII 文凭含金量不同。

2. 博士

博士阶段要求已获得硕士学位的学生修读 40—52 学分，学制为 2—2.5 年（4—5 个学期）；要求已获得学士学位的学生需要修够 76—88 学分，学制为 4—4.5 年（8—9 个学期）。虽然最低期限是中央规定的，但实际期限往往由各高等教育机构单独确定，学生在博士毕业后可获得相应的学位文凭。

第四节 高等教育机构类型

印度尼西亚高等教育机构包括研究所、大学、学院、高等专业学校和理工学院。

大学由多个学院组成，这些学院在多个科学、技术或艺术方面开展学术教育或职业教育。大学提供的专业包括宗教科学（伊斯兰教法、伊斯兰经济学、印度教信息等）、人文科学（哲学、历史、语言等）、社会科学（社会学、心理学、经济学等）、自然性科学团体（空间科学、地球科学、化学等）、形式科学团体（计算机、数学、统计学等）和应用科学组（农业、建筑与规划、商业等）等。

学院由多个二级学院组成，学院也可以提供 2 种类型的高等教育——学术教育和职业教育。学院与大学的区别在于学院的教学只专注于一种科学类型，而大学的教学包括不同的科学类型。例如，万隆理工学院（ITB）只专注于自然性科学，因此二级学院仅限于与自然性科学相关的学院，如空间科学、地球科学、生物科学、化学、物理等。

高等专业学校是在科学、技术和艺术等许多方面开展学术教育或职业教育的学校。和大学、学院一样，高等专业学校也可以提供学术教育和职业教育。然而，高等专业学校仅提供某一个学科领域的教育，这个学科领域被分为不同的学习项目。例如，传播学院只提供公共关系、广播、广告等专业的学习。有代表性的高等专业学校包括伦敦公共关系学院和印度尼西亚计算机科学学院等。

理工学院只提供职业教育，不提供学术教育。理工学院本身的目标是让学生拥有应用、发展和传播科学技术的专业能力。

表 2　印度尼西亚大学排名

大学名称	QS 排名	ARWU 排名	U.S. News 排名	THE 排名
印度尼西亚大学（University of Indonesia）	296			601—800
卡渣玛达大学（Gadjah Mada University）	320			1001+
万隆理工学院（Bandung Institute of Technology）	331			1001+
茂物农业大学（Bogor Agricultural University）	601—650			1001+
艾尔朗加大学（Airlangga University）	651—700			
国立巴查查兰大学（Universitas Padjadjaran）	751—800			
印尼建国大学（Bina Nusantara University）	801—1000			
迪波内戈罗大学（Diponegoro University）	801—1000			
泗水理工学院（Institut Teknologi Sepuluh Nopember）	801—1000			1001+
布劳爪哇大学（University of Brawijaya）				1001+

参考文献

中文部分

[1] 中华人民共和国外交部：《印度尼西亚国家概况》，2020 年 3 月 13 日，见 https://www.fmprc.gov.cn/web/gjhdq_676201/gj_676203/yz_676205/1206_677244/1206x0_677246/。

外文部分

[1]Wikipedia, Education in Indonesia, 2004-7-23, https://en.m.wikipedia.org/wiki/Education_in_Indonesia.

[2]William H.Frederick, Robert L.Worden, Indonesia: A Country Study, Federal Research Division, Library of Congress, Washington DC, 2015-7-28, https://www.loc.gov/rr/frd/cs/pdf/CS_Indonesia.pdf.

[3]Seeking Alpha, Indonesia - The Next Major Oil Importer, 2017-1-10, https://seekingalpha.com/article/4035779-indonesia-next-major-oil-importer.

[4]Adelaida Salikha, Meet The 10 Megadiverse Countries In The World, 2018-01-29, https://seasia.co/2018/01/29/meet-the-10-megadiverse-countries-in-the-world.

[5]Dragana Borenovic Dilas, Christopher Mackie, Education in Indonesia, 2019-3-21, https://wenr.wes.org/2019/03/education-in-indonesia-2.

[6]United Nations Development Programme, Human Development Reports - 2018 Statistical Update – Chinese, 2019-12-9, http://www.hdr.undp.org/sites/default/files/2018_human_development_statistical_update_cn.pdf.

[7]Edarabia, List of 131 Best Universities in Indonesia(2020 Fees), 2020-4-9, https://www.edarabia.com/universities/indonesia/.

[8]Kementerian Pendidikan dan Kebudayaan, https://www.kemdikbud.go.id.

[9]The Southeast Asian Ministers of Education Organisation, http://directory.seameo.org/centres/list/all.

第八章　老挝

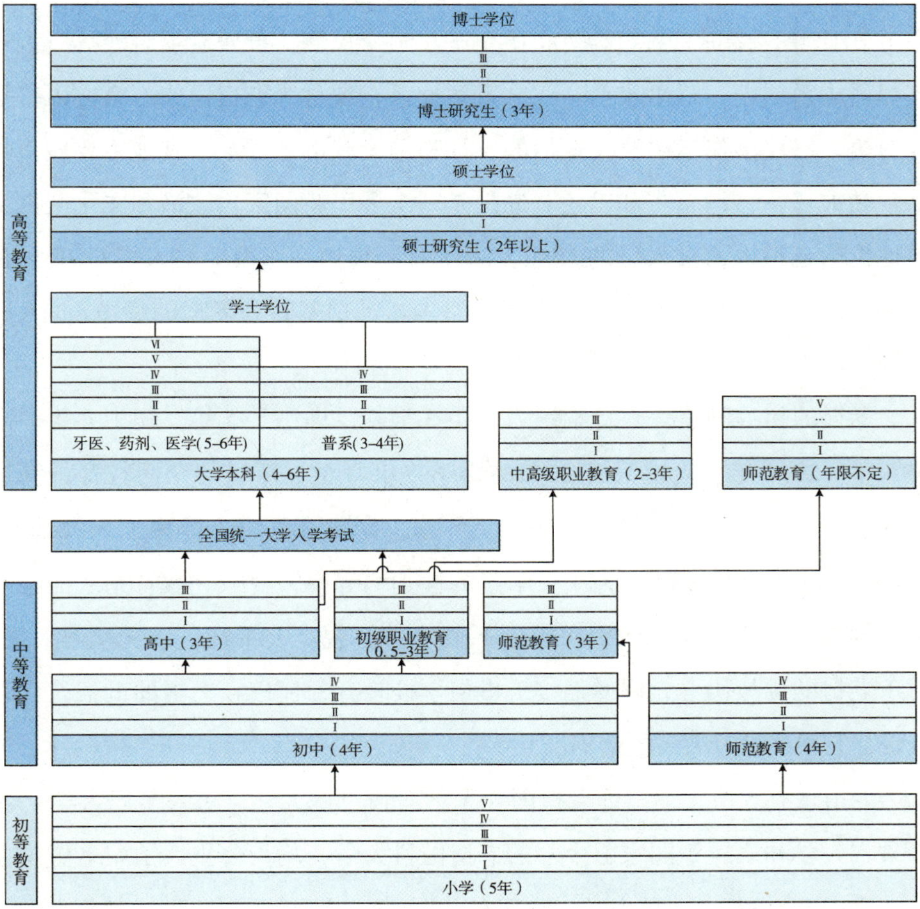

高等教育
博士学位
Ⅲ
Ⅱ
Ⅰ
博士研究生（3年）
硕士学位
Ⅱ
Ⅰ
硕士研究生（2年以上）
学士学位
Ⅵ
Ⅴ
Ⅳ
Ⅲ
Ⅱ
Ⅰ
牙医、药剂、医学(5–6年)
普系(3–4年)
大学本科（4–6年）
中高级职业教育（2–3年）
师范教育（年限不定）
全国统一大学入学考试
中等教育
高中（3年）
初级职业教育（0.5–3年）
师范教育（3年）
初中（4年）
师范教育（4年）
初等教育
小学（5年）

第一节 导言

老挝，全称为老挝人民民主共和国。老挝是一个社会主义国家，也是东南亚唯一的内陆国家，位于印度支那半岛的中心地带，毗邻缅甸和中国西北。截至2018年，老挝总人口为700万，分为50个民族，分属老泰语族系、孟—高棉语族系、苗—瑶语族系、汉—藏语族系，统称为老挝民族。官方语言是老挝语，居民多信奉佛教。老挝的首都和最大城市是万象，其他主要城市包括琅勃拉邦、沙湾拿吉和巴色。老挝是一个多民族国家，政治和文化上占主导地位的老挝人占总人口的55%。2018年，该国在东南亚的人均GDP排在第4位，仅次于新加坡、马来西亚和泰国。老挝基普为老挝的货币，1人民币约兑换1274.5718老挝基普。

老挝的初等和中等教育学制为5+4+3学制，即小学5年，初中4年，高中3年。2011年，老挝只有50%的小学提供直至五年级的全面教育，高达30%的小学教师不具备教学资格。近年来，老挝在教育上取得了重大进展，小学净入学率达到98.6%，小学学生的性别均等率为99%。教育系统面临的主要挑战是：降低高一级别（中学）辍学率，提高公平性，改善学习成果。由于老挝的佛教协会允许僧侣接受世俗学校教育，所以在老挝的世俗教育学校也会有很多披着袈裟的僧侣。

老挝现有5所大学，即老挝国立大学、占巴塞大学、苏发努冯大学、沙湾拿吉大学和隶属于国家卫生部的老挝医科大学，均为公立大学。老挝国立大学成立于1996年，是当时一些现有大学和研究所的重组成果。其现有学院主要包括经济企业管理学院、语言学学院、工程学院、教育学院、自然科学学院、环境科学学院、社会与科学学院、政法学院、林业科学学院、农学院、灌溉排水学院、建筑学院、体育科学学院等。

第二节 中等教育制度

一、中等教育类型

老挝的正规中等教育系统包括初中教育 M1—M4（11—14 岁，4 年），高中教育 M5—M7（15—17 岁，3 年）以及技术和职业教育与培训（TVET）。目前老挝规定的免费义务教育阶段仅为小学阶段，预计到 2020 年实现初中阶段进入义务教育的目标。

初中课程分为自然科、社会科、综合科。自然科课程包括数学、物理、化学、生物；社会科课程包括老挝语法、文学、地理、历史；综合科课程有政治。此外，学生还必须学 1 门外语，如英语或法语。高中开设的课程仍分为自然科和社会科，自然科有数学、物理、化学、生物，其中数学为主科。社会科有文学、老挝语法、地理、历史，其中文学是主科。此外，还开设政治课和选学课，选学课为外语课，包括英语、法语、俄语，学生可任选学其中 1 门外语。在一部分初中和大部分高中学校中，还开设了国防教育课。

老挝政府在 2010 年出台了《关于 TVET 和技能发展的总理令》，表明其大力发展职业与技术培训的态度。老挝职业教育分为初级职业教育、中级职业教育与高级职业教育 3 个层次。初级职业教育针对初中毕业生，培训时长为 6 个月到 3 年不等；中级职业教育和高级职业教育针对高中毕业生，培训时长为 2—3 年，高级职业教育的教育机构多为高校和研究院。职业技术教育种类涵盖汽车机械、电力、建筑、木工、会计、计算机等多领域。

在老挝的师范教育体系中，共有 3 种途径接受初等教师培训：第一种为“5+4”模式，即接受 5 年小学教育，再接受 4 年师范教育；第二种为“8+3”模式，即接受 8 年普通学校教育，外加 3 年师范教育；第三种为“11+n”模式（包括 11+2 制、11+3 制、11+3+2 制、11+5 制），即接受 11 年普通学校教育，再接受一定年限的师范教育。

二、中等教育毕业制度

老挝教育部门中设有专门负责考试的机构，即老挝教育标准和质量保证中心（Education Standards and Quality Assurance Centre），该机构负责在中等教育阶段中的 M4（初中毕业年级）和 M7（高中毕业年级）结束后分别进行全国统一的考试，为通过考试的学生颁发初中文凭和高中文凭。

每年高中毕业考试的考试科目与数量均不一致，每门科目都是 10 分为满分，8 分为优秀，6 分为及格，学生每门科目达到 6 分以上才能达到毕业标准，并有机会申请升入大学。持有红色封皮高中毕业证书的学生为成绩最优秀的学生。高中成绩单和高中文凭如图 1、图 2 所示。

LAO PEOPLE'S DEMOCRATIC REPUBLIC
PEACE INDEPENDENCE DEMOCRACY UNITY PROSPERITY

Ministry of Education and Sports
Department of Non-Formal Education

COMPLEMENTARY EDUCATION DIPLOMA
MARK RECORD OF RESULT

Name :
Inscription number:
Center :
Session of : 18 - 19 July 2017

Written Subjects

No	Subjects	Mark / 10
1	Lao Literature	7
2	Mathematics	8
3	Chemistry	8
4	Geography	7
	Total	30
Average		7,50

Results Passed

Vientiane Capital, 07 September 2017
Director General of Non-Formal Education Department

图 1　老挝高中毕业成绩单翻译件

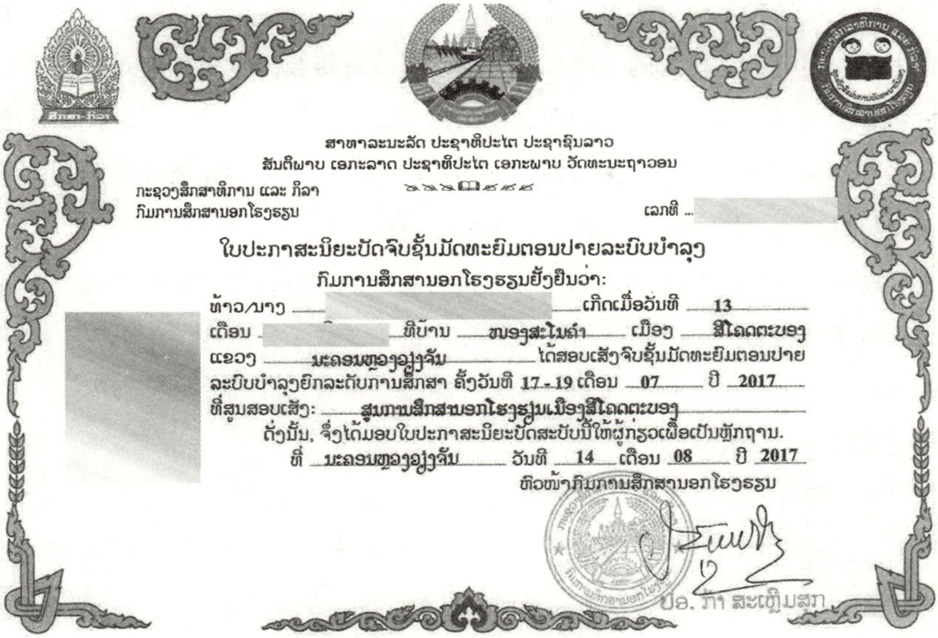

图 2 老挝高中文凭

对于技术和职业教育与培训（TVET）方面，截至 2014 年，老挝正在制定国家资格框架。技术与职业教育也由教育标准和质量保证中心监管，该部门负责颁发中专以上学历的职业教育证书。

第三节 高等教育制度

一、大学教育制度

（一）入学制度

老挝的高等教育入学分为定向与非定向两种方式。其中定向入学的名额由教育部授权各省分配，由当地省府负责通过查阅学生中学阶段的成绩和毕业考试成绩来确定学生名单；非定向入学则是学生通过全国统一的大学入学考试进入高等教育机构的方式，大学入学考试每年会在老挝首都万象以及老挝各省会同时进行。除了定向和非定向招生方式外，想要进入高等教育系统深造的学生还可以参加一种由公立大学开设的付费课程，此项目是在增加公立大学财政收入的同时，鼓励更多人进入大学学习。

高考是以老挝语、英语和数学 3 科为基础，政府每年随机选择另外 1 门作为考试的科目，一共是 4 门考试科目。由于老挝不分文理，所以高中期间所学的科目都有可能会被选到。在高考中，学生获得 6 分以上可以毕业，考试的成绩用来申请大学。

每年高考的时间为 6 月 15—17 日之间的两天，成绩在 7 月份发布，学生根据自己的成绩和各大学各专业的录取分数线填报志愿，每个学生可以申请 1 个学校、2 个专业，第一专业未录取的话就要等待第二专业录取。一般来说，达到大学录取标准的分数首先要求及格，其次，学生如成绩在 8 分左右就可以申请到比较满意的专业。

（二）学制与学位授予制度

大学中的常规学习时间为每周 27 小时，要求学生每周至少参与 80% 以上的课程。工程学、教师培训、建筑、施工和农业专业学制为 3—4 年；牙医、药剂学和医学专业学制为 5—6 年。学生在每个学期期中和期末会参加考试，每门课只有达到 6 分才算及格，如果有课程达不到 6 分就无法毕业。同时，本科生也需要写毕业论文。

二、研究生教育制度

（一）入学制度

1. 硕士研究生入学

持有学士学位的学生可以继续申请攻读硕士学位，学生参加并通过各高等教育机构的自主招生考试即可入学。学生要先自己申请喜欢的学校，然后向所选学校寻求帮助，在大学管理人员的指导下准备考试。

2. 博士研究生入学

硕士研究生毕业后，学生可以选择继续攻读博士学位。申请攻读博士学位的学生需要自行寻找导师，并提供其本科和研究生期间的成绩以及其他各项成就的相关材料。博士入学的审核标准一般要求英语熟练，且有较高的学术能力和水平。

（二）学制与学位授予制度

1. 硕士

硕士的学制因专业不同而有所不同，但大都是 2 年制以上。硕士期间主要学习的科目是专业课、外语等。完成所有课程的学习之后，学生还需要参加实习，且学生必须在学习结束时撰写硕士论文并通过毕业论文答辩，如全部通过则予以硕士毕业。

2. 博士

博士学制为 3 年以上。博士毕业论文要求字数达到 10 万字以上，论文需要进行评估并在权威出版社出版成书。若不能够在 3 年内完成论文，则需要延期毕业。博士期间的课程较为轻松，但是课程内容以科研和学术为主。

第四节　高等教育机构类型

老挝的高等教育由老挝教育与体育部负责监管。目前老挝高等教育由 4 个部分组成，分别为师范教育、大学教育、职业教育和私立高校教育。高等教育的院校共有 127 所，其中师范学院 10 所、大学 5 所、职业院校 22 所、私立高校 90 所。其中，只有公立大学才有博士点。

老挝的职业教育有 3 个层次，分别是初级职业教育、中级职业教育和高级职业教育。高级职业教育主要招收中职毕业生或是高中毕业生，教育机构往往是高校或高校级别的教育培训中心和研究所。职业教育的课程根据老挝国内的实际情况而设置，其中有汽车机械、电力、建筑、木工、会计、计算机等专业课程。此外，学生还学习政治和外语，有些专业的学生还必须学习老挝语或老挝文学。为了加强和企业的合作，老挝许多高职学校和企业签订了“共建教学实践实习基地协议书”，为学生提供较多实践和实习的基地。目前隶属于教育部的职业学校共有 22 所，可颁发高等文凭的职业技术学校有 16 所，可颁发本科学位的学校有 3 所。

师范教育方面，幼儿园到初中的教师以初等教师培训为主，高中教师以大学的师范学院培养为主。老挝的 10 所师范学院位于不同地区，分别为南部南塔师范学院、琅勃拉邦师范学院、kangkai 师范学院、Bangern 师范学院、Dongkhamnxang 师范学院、沙湾拿吉师范学院、音乐艺术师范学院、体育师范学院、巴色师范学院、沙拉湾师范学院。

表 1　老挝大学名录

学校名称	私立 / 公立	备注
老挝国立大学	公立	老挝排行第一的高校，最早建校
老挝医科大学	公立	隶属于老挝国家卫生部
占巴塞大学	公立	前身为东都师范学院，由国立大学分校独立而来
苏发努冯大学	公立	前身为东都师范学院，由国立大学分校独立而来
沙湾拿吉大学	公立	

参考文献

中文部分

[1] 中国—东盟中心：《东盟国家教育体制及现状》，北京教育科学出版社2014年版。

[2] 任钢建：《东盟十国留学指南》，北京知识产权出版社2016年版。

[3] 苏大林：《老挝高等教育管理体制研究》，硕士学位论文，天津大学教育经济与管理系，2012年。

[4] 张传鹤、梁大宗：《老挝人民民主共和国的教育文化政策和教育文化事业》，《东南亚》2007年第2期。

[5] 彭运锋：《老挝基础教育现况简介》，《基础教育研究》2008年第4期。

[6] 孙文桂：《老挝国家教育概况及存在问题研究》，《广西青年干部学院学报》2015年第6期。

[7] 中华人民共和国外交部：《老挝国家概况》，2020年4月3日，见https://www.fmprc.gov.cn/web/gjhdq_676201/gj_676203/yz_676205/1206_676644/1206x0_676646/。

外文部分

[1]Yoko Kajiyama, [Laos] The system, policies, current situation and issues of ECCE in Laos, 2016-8-19, https://www.childresearch.net/projects/ecec/2016_03.html.

[2]GLOBAL PARTNERSHIP for EDUCATION, Education in Lao PDR, 2020-4-20, https://www.globalpartnership.org/country/lao-pdr.

[3]The World Bank, GDP per capita, PPP (current international $), https://data.worldbank.org/indicator/NY.GDP.PCAP.PP.CD?view=map.

[4]scholaro pro, Education System in Laos, https://www.scholaro.com/pro/countries/laos/education-system.

[5]UNESCO, Education Systems in ASEAN+6 Countries: A Comparative Analysis of Selected Educational Issues, 2014, https://www.right-to-education.org/sites/right-to-education.org/files/resource-attachments/UNESCO_Education_Systems_in_Asia_Comparative_Analysis_2014.pdf.

第九章　日本

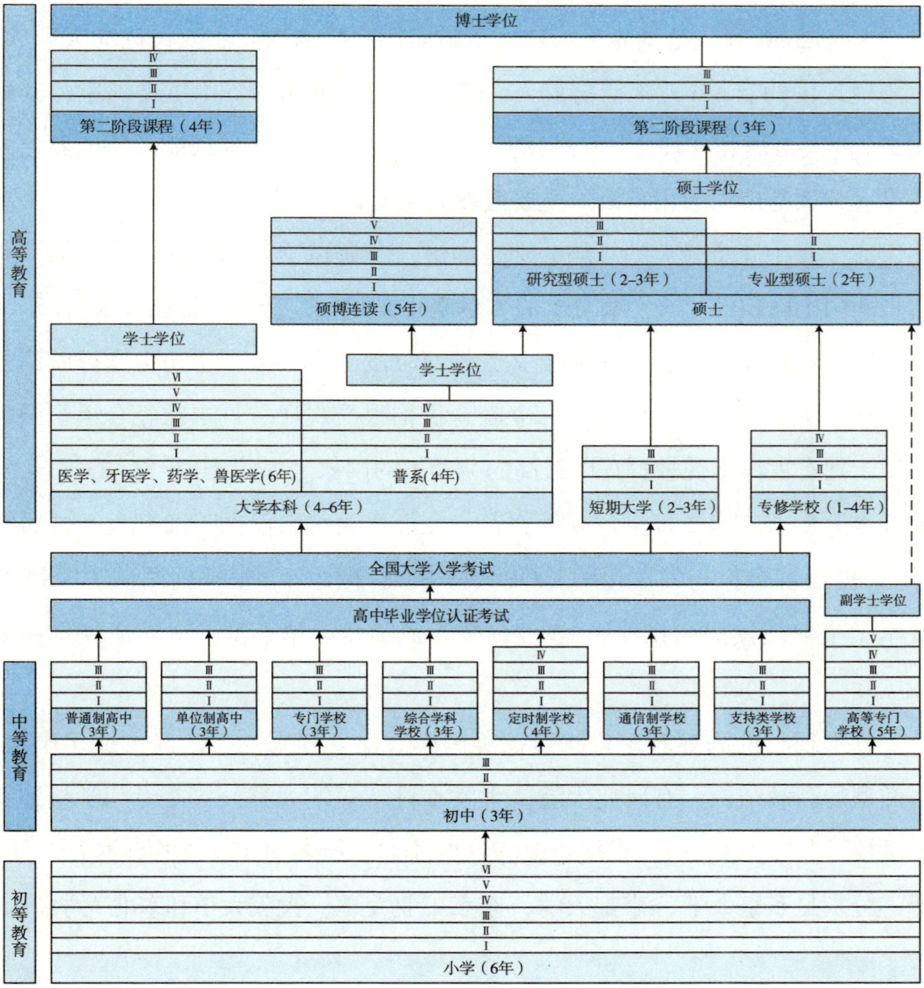

高等教育
博士学位
第二阶段课程（4年）
硕博连读（5年）
第二阶段课程（3年）
硕士学位
研究型硕士（2–3年）
专业型硕士（2年）
硕士
学士学位
医学、牙医学、药学、兽医学(6年)
普系(4年)
大学本科（4–6年）
短期大学（2–3年）
专修学校（1–4年）
全国大学入学考试
高中毕业学位认证考试
副学士学位
中等教育
普通制高中（3年）
单位制高中（3年）
专门学校（3年）
综合学科学校（3年）
定时制学校（4年）
通信制学校（3年）
支持类学校（3年）
高等专门学校（5年）
初中（3年）
初等教育
小学（6年）

第一节 导言

日本，全称为日本国，是一个东亚海岛国家，位于太平洋。日本总人口约1亿2650万，是世界上人口数量排名第2的岛国。主要民族为大和族，北海道地区约有1.6万阿伊努族人。日本是高度发达的资本主义国家，其中90.7%的人口居住在城市，9.3%的人口居住在农村。大东京地区是世界上人口最多的大都市。通用日语。主要宗教为神道教和佛教。日本由6800多个岛屿组成，其中4个最大的岛屿分别是本州、北海道、九州和四国，它们一共占日本国土面积的97%。日元为日本的货币，1人民币约兑换15.6052日元。

小学和初中阶段在日本属于义务教育阶段，大多数学生初中选择就读公立学校，但在高中和大学阶段私立教育机构很受欢迎。日本在经合组织国家中属于拥有世界上受教育程度最高的劳动力的国家之一。2017年，25—64岁的日本人中有51.4%接受过高等教育，在经合组织中仅次于加拿大，位居第2。根据经济合作与发展组织（OECD）2018年国际学生评估测试（PISA），日本学生的阅读成绩排在第15位，数学成绩排在第6位，科学成绩排在第5位。

日本现行的高等教育机构是按美国模式建立起来的，已经形成多层次、多类型的高教结构，有研究生院、大学本科、短期大学、高等专门学校和专业学校（共5大类型）。根据2020年QS排名，排名前100位的日本大学有5所，分别是东京大学、京都大学、东京工业大学、大阪大学和东北大学。

第二节　中等教育制度

一、中等教育类型

日本的高中类型分为 8 种，即普通制高中、单位制高中、专门学校、综合学科学校、高等专门学校、定时制学校、通信制学校、支持类学校。

1. 普通制高中

普通高中课程包括以下几项：

国家语言——日语综合，日语表达，现代 A·B，古典 A·B；

地理历史——世界历史 A·B，日本历史 A·B，地理 A·B；

公民——当代社会，伦理，政治·经济学；

数学——数学Ⅰ·Ⅱ·Ⅲ，数学 A·B，数学应用；

科学——科学与人类生活，物理基础，物理，化学基础，化学，生物基础，生物，地学基础，科学领域研究；

健康体育——体育，健康；

艺术——音乐Ⅰ·Ⅱ·Ⅲ，艺术Ⅰ·Ⅱ·Ⅲ，工艺品Ⅰ·Ⅱ·Ⅲ，书法Ⅰ·Ⅱ·Ⅲ；

外语——交流英语·Ⅰ·Ⅱ·Ⅲ，英语表达Ⅰ·Ⅱ，英语会话；

家政——家庭基础，家庭综合，生活方式设计；

信息——社会与信息，信息科学；

综合学习活动（根据地区和学校的特色以及学生的特点进行的课程安排）——宗教（仅限私立学校），环境，国际，挑战等。

2. 单位制高中

单位制高中没有学年的划分，但学生需要在 3 年内取得规定科目学分。学生可以调换时间表的顺序，课程表的自由度很高，可以根据自己的生活节奏进行高中课程的学习，但也有可能会出现“学分不够不能毕业”的情况。

3. 专门学校

专门学校是学习工业科、商业科、农业科、国际科等专业，主要以职业技能和素质培养为目的的学校。因为这些学校会设置一些特殊的设施，因此学费比较贵。

4. 综合学科学校

综合学科学校的学生可以从很多科目中选择喜欢的科目来制订个性化的学习时间表。虽然学校也会有必修科目的要求，但是由于选修科目种类很多，所以学生的自由度非常高，学生可以进行更加主动的学习。

5. 高等专门学校

高等专门学校学制为5年，毕业可以获得准学士的称号。课程除了一般科目以外还有专门科目，为学生提供特殊的课程。想要成为技术员或工程师的学生可以选择高等专门学校中的理工类学校就读。

6. 定时制学校

定时制学校包括夜间上课的“夜间制”学校和白天上课的“白天制”学校。这类学校中边工作边上学的人很多，学生的年龄层非常广泛。一般为4年制。

7. 通信制学校

通信制学校的运行机制为：学校将课题和试卷发送给学生，由学生解题后再送返回学校。如果课题报告和笔试合格了，就可以取得相应的学分。学校要求学生进行自我管理、自我负责。

8. 支持类学校

支持类学校是为由于个人原因无法进入普通制高中，只进入了通信制学校的学生提供帮助，支持类学校的老师会与学生一起讨论和解决通信制学校发送的文本和课题。学生毕业可以获得通信制高中的毕业资格。

二、中等教育毕业制度

年满 16 周岁的准毕业生在高中 3 年学习后可以参加高中毕业学位认证考试，仅靠自学或初中毕业者、高中退学者也均可以参加此考试，如通过考试则证明其知识水准达到了高中水平，但其学历不会发生变化。高中毕业学位认证考试一年举办两次，学生可以进行多次考试，已经通过的科目在下一次考试时可以不参加。通过该考试的人，将获得社会“学术能力等于或高于高中水平”的认证，并且拥有参加高等教育入学考试的资格。

考试内容如下：

1. 日语

国家语言（包括古文和汉字）：必选。

2. 地理历史

世界历史 A / 世界历史 B：2 选 1；

日本历史 A / 日本历史 B / 地理 A / 地理 B：4 选 1。

3. 公民

当代社会 / 伦理 / 政治·经济学：选择只考当代社会 1 门，或者不选择当代社会，选择伦理和政治经济学 2 门。

4. 数学

数学Ⅰ：必选。

5. 科学

科学与人类生活 / 物理基础 / 化学基础 / 生物基础 / 地学基础：选择科学与人类生活和 4 门基础科目中的 1 门，或者在基础学科中选择 3 门。

6. 外语

交流英语 Ⅰ：必选。

毕业成绩单上包括学生平时的期中和期末成绩、学年平均成绩以及毕业最终考试的成绩，满分为 100 分，如图 1 所示，学生选择的各科目的成绩均显示在成绩通知单上。

〒860-0863
熊本県熊本市中央区坪井5丁目6番3-3号

様

平成29年度　通知票
熊本県立熊本商業高等学校
校長　郷　慶次
担任

全日制国際経済科

成績

教科		国語		[illegible]	理科	保体	外国語			家庭	商業		学校設定	総合点	平均	クラス席次	席次
科目		現代文B	古典B	日本史B	科学と人間生活	体育	コミュニケーション英語Ⅲ	英語表現Ⅱ	英語会話	家庭基礎	課題研究	ビジネス経済応用	中国語				
1学期	1学期中間	54		68			66							188	62.7	30	260
		67.2		73.6			72.8									41	370
	1学期成績	58	69	72	57	50	66	48	53	66	67	83	77	766	63.8	38	334
		74.8	72.9	79.5	83.1	70.2	73.2	72.7	75.5	71.6	75.3	81.5	76.6			40	366
2学期	2学期中間	41		59										100	50.0	24	297
		64.0		60.3												40	366
	2学期成績	64	67	54	50	57	62	72	78	57	70	72	81	784	65.3	20	265
		70.7	63.2	65.6	68.0	71.4	62.6	79.6	74.9	66.9	69.0	69.1	57.4			39	360
学年	学年成績	57	67	63	50	53	57	61	62	66	81	71	84	772	64.3	24	288
		69.3	66.3	70.4	71.9	70.9	65.3	72.9	71.3	70.0	70.2	68.1	70.0			39	368
学年評定		3	4	3	3	3	3	3	3	4	5	4	5				
欠課時数		1	1	1	1	3	2	2	0	2	0	0	0	修得単位合計			
単位数		3	2	3	2	3	4	2	2	2	3	2	2	30			

上段：成績　下段：学年平均

出欠の記録

	1学期	2学期	3学期	学年
授業日数	70	77	18	165
出停・忌引等日数	0	0	0	0
出席すべき日数	70	77	18	165
出席日数	70	76	17	163
欠席日数	0	1	1	2
遅刻回数	1	1	0	2
早退回数	0	0	0	0

特別活動の記録

交通委員
生花部部長
裏千家茶道部
熊商デパート販売部

通信欄

卒業おめでとうございます。遠く新しい世界での生活が待ち構えていますね。その勇気に脱帽です。大きいことをするときには、まずは準備が大切です。心身ともに万全の準備で渡航してください。近況報告待っています。

图1　日本高中毕业成绩单原件

第三节 高等教育制度

一、大学教育制度

（一）入学制度

持有高中毕业证书的学生想要进入大学学习，必须参加全国大学入学考试，大部分国立、公立大学和小部分私立学校都需要参加 2 次考试。

1. 全国大学入学考试

全国大学入学考试是日本文部科学省下属机构大学入学考试中心（National Center for University Entrance Examinations，NCUEE）组织的全国统一的高等教育入学考试，考试在每年 1 月 13 日之后的第一个周六和周日两天举行。

大学入学考试自 1990 年实施至今，是日本所有国立大学、公立大学和大部分私立大学招生的参考依据。90% 的私立大学、100% 的国立大学和公立大学招生时要求考生参加考试。

大学入学考试科目共有 6 科 31 门，这 6 科是国语、地理历史、公民、数学、理科和外语，考生可以根据所报考大学的要求参加相应科目乃至全部 6 科的考试。各大学在考试科目、入学分数等方面有自主权，根据考生成绩判断其是否达到入学要求。

国立、公立大学的申请时间是在考试一周后开始。考试结束的第二天会公布解答和评分规则，报考国立、公立大学的学生进行自我评分后，即可向想要报考的大学提交志愿书。

日本文部科学省于 2017 年 7 月 13 日公布了《大学入学共通考试实施方针》，规定自 2021 年 1 月起废除现行的“大学入学考试中心考试”，实施新的全国统一考试“大学入学共通考试”。

2. 各大学的单独考试

进入高考的第二阶段，各大学自行组织实施的单独考试主要有以下几种形式：

（1）单独科目考试：采取笔试的形式重新对某一门或某几门科目进行考试

（2）小论文测试

（3）面试

（4）对职业高中和综合学科毕业的考生进行的测试：商学、工学、农学、水产学、家政学、护理学等类型的大学对职业高中或综合学科毕业的考生进行的专门测试

（5）AO（Admission Office）考试 / 招生事务所考试

AO 考试又称招生事务所考试，是由大学设立的专门负责招生考试的机构组织实施的考试。大学为了招收适合自己学校的学生，先对考生所提交的高中活动文件、志愿理由书、高中以后的活动报告书等材料以及考生的面试表现进行审查与评价，然后根据自身情况确定考试形式与内容。

（6）特别推荐入学

特别推荐制不仅以学业成绩为依据，还结合高中的各项活动进行多维度选拔。推荐名额和附加考试办法由高校自行确定。一般来说，有 3 种推荐方法：一般推荐、特殊推荐和学校推荐。

（二）学制与学位授予制度

大学提供的学士学位课程通常为期 4 年，学生通常需要修满 124 个或更多学分才能满足毕业要求，学生毕业后根据所学专业获得文学士、理学士或以专业名称命名的学士学位，如护理学士或教育学士。大多数医学、牙医学、药学和兽医学课程持续时间为 6 年，其中医学、牙医学专业须修满 188 个以上的学分，兽医学专业须修满 182 个以上的学分。

二、研究生教育制度

（一）入学制度

1. 硕士研究生入学

自日本的研究院和大学院（研究生院）推广学期制以来，在传统春季招生的基础上加入了秋季招生，即每年招生 2 次。由于日本的研究院和大学院在研究生招生上有很大的自主权，春季招生和秋季招生的时间也因学校不同而不同；招生的考试机构是由各招生单位自行组成的审查委员会，并自主命题；各专业招生的人数也完全由招生单位来自主决定。

日本申请报考硕士研究生的考生需要具备的基本条件为：已获得大学本科学历者、大学应届毕业生以及获得文部科学省所规定条件的专门学校专门课程学历的人。硕士研究生考试类型包括但不限于以下几种：

（1）一般入学考试：大学毕业生或预计从大学毕业的学生参加的考试，通常包括专业课程和外语的笔试和面试。

（2）成人考试：已经获得学士学位并有工作经验的成年人可参加的考试，考试科目少于一般入学考试，没有笔试，备考的负担相对较少。但是各招生单位可能会给出不同的审核要求，比如具有 3 年以上的社会工作经验等。

（3）AO 入学考试：作为高考形式的 AO 考试被一些研究生招生单位广泛应用，这是研究生招生考试方式多样化的表现。

（4）推荐入学考试：学生毕业的本科学校推荐入学的形式。

（5）非大学毕业生的研究生院考试：随着教育改革，研究生院的入学资格不断被放宽，除了 4 年制大学毕业生，同等学力学生如短期大学、高等专门学校、专修学校的毕业生也可以参加研究生入学考试。入学选拔的方法和普通的志愿者有所不同，由各招生单位自主决定对同等学力考生的考查方式。

2. 博士研究生入学

日本博士研究生入学时间、考查方式和内容同样由各招生单位自行安排。

日本申请报考博士研究生的考生需具备的基本条件为：已获得硕士学位的应届毕业生；在大学或研究院从事 2 年以上研究的人；拥有硕士学位同等学力且年满 24 岁者。

另外，医学、牙医学、药学、兽医学的 6 年制本科毕业生，相当于硕士毕业生，可以申请报考博士研究生。

（二）学制与学位授予制度

1. 硕士

日本的硕士类型分为专业型硕士和研究型硕士，专业硕士的课程通常为期 2 年（如教师教育），而研究型硕士的课程期限为 2—3 年。研究生课程侧重于进行科学研究所涉及的方法，学生在硕士研究生阶段的一半时间用于学习专业知识和考试，另一半则用于准备期末论文。

学生在大学（研究生院）学习 2 年以上，修满 30 个学分，并且通过研究生院硕士论文考试和毕业考试，方可取得硕士学位证书。

2. 博士

获得博士学位通常需要 3 年时间，可以通过 3 种不同的方式完成：

（1）2 年制的第一阶段课程（硕士课程）加 3 年制的第二阶段课程（博士课程），一般要求申请者具有硕士学位，并且受教育年限在 18 年以上。

（2）连续 5 年制的不间断课程（硕博连读）。

（3）医学、牙医学、药学、兽医学的 6 年制本科毕业生可直接报考 4 年制的第二阶段课程（博士课程），但必须修完大学的 6 年课程，否则没有参加国家（资格）考试的资格。

在大学院学习 5 年以上，修满 30 个以上的学分，并且通过研究生院的博士论文审查及考试的博士毕业生即可获得博士学位。成绩优异或有研究成果的学生的学制年限可减至 3 年以上。另外，博士生即使不参加日常学习，只要通过博士论文审查，并具有博士同等以上学力，也可获得博士学位。修满课程分数并通过论文审查和毕业考试的博士毕业生为课程博士，不在学校但通过论文审查的博士毕业生为论文博士。

第四节 高等教育机构类型

日本的大学按照学校性质来划分，分为国立、公立与私立。国立性质大学是日本的文部省管辖；公立大学是地方部门管辖（相当于中国各省市教育厅）；私立大学是各财团法人管辖（相当于中国的民办大学）。

日本的 4 年制大学作为日本的学术中心，接收通过高考的优秀高中毕业生。除了赋予学生广泛的知识、研究艺术领域或科学领域学科的能力和应用这些学科的能力，还旨在培养学生的道德水平。从大学毕业获得学士学位的人不仅获得了专业知识，还获得了在其专业领域进行科研的能力。

表 1 国际教育标准分类对应的日本高等教育机构

国际教育标准分类等级	日本高等教育机构
ISCED-5B	短期大学、高等专门学校、专修学校
ISCED-5A	大学学部（4 年制大学）
ISCED-6	大学院（研究生院）

表 2 日本大学排名

大学名称	QS 排名	ARWU 排名	U.S. News 排名	THE 排名
东京大学（The University of Tokyo）	22	25	74	36
京都大学（Kyoto University）	33	32	124	65
东京工业大学（Tokyo Institute of Technology）	58	101—150	305	251—300
大阪大学（Osaka University）	71	151—200	242	301—350
东北大学（Tohoku University）	82	101—150		251—300
名古屋大学（Nagoya University）	115	90	290	301—350
北海道大学（Hokkaido University）	132	151—200	412	401—500

续表

大学名称	QS 排名	ARWU 排名	U.S. News 排名	THE 排名
九州大学（Kyushu University）	132	201—300	325	401—500
早稻田大学（Waseda University）	196	501—600	427	601—800
庆应义塾大学（Keio University）	200	301—400	516	601—800
筑波大学（University of Tsukuba）	270	201—300	395	401—500
广岛大学（Hiroshima University）	334	501—600	591	601—800
东京医科齿科大学（Tokyo Medical and Dental University）	359	601—700	739	401—500
神户大学（Kobe University）	395	401—500	541	601—800
千叶大学（Chiba University）	442	401—500	737	801—1000

参考文献

中文部分

[1] 黄涛：《日本高校入学制度的现状及其对我国高校招生考试制度改革的启示》，《教育与考试》2012 年第 3 期。

[2] 胡永红：《日本高考形式的多样化改革及其启示》，《教育与考试》2013 年第 3 期。

[3] 中华人民共和国外交部：《日本国家概况》，2019 年 5 月，见 https://www.fmprc.gov.cn/web/gjhdq_676201/gj_676203/yz_676205/1206_676836/1206x0_676838/。

外文部分

[1]National Institution for Academic Degrees and University Evaluation, Overview of the Quality Assurance System in Higher Education, 2014-7, http://www.niad.ac.jp/english/overview_jp_e_ver2.pdf.

[2]hataractive, 中卒の人は高卒認定試験を受けた方がいいの，2016-5-21,https://hataractive.jp/useful/326/.

[3]School-post, 選択肢を広げる 8 種類の学校，2017-12-25, https://school-post.com/hint/koukousyurui131113/.

[4]National Center for University Entrance Examinations, 2019-6, https://www.dnc.ac.jp/albums/abm00006725.pdf.

[5]University Rankings.ch, QS World University Rankings, World, 2019, Keyword: Japan, 2019-12-3,https://www.universityrankings.ch/en/results&ranking=QS&region=World&year=2019&q=Japan.

[6] 文部科学省，高等学校卒業程度認定試験(旧大学入学資格検定), 2020-4-24, http://www.mext.go.jp/a_menu/koutou/shiken/.

[7]OECD,Educational attainment and labour-force status: Educational attainment of 25-64 year-olds,by programme orientation, https://stats.oecd.org/Index.aspx?QueryId=93190.

[8]OECD, PISA 2015 results in focus, https://www.oecd.org/pisa/pisa-2015-results-in-focus.pdf.

[9]United Nations,The World's Cities in 2016, https://www.un.org/en/development/desa/population/publications/pdf/urbanization/the_worlds_cities_in_2016_data_booklet.pdf.

第十章　哈萨克斯坦

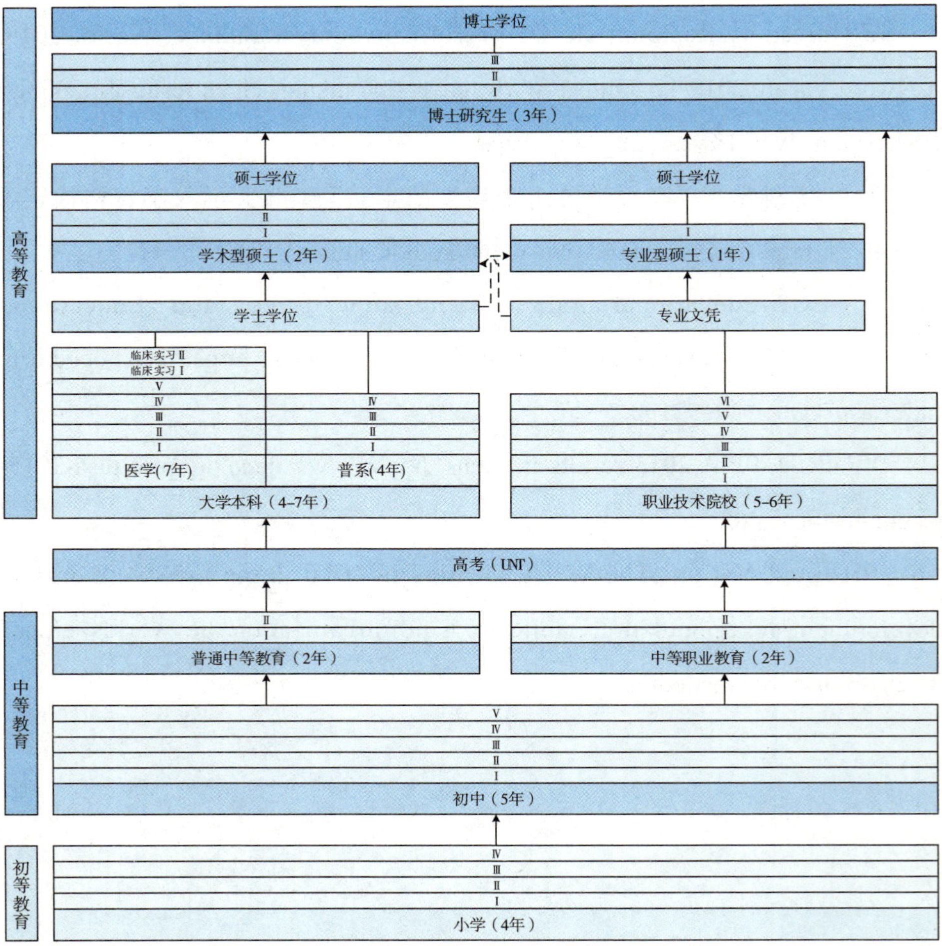
高等教育
中等教育
初等教育
博士学位
Ⅲ
Ⅱ
Ⅰ
博士研究生（3年）
硕士学位
硕士学位
Ⅱ
Ⅰ
学术型硕士（2年）
Ⅰ
专业型硕士（1年）
学士学位
专业文凭
临床实习Ⅱ
临床实习Ⅰ
Ⅴ
Ⅳ
Ⅲ
Ⅱ
Ⅰ
医学(7年)
Ⅳ
Ⅲ
Ⅱ
Ⅰ
普系(4年)
大学本科（4–7年）
Ⅵ
Ⅴ
Ⅳ
Ⅲ
Ⅱ
Ⅰ
职业技术院校（5–6年）
高考（UNT）
Ⅱ
Ⅰ
普通中等教育（2年）
Ⅱ
Ⅰ
中等职业教育（2年）
Ⅴ
Ⅳ
Ⅲ
Ⅱ
Ⅰ
初中（5年）
Ⅳ
Ⅲ
Ⅱ
Ⅰ
小学（4年）

第一节 导言

哈萨克斯坦，全称为哈萨克斯坦共和国。它是世界上最大的内陆国家，也是国土面积世界第 9 大的国家，总面积为 270 万平方公里。哈萨克斯坦总人口为 1839.57 万。约有 140 个民族，其中哈萨克族占 65.5%，俄罗斯族占 21.4%。哈萨克语为国语，官方语言为哈萨克语和俄语。同时，哈萨克斯坦是一个跨越洲际的国家，主要位于亚洲，最西部的部分在欧洲。哈萨克斯坦是中亚经济的主导国，占该地区 GDP 的 60%，主要通过其石油和天然气工业，它还有大量的矿产资源。哈萨克斯坦的 131 个民族包括哈萨克人（占总人口的 63%）、俄罗斯人、乌兹别克人、乌克兰人、德国人、鞑靼人和维吾尔人。大约 70% 的人口信奉伊斯兰教，26% 的人信奉基督教。哈萨克斯坦坚戈为哈萨克斯坦的货币，1 人民币大约兑换 54.9804 哈萨克斯坦坚戈。

哈萨克斯坦的成人识字率为 99.5%，是世界上成人识字率最高的国家之一。国家的教育规划包括采用 12 年制教育模式、学校和幼儿园建设、职业技术教育现代化、电子学习教育项目和教师职业发展体系。2018 年国家对教育的资助占全国预算的 5% 左右，仅次于社会保障支出。根据经济合作与发展组织（OECD）2018 年国际学生评估测试（PISA），哈萨克斯坦学生的阅读成绩排在第 69 位，数学成绩排在第 54 位，科学成绩排在第 69 位。

哈萨克斯坦的高等教育机构包括大学、学院和技术机构。在哈萨克斯坦政府的高等教育“优化”改革之后，哈萨克斯坦的高等教育机构中，私立大学的数量从 2010—2011 年的 150 所减少到 2018 年的 75 所。

第二节 中等教育制度

一、中等教育类型

在中等教育的基础上，哈萨克斯坦的中等教育分为公立和私立两种，公立学校主要包括综合学校（Comprehensive School）、重点学校（School-gymnasium）和精英学校（Lyceum）。私立学校主要包括一些国际学校、附属中学和特殊学校。

1. 综合学校（Comprehensive School）的学习期限为五年级至十一年级，综合学校的课程教学仅限于一般课程标准，教学内容浅显，涉及范围广泛，高中阶段不分文理科。这种学校学生的学习水平、教师的专业技能、学校教学设备以及经费支持等方面均比不上重点学校和精英学校。

2. 重点学校（School-gymnasium）的学习期限也是为五年级至十一年级，且各方面均优于综合学校，80%的毕业生可以考上心仪的大学，教师团体比较强和稳定。与综合学校不同的是，重点学校清楚地分为文科和理科，课程内容也更为丰富、更为深入，为即将进入大学的学生提供良好的文理科基础。此外，每个城市的教育部每 5 年对所有中学进行一次全面评估，分别从学生学习状况、教师专业技能、师生仪容仪表、学校的教学情况、学校设施等方面进行评估，通过评估的学校可继续保持“gymnasium”的资格，未通过的学校资格会被取消，变成普通的学校。

3. 精英学校（Lyceum）的学习期限为八年级至十一年级，和重点学校有相似的地方，如教师专业技能高、课程内容丰富、教学设备先进等。顾名思义，精英学校中的学生都是非常优秀的，入学考试非常难且竞争激烈。重点学校注重理论知识，精英学校更注重实践，因此从精英学校毕业的学生不仅掌握了文化课知识，还具备了类似于技术学校的职业技能知识，为将来进入大学打下良好的学习基础。此外，精英学校还和一些名牌大学合作，因此学校的某些课程专门为考取合作大学而开设。

二、中等教育毕业制度

哈萨克斯坦全国统一高考（Unified National Test，UNT）是中学最终评估与高等教育入学考试相结合的全国性考试，不想在毕业后进入哈萨克斯坦共和国大学或学院的毕业生则参加传统的毕业（期末）考试，依据成绩给予毕业。

传统毕业考试由政府统一命题，考试时间为每年的 6 月中旬，其中有 4 门学科（俄语、哈萨克语、数学、历史）为必选考试科目，剩余学科学生可以自主选择参加考试与否。毕业成绩单上会显示毕业考试的等级，即 2 级到 5 级，其中，2 为最低等级，5 为最高等级。

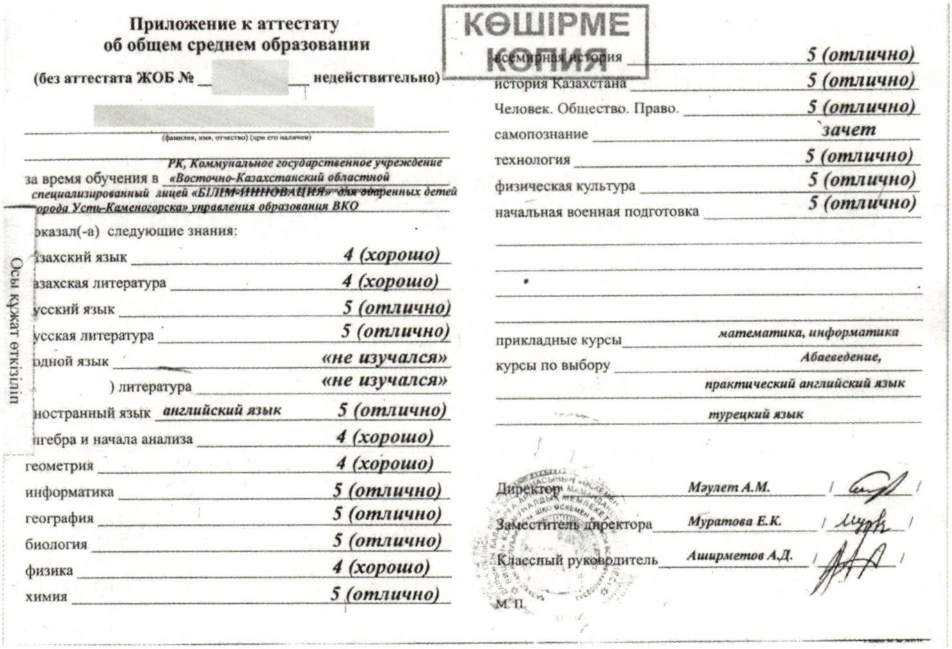

Приложение к аттестату
об общем среднем образовании
(без аттестата ЖОБ № ______ недействительно)

(фамилия, имя, отчество) (при его наличии)

за время обучения в *РК, Коммунальное государственное учреждение «Восточно-Казахстанский областной специализированный лицей «БІЛІМ-ИННОВАЦИЯ» для одаренных детей города Усть-Каменогорска» управления образования ВКО*

оказал(-а) следующие знания:

азахский язык	*4 (хорошо)*
азахская литература	*4 (хорошо)*
усский язык	*5 (отлично)*
усская литература	*5 (отлично)*
одной язык	*«не изучался»*
) литература	*«не изучался»*
ностранный язык *английский язык*	*5 (отлично)*
лгебра и начала анализа	*4 (хорошо)*
геометрия	*4 (хорошо)*
информатика	*5 (отлично)*
география	*5 (отлично)*
биология	*5 (отлично)*
физика	*4 (хорошо)*
химия	*5 (отлично)*
всемирная история	*5 (отлично)*
история Казахстана	*5 (отлично)*
Человек. Общество. Право.	*5 (отлично)*
самопознание	*зачет*
технология	*5 (отлично)*
физическая культура	*5 (отлично)*
начальная военная подготовка	*5 (отлично)*

прикладные курсы *математика, информатика*
курсы по выбору *Абаеведение, практический английский язык, турецкий язык*

Директор *Мәулет А.М.*
Заместитель директора *Муратова Е.К.*
Классный руководитель *Аширметов А.Д.*
М.П.

图 1　哈萨克斯坦高中毕业成绩单

第三节　高等教育制度

一、大学教育制度

（一）入学制度

学生在学习完中学课程之后将要面临两种考试，即哈萨克斯坦高考（UNT）和本校毕业考试。这两种考试的考试题型一样，难度相似。参加本校考试后再参加高考的学生一般选择在哈萨克斯坦接受高等教育，仅参加本校考试的学生往往选择出国深造。

哈萨克斯坦全国统一考试（UNT）从2004年开始实施，考试在每年的6月底进行。这项国家测试具有中等教育毕业考试及高等教育入学考试两种属性，其分数是该国普通高校招生录取的重要参考。高考试题的主要语言为哈萨克语和俄罗斯语，2018年首次允许考生使用英语答题。高考由5门科目组成，包括3门必选科目和2门自选科目，必选科目包括数学、阅读、哈萨克斯坦历史，自选科目针对学生将来进入大学后的主修专业。

表1　哈萨克斯坦高考题型与分数

科目	题型（道）	分数（分）	总分（分）	及格（分）
必选1	20单选	20	140	50
必选2	20单选	20		
必选3	20单选	20		
自选1	20单选+10多选	40		
自选2	20单选+10多选	40		

全国统一高考题库总题量达8万道，每位考生的考试题目从题库中随机抽出，共120道，3门必选共计60分，2门自选共计80分，总计140分。哈萨克斯坦普通高校的最低录取分数线是50分，国立大学的录取分数线则略

高，为65分，其中有机物质化学技术专业录取分数较低，一般只要及格分数50分，而医学类专业要求较高，录取分数为130分左右。

高考成绩作为高等教育入学条件的同时，也是哈萨克斯坦学生申请国家奖学金的依据。哈萨克斯坦的高中毕业生拥有两次通过全国统一高考获得国家奖学金的机会，若两次均未“达标”，则需自行承担大学教育费用。

（二）学制与学位授予制度

学生通过高考后可选择本科院校或职业技术院校。本科院校普通专业的学制一般为4年；医学专业的学生则需要先学习5年的专业知识，然后去医院进行为期2年的临床实习，考核通过之后才能得到学士学位；职业技术院校的学制一般为5—6年，完成高等职业教育学习的学生将获得专业文凭（Diploma of Specialist），获得该文凭的学生根据专业不同可选择1年制硕士课程，也可直接选择攻读博士学位。由于哈萨克斯坦缺乏具有职业技能的人才，因此国家鼓励学生学习职业技能。

学生在本科毕业后，除了文凭还将获得一份文凭补充表或成绩单，列出所有科目和考试成绩。只从哈萨克斯坦的课程名称或文凭名称中往往看不出学生的学习性质是学术型的还是专业型的，需要在查阅文凭补充表或成绩单后才能确定学生的课程类型。

二、研究生教育制度

（一）入学制度

1. 硕士研究生入学

学生需要参加专业院校组织的硕士研究生入学考试，该考试分为哈萨克语和俄语授课的考试以及全英语授课考试。哈萨克语和俄语授课的考试总分150分，及格分数为75分，该类型的考试一共分为3个部分：外语考试、入学考试、专业考试，其中外语考试分为英语、法语和德语，大部分学生会参加英语考试，考试包括听力、语法和阅读 3 部分，考试时长为 75 分钟，考试题目为 50 道选择题，总分 50 分，及格分为 25 分；入学考试主要考查学生的批判性思维、分析思维，共 30 道选择题，考试时长为 50 分钟，总分 30 分，及格分为 15 分；专业考试则设置科目 1 和科目 2 两种，科目 1 考试时长为 60 分钟，30 道单选题，总分 30 分，及格分为 15 分；科目 2 考试时长为 50 分钟，20 道多选题（每道题所有选项全对得 2 分，错 1 个选项得 1 分，错 2 个及以上 0 分），总分 40 分，及格分为 20 分。

表 2　哈萨克斯坦硕士入学考试内容（俄语授课）

考试内容	外语			入学考试		专业考试		共计
考试部分	听力	语法	阅读	批判性思维	分析思维	科目 1	科目 2	
语言	英语 / 法语 / 德语			哈萨克语 / 俄语		哈萨克语 / 俄语		
题目数量	50			15	15	30	20	130
				30		50		
考试形式	单选题			单选题		单选题	多选题	
分数	1 分			1 分		1 分	1 分 /2 分	
总分	50 分			30 分		30 分	40 分	150 分
考试时长	75 分钟			50 分钟		60 分钟	50 分钟	235 分钟
及格分数	25 分			15 分		15 分	20 分	75 分

全英语授课的考试总分 100 分，及格分数为 50 分，该类型的考试一共分为 2 个部分：入学考试、专业考试，其中入学考试是哈萨克语或俄语，主要考查学生的批判性思维、分析思维，共 30 道选择题，考试时长为 50 分钟，总分 30 分，及格分为 15 分；专业考试是全英文版的科目 1 和科目 2，科目 1 考试时长为 60 分钟，30 道单选题，总分 30 分，及格分为 15 分，科目 2 考

试时长为 50 分钟，20 道多选题（每道题所有选项全对得 2 分，错 1 个选项得 1 分，错 2 个及以上 0 分），总分 40 分，及格分为 20 分。

表 3　哈萨克斯坦硕士入学考试内容(英语授课)

考试内容	入学考试		专业考试		共计
考试部分	批判性思维	分析思维	科目 1	科目 2	
语言	哈萨克语 / 俄语		英语		
题目数量	15	15	30	20	80
	30		50		
考试形式	单选题		单选题	多选题	
分数	1 分		1 分	1 分 /2 分	
总分	30 分		30 分	40 分	100 分
考试时长	50 分钟		60 分钟	50 分钟	160 分钟
及格分数	15 分		15 分	20 分	50 分

哈萨克斯坦各高等教育机构对于硕士研究生招生的达线分数要求不一，不全以及格与否判定学生是否能够入学，并且有些学校不招收英语授课的学生。

2. 博士研究生入学

博士入学的审查工作由各大学选拔委员会自主执行，博士入学条件一般如下：

（1）具有硕士学位或完成 7 年制医学本科学习；

（2）所学专业有资格申请博士学位；

（3）通过 2 项入学考试；

（4）能够在自己的专业领域使用 1 门外语。

（二）学制与学位授予制度

1. 硕士

硕士生毕业考试成绩等级分别为 A、A–、B+、B、B– 5 个等级。如果学生想要顺利毕业，在整个学习期间的 GPA 不得低于 3.5，同时需要通过所有国家考试和论文答辩，成绩为 A 或 A– 的学生将获得荣誉文凭。2 年学制的学术型硕士以及 1 年学制的专业型硕士毕业后都将被授予硕士学位。

2. 博士

博士学制为 3 年。攻读博士学位的学生的成绩以年度工作报告的形式体现，博士专业综合考试和论文答辩由国家认证委员会（SAC）监督执行，其中专业综合考试由必修科目和选修科目组成，博士论文答辩程序由学校自主决定。通过考试和答辩的学生将被授予博士学位。

第四节　高等教育机构类型

哈萨克斯坦的高等教育由大学、学院、研究所、音乐学院和高等院校提供，这些院校又分为公立和私立两种形式，都提供专业和学术课程。哈萨克斯坦的私立大学和公立大学及其他大学处于平等地位。在某种程度上说，这些高校的目标是相同的，即教学、科研和服务，并且它们也都需要有实现这些目标的自主权。

然而，不同类型的高等院校之间存在着根本性的差异。公立院校为实现社会公共利益服务，由于受到政府的支持，不容易受到市场的冲击，有更强的稳定性，同时也受到更多的行政控制。私立院校对自己的财政支出负责，政府的规章制度对私立院校也有影响，但是相对于公立院校，无论是在学术、财政或人事方面都享有更多的自主权。

表 4　哈萨克斯坦大学排名

大学名称	QS 排名	ARWU 排名	U.S. News 排名	THE 排名
哈萨克斯坦国立大学（Al-Farabi Kazakh National University）	207			1001+
国立古米廖夫欧亚大学（L.N.Gumilyov Eurasian National University）	418			1001+
南哈萨克斯坦州立大学（Auezov South Kazakhstan Sate University）	491			
阿拜哈萨克国立师范大学（Abai Kazakh National pedagogical University）	561—570			
萨特巴耶夫大学（Satbayev University）	561—570			
哈萨克斯坦国立农业大学（Kazakh National Agrarian University KazNAU）	651—700			
哈英科技大学（Kazakh -British Technical University）	751—800			
布克托夫卡拉干达州立大学（Buketov Karaganda State University）	801—1000			
卡拉干达州立技术大学（Karaganda State Technical University）	801—1000			
哈萨克阿布莱汗国际关系与世界语言大学（Kazakh Ablai Khan University of International Relations and World Languages）	801—1000			

参考文献

中文部分

[1] 中华人民共和国外交部：《哈萨克斯坦国家概况》，2020 年 1 月 2 日，见 https://www.fmprc.gov.cn/web/gjhdq_676201/gj_676203/yz_676205/1206_676500/1206x0_676502/。

外文部分

[1]Yuri Zarakhovich, Kazakhstan Comes On Strong, 2006-9-27, http://content.time.com/time/world/article/0,8599,1539999,00.html.

[2]CollegeAtlas.org, Kazakhstan Colleges and Universities, 2014-6-24, https://www.collegeatlas.org/kazakhstan-colleges-universities.html.

[3] World Population Review, Kazakhstan Population 2020, 2020-4-27, 2019, http://worldpopulationreview.com/countries/kazakhstan-population/.

[4]Republic of Kazakhstan Ministry of education and science, HEIs of Kazakhstan,https://enic-kazakhstan.kz/en/reference_information/universities.

[5]Ministry of Education and Science (Republic of Kazakhstan), 2019-1-20,http://edu.gov.kz/en/?.

[6]INTERNATIONAL TRADE ADMINISTRATION, export, Kazakhstan – Education,https://www.export.gov/article?id=Kazakhstan-Education.

[7]КЛАССИФИКАТОР СПЕЦИАЛЬНОСТЕЙ ВЫСШЕГО И ПОСЛЕВУЗОВСКОГО ОБРАЗОВАНИЯ РЕСПУБЛИКИ КАЗАХСТАН, http://edu.gov.kz/ru/deyatelnost/detail.php?ELEMENT_ID=555.

第十一章 越南

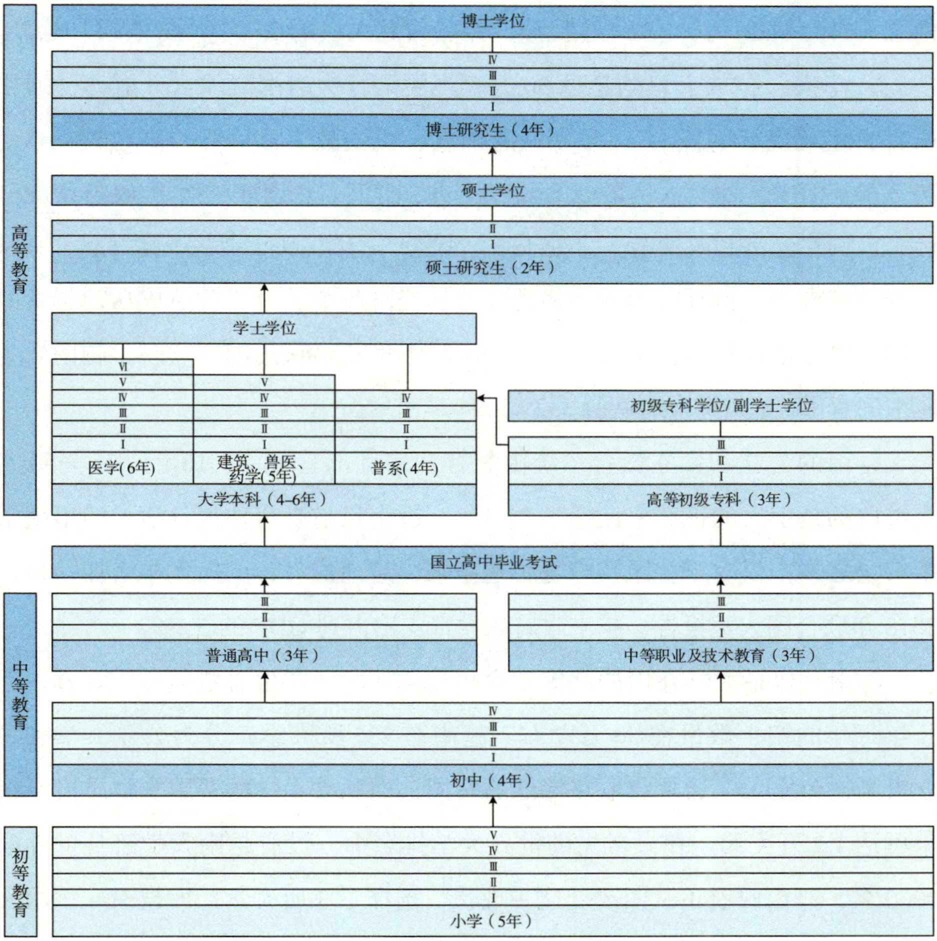

高等教育
博士学位
Ⅳ
Ⅲ
Ⅱ
Ⅰ
博士研究生（4年）
硕士学位
Ⅱ
Ⅰ
硕士研究生（2年）
学士学位
Ⅵ
Ⅴ
Ⅳ
Ⅲ
Ⅱ
Ⅰ
医学(6年)
建筑、兽医、药学(5年)
普系(4年)
大学本科（4-6年）
初级专科学位/副学士学位
高等初级专科（3年）
国立高中毕业考试
中等教育
普通高中（3年）
中等职业及技术教育（3年）
初中（4年）
初等教育
小学（5年）

第一节　导言

越南，全称为越南社会主义共和国，是印度支那半岛最东端的国家。越南总人口为9620万，有54个民族，京族占总人口的85.3%，岱依族、傣族、芒族、华人、侬族人口均超过50万。主要语言为越南语（官方语言、通用语言、主要民族语言）。主要宗教有佛教、天主教、和好教与高台教。越南的首都是河内，而其人口最多的城市是胡志明市。在南北越南于1976年统一后，该国在经济和政治上一直处于孤立状态，直到1986年共产党发起了一系列促进越南融入世界政治和经济的政治和经济改革。由于改革成功，越南的国内生产总值保持高位运行，一直是世界上增长最快的国家之一。越南盾为越南的货币，1人民币约兑换3329.5494越南盾。

越南的公立和私立教育系统由教育和培训部管理。2016年，15—50岁年龄段的越南人的识字率已达到97.3%。越南目前是全球最具活力的出境学生市场之一，仅次于中国和印度。近年来，越南的教育支出大幅增加，根据2018年联合国人类报告，越南政府的教育支出占到GDP的5.1%。

越南有包括大学在内的高等教育机构409所，学生总数超过170万，近几年每年的招生数量在50万左右。越南有235所大学，分为公立大学和私立大学，公立大学通常收取非常低的费用，而私立大学的费用非常昂贵，每年可达1.2万美元。在最常见的世界大学排名中，没有越南大学跻身世界前1000名，越南政府正试图改变这一现状，选择了3所大学，即越南－德国大学、河内科技大学和越南－日本大学，期望它们发展成为世界一流的研究型大学。

第二节　中等教育制度

一、中等教育类型

越南的中等教育（初中及高中）建立在初等教育的基础上，为11—18岁年龄组的学生提供正规中等教育，包括普通教育、职业教育和技术教育。

越南的中等教育机构分为以下几种：

1. 国立普通高中：完成5年初等教育的学生都可进入初中学习，通过高中入学考试的学生可进入高中继续学习。通过全国高考的高中毕业生可报读高等院校进行进一步深造。国立普通高中的毕业生可获得高中文凭。

2. 职业中级学校：初中或高中毕业生可凭自己意愿进入职业中级院校的各专业就读。通过考试的毕业生还可报读3年制初级专科院校，之后再报读4年制大学进行深造。

3. 民族普通高中：越南少数民族学生初中毕业后可入读特殊高中学校。

4. 专科高中：高水平的各类专科高中，这些特殊的公立学校只招收在科学方面有特殊天赋的学生，为学生提供数学、物理、化学、生命学、计算机、英语等领域的高级教育，初中毕业学生成绩达到此类学校要求方可入学。

5. 阮廷沼中学：这类特殊的公立学校只招收残疾学生。

在公立高中和职业高中，学生平均每周上29节课，每节课约为40分钟。全国范围内十到十二年级的学生都学习相同的课程，只在某些情况下会有细微差别。这些通用课程包括：越南文学、数学、物理、化学、生物学、几何学、世界历史、越南历史、地理、体育、外语（大多数情况下是英语）、第二外语（最常见的是汉语，也有法语、日语、俄语）。

当学生进入十二年级时，他们通常会选择4种分科中的1种，4种分科包括理科分科A班（数学、几何学、物理、化学）、医学分科B班（数学、几何学、生命学、化学）、文学分科C班（文学、地理、历史）、外语分科D

班（数学、几何学、外语、文学），除此之外还有一些特殊分科，如绘画分科H班（文学、绘画1、绘画2等）、传媒分科M班（数学、几何学、摄影、信息学等）、音乐分科N班（文学、音乐1、音乐2等）等。

学生根据所选择的分科进行深入学习，分科使学生在申请的相应领域继续接受高等教育时获得优势，因为大学入学考试成绩是根据学生的分科选择进行加权的，例如，一名A班学生在申请理工类大学时会优于其他班学生。

在高中结束即十二年级之后，学生将参加高中毕业考试，并且按照考试成绩申请自己想要的大学，进而继续在大学学习。不同的分科有不同的评分类型，特殊科目不在高中毕业考试范围内，所以选择特殊分科的学生需参加所选大学的能力考试，通过后才可入学。

二、中等教育毕业制度

越南的所有高中毕业生都必须参加由教育和培训部管理的国立高中毕业考试，在十二年级结束时获得高中毕业证书。在参加高中毕业考试之前，他们需要参加定期的期末考试。

2017年的毕业考试包括5门科目：数学、文学、外语、自然科学和社会科学，必修学科为数学、文学和外语，其中，外语考试可以是英语、法语、德语、汉语、日语或俄语。除了3门必修考试外，学生还必须进行第4门考试，可以选择自然科学（物理、化学和生物学综合）或社会科学（历史、地理和公民教育综合）。在某些情况下，学生可以同时选择自然科学和社会科学2门考试，选择成绩较高的1门作为最终成绩。

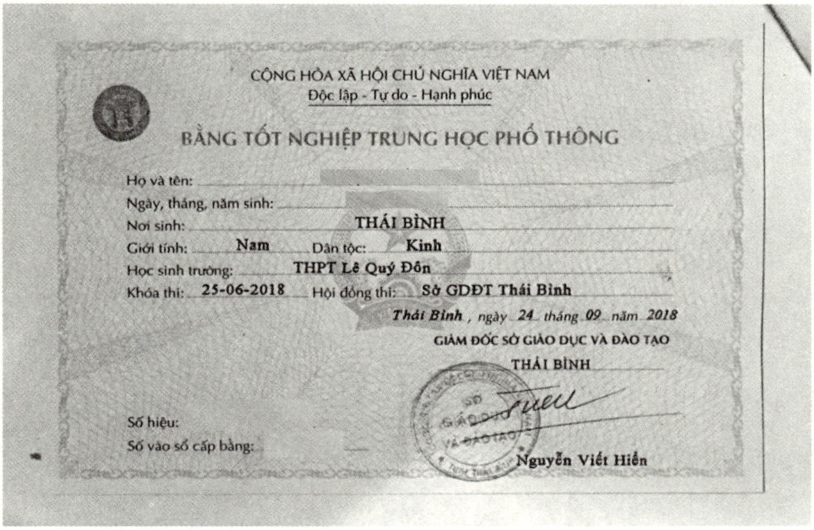
CỘNG HÒA XÃ HỘI CHỦ NGHĨA VIỆT NAM
Độc lập - Tự do - Hạnh phúc

BẰNG TỐT NGHIỆP TRUNG HỌC PHỔ THÔNG

Họ và tên:
Ngày, tháng, năm sinh:
Nơi sinh: THÁI BÌNH
Giới tính: Nam Dân tộc: Kinh
Học sinh trường: THPT Lê Quý Đôn
Khóa thi: 25-06-2018 Hội đồng thi: Sở GDĐT Thái Bình

Thái Bình, ngày 24 tháng 09 năm 2018
GIÁM ĐỐC SỞ GIÁO DỤC VÀ ĐÀO TẠO
THÁI BÌNH

Số hiệu:
Số vào sổ cấp bằng:

Nguyễn Viết Hiển

图 1　越南高中毕业证书

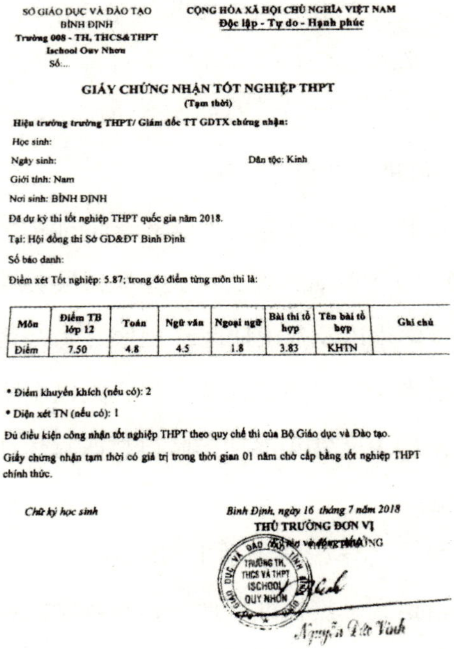
SỞ GIÁO DỤC VÀ ĐÀO TẠO
BÌNH ĐỊNH
Trường 008 - TH, THCS&THPT
Ischool Quy Nhơn
Số:...

CỘNG HÒA XÃ HỘI CHỦ NGHĨA VIỆT NAM
Độc lập - Tự do - Hạnh phúc

GIẤY CHỨNG NHẬN TỐT NGHIỆP THPT
(Tạm thời)

Hiệu trưởng trường THPT/ Giám đốc TT GDTX chứng nhận:

Học sinh:

Ngày sinh: Dân tộc: Kinh

Giới tính: Nam

Nơi sinh: BÌNH ĐỊNH

Đã dự kỳ thi tốt nghiệp THPT quốc gia năm 2018.

Tại: Hội đồng thi Sở GD&ĐT Bình Định

Số báo danh:

Điểm xét Tốt nghiệp: 5.87; trong đó điểm từng môn thi là:

Môn	Điểm TB lớp 12	Toán	Ngữ văn	Ngoại ngữ	Bài thi tổ hợp	Tên bài tổ hợp	Ghi chú
Điểm	7.50	4.8	4.5	1.8	3.83	KHTN	

* Điểm khuyến khích (nếu có): 2
* Diện xét TN (nếu có): 1

Đủ điều kiện công nhận tốt nghiệp THPT theo quy chế thi của Bộ Giáo dục và Đào tạo.

Giấy chứng nhận tạm thời có giá trị trong thời gian 01 năm chờ cấp bằng tốt nghiệp THPT chính thức.

Chữ ký học sinh

Bình Định, ngày 16 tháng 7 năm 2018
THỦ TRƯỞNG ĐƠN VỊ

Nguyễn Đức Vinh

图 2　越南高中毕业成绩单

第三节　高等教育制度

一、大学教育制度

（一）入学制度

越南大学入学参考的成绩包括 3 种，即中学教育成绩、高等教育考试成绩和高中毕业考试成绩，不同的高等教育机构可能会参考不同的成绩，或是 2 项成绩叠加。所有高中、中等技术及中等职业学校毕业的学生均可参加高等学校每年的选拔考试，学生只有达到成绩标准后才能入读所选大学。

1. 中学教育成绩

高中阶段的成绩被称为中学教育成绩。每门课的成绩满分为 10 分，最低分为 5 分。中学教育平均成绩（ĐTB）按以下公式计算：

中学教育平均成绩（ĐTB）= [（12 年级第一学期）科目 1 + 科目 2 + 科目 3]+[（12 年级第二学期）科目 1 + 科目 2 + 科目 3] / 6

中学教育平均成绩仅用于初级专科学校和私立高等学校使用，如果 ĐTB 达到 5.5 以上，学生可进入初级专科深造。

为了保证选拔公平，学校可为满足以下条件的考生在总成绩上增加 1—5 分（每门课最高 10 分）：劳动英雄、人民军队武装英雄、越南英雄母亲、伤兵的孩子；少数民族学生以及贫困地区、山区、海岛区、贫困农村地区的学生。满足以下条件的考生可以免试入读大学：人民军队武装英雄、劳动英雄且已高中毕业；越南国家队常年参加国际奥林匹克运动会的成员；常年全国各门功课优秀的学生。

个别公安、军队高等学校要求学生的政治简历、身体检查、反应能力、个人能力及道德品格达到一定标准。此外，传媒学院也要求学生必须是越南胡志明青年团团员。

2. 高等教育考试

表 1　越南高等教育考试分科与范围

考试分科	考试范围
社会科学考试（C 班）	社会科学的基本概念和原则；历史；地理；文学
理科考试（A 班）	理科基本概念和原理；物理；化学；数学、几何学
医学考试（B 班）	医学基本科目；数学、几何学；化学；生命学
外语考试	外语专业基本科目；数学、几何学；外语（按选择的外语专业）；文学

越南高等教育考试分科与范围如表 1 所示。除表 1 所示的分科之外还有一些特殊分科，即绘画分科 H 班（文学、绘画 1、绘画 2 等）、传媒分科 M 班（数学、几何学、摄影、信息学等）、音乐分科 N 班（文学、音乐 1、音乐 2 等）。

每门课考试分数最高为 10 分，高等学校要求的标准分数为所考试科目总分数，如：2003 年胡志明自然科学大学化学专业的标准分数为 18 分，是数学、物理、化学 3 门课考试的总分数，学生每门课平均分数要达到 6 分才能被录取。如果学生有 1 门课的分数为零，那么即使总分数高于标准分数，该学生也不能被录取。

2015 年，越南教育部进行改革，以国家高中毕业考试代替高等教育考试，高等教育考试只出现在个别高等学校的录取中，作为高校自主招生考试。

3. 国家高中毕业考试

高中毕业考试是越南教育体系中的重要考试之一，于 2015 年开始施行。高中毕业考试是将高中毕业测试与高等教育考试合二为一的考试。参加该考试的学生要进行 4 个科目的考核，包含 3 个必考科目：数学、文学、外语；1 个组合科目：自然科学（物理、化学、生命学）或社会科学（历史、地理、公民教育）。

表 2　越南国家高中毕业考试分科与范围

考试分科	考试范围
数学考试	数学测试；几何测试
自然科学考试	物理测试；化学测试；生物学测试
文学考试	越南语言文学测试
社会科学考试	历史测试；地理测试；公民教育测试
外语考试	语法和词汇知识；翻译；阅读理解

考试于 6 月或 7 月进行，由省教育厅监督管理。每门课考试分数最高为 10 分，最低及格分数是 5 分。大学通常根据其认为与所选专业相关的 3 门科目的累积分数来录取。考试分数越高，学生进入首选机构的机会就越大（学生可以申请多所学校）。一般来说，各高等学校要求的标准分数为所考科目总分数，如：2018 年胡志明师范大学师范数学专业的标准分数为 24 分（数学、物理、化学 3 门课考试的总分数），学生每门课平均分数要达到 8 分才能被录取。如果学生有 1 门课的分数为零，那么即使总分数高于标准分数，该学生也不能被录取。

教育部设定的大学入学最低门槛为 15 分，但要求因机构而异，并且通常更高，著名的大学一般要求 25—29 分。初级学院的分数要求通常比大学低（官方的最低门槛分数为 12 分）。

表 3　越南高等教育学校类型与对应的招生考试

高等教育专业类型	相关考试
初级专科学校	ĐTB/ 高中毕业考试
公立高等学校	高中毕业考试
需要特殊技能的高等学校（音乐学院本科周期内，国立音乐学院 / 音乐学院不需要中心考试成绩）	高中毕业考试
技术、艺术和设计、旅游学院的高等学校	高中毕业考试 / 高等教育考试
私立高等学校	ĐTB/ 高中毕业考试

（二）学制与学位授予制度

学生在完成3年制大学（高等初级专科学校）学业后，将获得初级专科学位或副学士学位；完成4年制大学学业后则获得学士学位。

建筑、兽医和药学专业学制为5年；医学专业学制为6年。药学、兽医、医学3个专业的本科毕业生在毕业后可以继续学习专业知识类型学位。

表4 越南大学学生成绩评价新旧等级对比

旧数字量表	新等级表	评价
8.5—10	4（A）	优秀
7—8.4	3（B）	好
5.5—6.9	2（C）	一般
4—5.4	1（D）	较差
0—4	0（F）	差

二、研究生教育制度

（一）入学制度

1. 硕士研究生入学

越南的硕士研究生入学考试由各高等教育机构自主命题。只有获得全日制学士学位的学生才有资格申请参加硕士入学考试，继续学习2年的硕士课程。医科专业硕士研究生按专业知识学位分为专科一和专科二两个阶段考试，学生获得专业知识学位后可以参加博士考试，通过后继续深造。

2. 博士研究生入学

各高等教育机构自主设定博士招生的形式，通常有组织博士生入学考试和审查申请者本科及硕士期间研究成果两种方式来考查学生的学术能力。

（二）学制与学位授予制度

1. 硕士

硕士研究生需具备一定的专业知识，拥有发现与解决问题的能力。硕士研究生培养时间通常为 2 年，可延期到 3 年。硕士研究生需要经过课程学习、撰写毕业论文并通过答辩才能毕业，毕业后获得硕士学位证书。

2. 博士

博士研究生需具备高水平的理论和实践能力，拥有创新能力和独立研究能力，拥有专业科学研究的指导能力。博士研究生培养时间通常为 4 年，可延期到 5 年。学生在博士阶段毕业后将被授予博士学位。

第四节　高等教育机构类型

越南的高等教育系统分为普通高等教育和高等职业教育。普通高等教育机构包括大学和学院，高等职业教育机构包括高等师范学院和高等职业学院。大学和高等师范学院由教育和培训部管理。越南有 170 所国立大学和 65 所私立大学（共 235 所大学），33 所高等师范（全为公立）。高等职业学院由社会劳动与荣兵部管理，共有 201 所。

1. 国立大学

国立大学学费低于其他类型大学，学生按学分交费。只有通过全国高中毕业考试的学生才有机会进大学深造，顺利完成 4 年大学课程的学生可获得学士学位。

2. 私立大学

越南的私立机构拥有开设大学的权力。大部分私立大学的组织机构和国立大学相同，大多数私立大学都重视国际活动和国际培训合作，有些特殊的私立大学也采用英语授课。私立大学的收费较为昂贵，但同时也为贫困学生设置了数额可观的助学金。

表 5　越南大学排名

大学名称	QS 排名	ARWU 排名	U.S. News 排名	THE 排名
越南国立大学（胡志明市）(Vietnam National University, Ho Chi Minh City)	701—750		1176	1001+
越南国立大学（河内）(Vietnam National University, Hanoi)	801—1000		1059	801—1000
孙德胜大学（Ton Duc Thang University）		901—1000		
河内科技大学（Hanoi University of Science and Technology）				801—1000

参考文献

中文部分

[1] 中华人民共和国外交部：《越南国家概况》，2019 年 1 月 15 日，见 https://www.fmprc.gov.cn/web/gjhdq_676201/gj_676203/yz_676205/1206_677292/1206x0_677294/。

外文部分

[1]Stefan Trines, Education in Vietnam, 2017-11-8, https://wenr.wes.org/2017/11/education-in-vietnam.

[2]United Nations Development Programme,Human Development Reports - 2018 Statistical Update – Chinese, 2019-12-9, http://www.hdr.undp.org/sites/default/files/2018_human_development_statistical_update_cn.pdf.

[3]worldometers, Vietnam Population (LIVE), https://www.worldometers.info/world-population/vietnam-population/.

[4]MINISTRY OF EDUCATION AND TRAINING, http://en.moet.gov.vn/Pages/home.aspx.

第十二章　孟加拉国

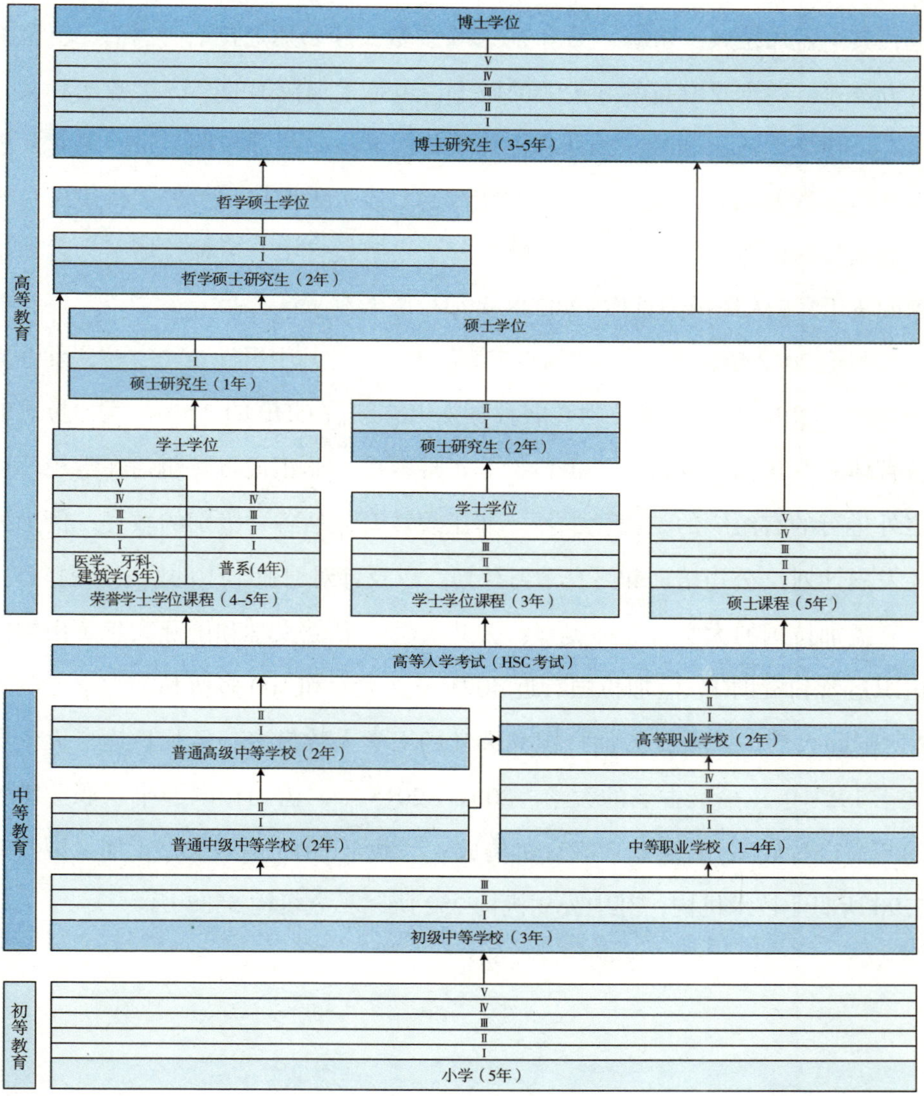

高等教育
博士学位
V
IV
III
II
I
博士研究生（3-5年）
哲学硕士学位
II
I
哲学硕士研究生（2年）
硕士学位
I
硕士研究生（1年）
学士学位
V
IV
III
II
I
医学、牙科、建筑学(5年)
IV
III
II
I
普系(4年)
荣誉学士学位课程（4-5年）
II
I
硕士研究生（2年）
学士学位
III
II
I
学士学位课程（3年）
V
IV
III
II
I
硕士课程（5年）
高等入学考试（HSC考试）
中等教育
II
I
普通高级中等学校（2年）
II
I
高等职业学校（2年）
II
I
普通中级中等学校（2年）
IV
III
II
I
中等职业学校（1-4年）
III
II
I
初级中等学校（3年）
初等教育
V
IV
III
II
I
小学（5年）

第一节　导言

孟加拉国，全称为孟加拉人民共和国，位于南亚。孟加拉国总人口约1.6亿，其中孟加拉族占98%，另有20多个少数民族。孟加拉语为国语，英语为官方语言。达卡是其首都和最大的城市，也是孟加拉国的经济、政治和文化中心。伊斯兰教为国教，穆斯林占总人口的88%。孟加拉国是世界第4大穆斯林占多数的国家，孟加拉穆斯林在政治上占主导地位。虽然承认伊斯兰教是孟加拉国的既定宗教，但宪法赋予每个人宗教自由。孟加拉塔卡为孟加拉国的货币，1人民币约兑换12.4238孟加拉塔卡。

截至2018年，孟加拉国的识字率为72.9%，其中男性为75.7%，女性为70.09%。2018年，孟加拉国政府教育支出总额占GDP的2.5%。孟加拉国的教育体系既包括正规教育，也包括非正规教育。非正规教育包括在学校环境之外进行的有组织的结构化学习。非正规教育包括各种级别的教育，例如人才发展计划、公司培训和终身学习计划，以及针对肄业学生的培训计划。

孟加拉国的大学有3种类型：公共大学、私立大学和国际大学（由国际组织运营和资助）。孟加拉国有近40所公立大学和100多所私立大学，以及2所国际大学。其中，孟加拉国立大学的入学人数最多。孟加拉达卡大学成立于1921年，是最古老的大学。2001—2015年，孟加拉国迎来了职业教育的“黄金时代”，大量职业教育机构成立。截至2015年年末，孟加拉国共有5790所职业技术机构，其中公立机构252所，私立机构5538所。

第二节　中等教育制度

一、中等教育类型

在孟加拉国，学生完成小学教育后，可选择3种教育类型进行升学：普通教育、宗教教育和职业技术中学教育。中学教育持续7年，包括3个阶段：初级中学（六至八年级）、中学/中级中学（九至十年级）、高级中学（十一至十二年级）。学生也可以在完成初级中学学习以后，通过职业学校考试升入职业技术学校学习。

（一）初级中等学校

孟加拉国初等教育为5年，学生通过统一的小学毕业证书考试（Primary School Certificate，简称PSC）后可以进入初级中等学校继续学习。初级中等学校学制为3年。初级中等学校一般分为公立学校和私立学校。公立学校学费比私立学校便宜，然而教育质量和教学设施不如私立学校。在初级中等学校，学生主要学习数学、化学、社会科学、计算机科学和技术等课程。学生毕业时需要参加初级中等学校毕业证书（Junior School Certificate，JSC）考试。

（二）中级中等学校

1. 普通中级中等学校

在中级中学阶段，学生会分为3个方向：理科、商业、人文艺术。完成中级中等阶段教育（九至十年级）后，学生将统一参加中级中等学校毕业证书（Secondary School Certificate，SSC）考试，根据学生中学毕业证书成绩和平时成绩决定其是否有资格升入高级中学。

2. 中等职业学校

孟加拉职业教育的形式有很多，主要包括基础培训项目、证书培训、文凭培训和学位培训几种层次。学生需要完成初级中等学校阶段的教育才能进入职业中学（证书培训）阶段，学生在中等职业学校学习 2 年后，会获得国家技能标准三级证书。

在中等职业技术教育中，学生一般将学习为期 1—2 年的证书课程，以及孟加拉国社会服务部批准的文凭课程。商业文凭课程为 2 年，护理及工程文凭课程为 4 年。持有工程文凭的人士，可获免修读有关学科的高等教育课程的特权，最长可免修 6 个月的学分。中等职业学校的毕业生也需要参加 SSC 考试，毕业后可以选择升入普通高级中等学校或者高等职业学校。

（三）高级中等学校

1. 普通高级中等学校

在高级中学阶段，学生可以从人文学艺术、理科、商业方向中进行选择。同时，学生会分为 2 种类型：自学学生（Private student）、常规学生（Regular student）。常规学生需要每天去上课，自学学生不用参加学校安排的课程学习，只需参加学期末考试。通过高级中等学校毕业证书（Higher Secondary Certificate，HSC）考试并顺利毕业的学生最终将获得高级中等学校毕业证书（HSC）。学生也可以选择就读职业科目，并获得职业（商科）HSC 或商业管理 HSC（后者由技术教育委员会负责）。但是，拥有职业（商科）HSC 或商业管理 HSC 的学生，只有在相关学科和机构希望录取相关学生的情况下，才有可能获得高等教育入学机会。

2. 高等职业学校

中等职业学校的毕业生完成 SSC 考试后，可以进入高等职业学校学习；没有达到普通高级中等学校入学要求的普通中级中等学校毕业生也可以选择进入高等职业学校学习。完成 2 年的学习后，学生将获得高级职业证书。毕业后学生可以选择就业，也可以选择继续攻读学士学位。

二、中等教育毕业制度

（一）普通中等学校

在经过 2 年的高级中等教育后，毕业生必须参加由教育委员会举办的公开考试，即高级中等学校毕业证书考试（HSC 考试），以获得继续接受高等教育的资格。该考试由达卡、拉吉沙希、杰索尔、科米拉、吉大港、西尔赫特和巴里萨尔等 11 个中级和中等教育委员会（BISE）管理。

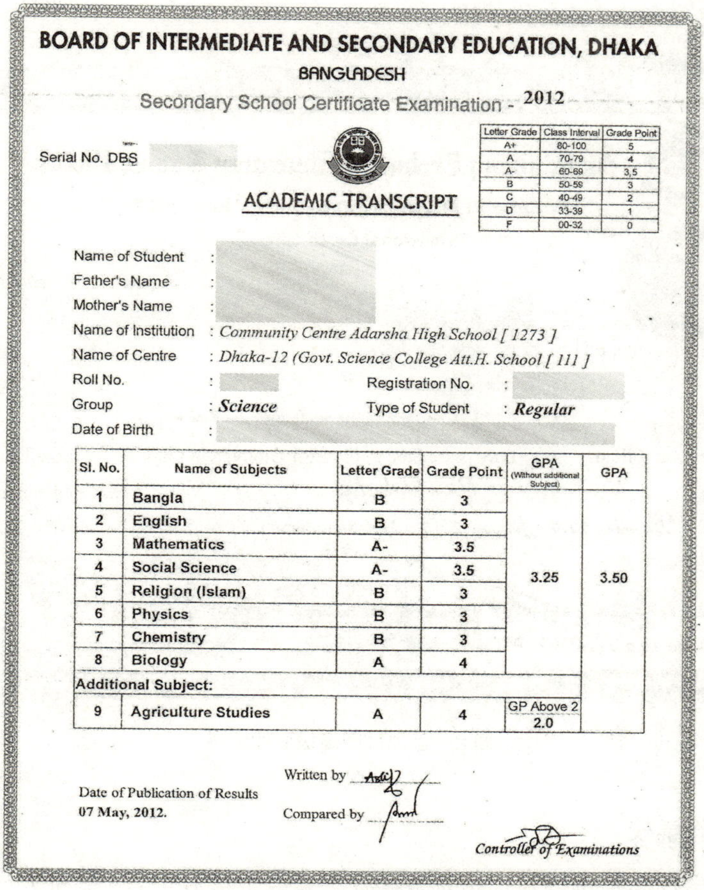

BOARD OF INTERMEDIATE AND SECONDARY EDUCATION, DHAKA

BANGLADESH

Secondary School Certificate Examination - 2012

Serial No. DBS

Letter Grade	Class Interval	Grade Point
A+	80-100	5
A	70-79	4
A-	60-69	3.5
B	50-59	3
C	40-49	2
D	33-39	1
F	00-32	0

ACADEMIC TRANSCRIPT

Name of Student :
Father's Name :
Mother's Name :
Name of Institution : *Community Centre Adarsha High School [1273]*
Name of Centre : *Dhaka-12 (Govt. Science College Att.H. School [111]*
Roll No. : Registration No. :
Group : ***Science*** Type of Student : ***Regular***
Date of Birth :

Sl. No.	Name of Subjects	Letter Grade	Grade Point	GPA (Without additional Subject)	GPA
1	Bangla	B	3	3.25	3.50
2	English	B	3		
3	Mathematics	A-	3.5		
4	Social Science	A-	3.5		
5	Religion (Islam)	B	3		
6	Physics	B	3		
7	Chemistry	B	3		
8	Biology	A	4		
Additional Subject:					
9	Agriculture Studies	A	4	GP Above 2 2.0	

Date of Publication of Results
07 May, 2012.

Written by
Compared by

Controller of Examinations

图 1　孟加拉国高中毕业成绩单

（二）其他中等学校

1. 职业学校

学生在中等职业学校学习 2 年顺利毕业后，会获得职业中级中等学校毕业证书（Vocational Secondary School Certificate，简称 Vocational SSC、职业 SSC），同时获得进入高级中等职业教育学校的资格。在高级中等职业学校，学生主要学习商业文凭或工程文凭相关的课程，毕业后学生会获得相关方向的文凭和高级职业证书。如通过 HSC 考试，学生还可以继续攻读学士学位。高级职业证书如图 2 所示。

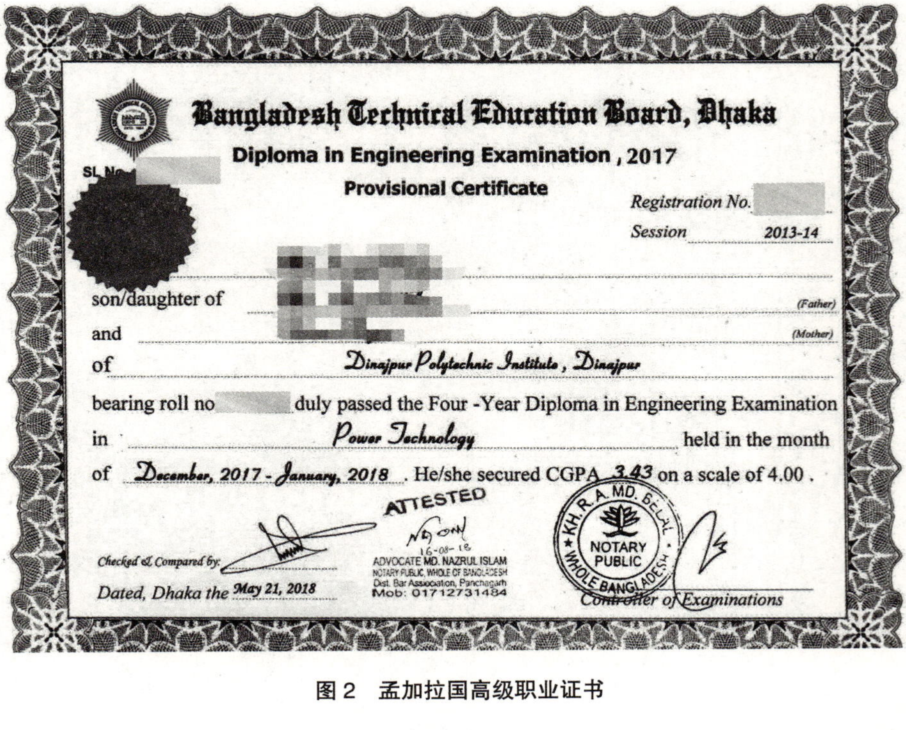

Bangladesh Technical Education Board, Dhaka

Diploma in Engineering Examination, 2017

SL No.

Provisional Certificate

Registration No.

Session 2013-14

son/daughter of (Father)

and (Mother)

of Dinajpur Polytechnic Institute, Dinajpur

bearing roll no duly passed the Four -Year Diploma in Engineering Examination

in Power Technology held in the month

of December, 2017 - January, 2018. He/she secured CGPA 3.43 on a scale of 4.00.

ATTESTED

16-08-18

ADVOCATE MD. NAZRUL ISLAM

NOTARY PUBLIC, WHOLE OF BANGLADESH

Dist. Bar Association, Panchagarh

Mob: 01712731484

KH. R. A. MD. BELAL NOTARY PUBLIC WHOLE BANGLADESH

Checked & Compared by:

Dated, Dhaka the May 21, 2018

Controller of Examinations

图 2　孟加拉国高级职业证书

2. 宗教学校

宗教学校学生可以参加由宗教学校教育委员会和伦敦 / 剑桥大学分别举办的 Alim 和“A-level”考试，以获得继续教育的资格。

第三节 高等教育制度

一、大学教育制度

（一）入学制度

学生想要升入高等教育系统需要通过高中毕业证书考试（HSC 考试）。HSC 考试在每年二三月份或者是三四月份举行。高等教育机构还会根据高级中学证书或平均绩点（GPA）来决定是否录取学生，这项考核通常与 HSC 考试成绩结合在一起。考试内容由必修科目孟加拉语、英语和信息通讯技术，以及文学艺术、理科、商业方向的必考和选考科目组成。

每年大约有 95% 通过 HSC 考试的学生无法进入他们首选的大学。因为考试合格学生的数量远多于录取的名额。因此高等教育机构也增加了一些额外的标准，申请人除了需要提供 SSC 和 HSC 成绩，还必须参加所申请学校的大学入学考试。其中入学考试占 70%，也就是 70 分；SSC 和 HSC 考试占 30%，也就是 30 分。在入学考试的 70 分中，答对一道题，申请人获得 1.0 分；答错一道题，扣除 0.25 分。学校会按照这两部分成绩将学生分为优等生和候补生。

（二）学制与学位授予制度

孟加拉国的教育系统包括各种学士学位课程，学制从 3 年到 5 年不等，本科阶段的学位分为荣誉学士学位（Honor Bachelor Degree）和学士学位（Pass Bachelor Degree）。

孟加拉公立大学和私立大学都可以提供本科阶段的学士学位，大学主要提供 4 年的荣誉学士学位课程。文学学士、理学学士、工学学士和农业学士学位为 4 年制，医学、牙科和建筑学学士学位为 5 年制，学生毕业后可攻读 1 年制的硕士学位课程；学院（大部分隶属于国立大学）虽然也可以提供荣誉学士学位课程，但主要提供3年制的学士学位课程，学生3年制本科毕业后，可以攻读2年制的硕士学位。师范学院提供1年制教育学士学位课程，体育学院则提供体育学士学位课程。另外，学生申请攻读2年制法律学位则需要先通过法律入学考试。

二、研究生教育制度

（一）入学制度

1. 硕士研究生入学

一般只有公立大学设立硕士专业。学生从高中毕业后，有3种途径可以获得硕士学位。第一种，可以选择直接读5年硕士（本硕连读）；第二种，获得4年制的荣誉学士学位后，再继续攻读1年的硕士；第三种，获得3年制的学士学位后，再继续攻读2年硕士。

2. 博士研究生入学

孟加拉国的哲学博士学制为3至5年，要求申请人在攻读哲学硕士或科学硕士/工程硕士时的GPA不低于2.75。有些学科需要申请人是优秀毕业生，GPA至少3.0。

（二）学制与学位授予制度

1. 硕士

文学硕士和理学硕士通常为1年制，要求学生修满32学分（8个单元）。学生可以选择有期末考试或没有期末考试的课程。

工程硕士和科学工程硕士通常为2年制。工程硕士需要修满课程作业的30学分和硕士期间项目的6学分；科学工程硕士需要修满课程作业的18学分（占50%）和毕业论文的18学分（占50%）。

2. 哲学硕士

哲学硕士一般学制为 2 年，学习过程以研究为主。申请毕业需要 1 年的课程作业、1 篇书面报告、年底的口头考试以及 1 份期末报告。哲学硕士首先需要完成本学科的考试、理论学习和相关研究，然后在导师指导下选择研究项目。在进行研究项目过程中，他们需要根据研究领域进行两次研讨会。完成两次研讨会后，学科主管对整个研讨会进行评估，评估后发送到教育部做最终评估。所有的报告都通过后，学生会被通知进行答辩。如果学术委员会批准其毕业，才会为其颁发硕士学位。

3. 博士

博士的毕业要求与哲学硕士是一致的。在孟加拉国完成哲学硕士和博士课程是一个非常漫长的过程。通常情况下，获得学位需要 7—10 年。

第四节　高等教育机构类型

1. 公立大学

孟加拉国有近 40 所公立大学。这些大学由政府资助，同时作为自治组织进行自主管理。在达卡分部有大概 30 所公立大学，其中 8 所大学位于达卡市。吉大港分部有 7 所公立大学，库尔纳分部有 4 所，拉杰沙希分部有 3 所。公立大学主要提供 4 年制的荣誉学士学位，也为学生提供继续攻读硕士和博士的机会。

孟加拉国的大学隶属于大学教育委员会（University Grants Commission，UGC），该委员会是根据孟加拉人民共和国政府的总统令（1973 年第 10 号法令）设立的。大多数大学专注于一般性研究，将商业、工程和技术等研究领域混合在一起。

2. 私立大学

在1992年“私立大学法”制定后，孟加拉国出现了大量的私立大学。12所大学最近获得了UGC的批准，但尚未开始运作。目前，孟加拉国已经有超过100所私立大学。

大多数私立大学都在达卡分部，总共51所。达卡有2所从事专门研究的私立大学，一所专门研究科学和技术，一所专门从事妇女研究，其他的私立大学为普通大学。

孟加拉大部分私立大学不提供硕士阶段的教育。私立大学主要负责提供教学，不做专门的学科研究。目前，私立大学是拉动孟加拉高等教育经济的重要组成部分。

3. 职业技术学院（专业学院）

孟加拉技术教育局（Directorate of Technical Education，DTE）负责本国技术和职业教育。技术教育涵盖农业、工程、医药、纺织、皮革技术等，大多与技术和工程相关。学制从1个月到4年不等。孟加拉国工程和技术大学是孟加拉最早的职业技术大学，也是最顶尖的职业技术大学之一。2015年孟加拉进行了职业技术教育改革，建立了国家技术与职业教育资格框架（NTVQF）。

第一个层次基础培训项目（Basic Training Program），也称为行业基础课程（Basic Trade），学生完成八年级的学业后才能进入基础培训课程学习。基础培训主要由技术培训中心（Technical Training Centers，TTCs）、技术学校和学院（Technical School and Colleges，TCS）、职业技术学院（Polytechnic Institutes）、私立机构以及一些非政府组织承担。培训内容涵盖61个行业领域，教学持续3到6个月，包括实践技能训练和部分理论学习。

第二个层次是证书培训项目（Certificate Training Program），主要涵盖中等教育阶段的中级中学证书（职业类）和高级中学证书（职业类）课程。学生进入中学证书（职业类）阶段学习2年后，可以获得国家技能标准三级证书。完成中级中学证书学习后，学生可以进入 2 年制的高级中学证书（职业类）阶段学习。完成此学习后，学生可以获得进入高等教育学习的资格和国家技能标准一级证书。

第三个层次是文凭课程（Diploma Courses），学生获得普通类和职业类中学证书后均可进入单科或多科的职业技术学院（Polytechnic）进行文凭课程阶段的学习。文凭课程专业涵盖计算机、电子技术等 28 个技术领域，主要培养文凭工程师（Diploma Engineers），学习时间持续 4 年（8 个学期），其中 1 个学期为产业实践，以增强学生的实践能力。学生获得工程师文凭后，可以直接就业，也可以升入孟加拉国工程技术大学（BUET）或其他私立大学攻读工学学士学位，之后可以就业或继续攻读工程或技术硕士、博士学位。

各阶段学习内容均由由孟加拉国技术教育委员会（Bangladesh Technical Education Board，BTEB）负责开发、认证和考核。职业技术学院的部分实践考核自己负责执行，并邀请相关行业和部门的专家参与。

孟加拉国还有许多社会组织和公私立机构提供的非正规职业培训。非正规职业培训由各行业部委直接管理，面向市场需求开展，不经孟加拉国技术教育委员会认证。课程一般持续 1—12 个月不等，根据市场需求选择培训内容，项目灵活，满足就业能力需求。

表 1　孟加拉国大学排名

大学名称	QS 排名	ARWU 排名	U.S. News 排名	THE 排名
孟加拉国工程技术大学（Bangladesh University of Engineering and Technology）	801—1000			
达卡大学（University of Dhaka）	801—1000		1316	1001+

参考文献

中文部分

[1] 王琪、肖剑：《孟加拉国职业教育：发展现状与未来趋势》，《中国职业技术教育》2018 年第 30 期。

[2] 中华人民共和国外交部：《孟加拉国家概况》，2020 年 4 月 3 日，见 https://www.fmprc.gov.cn/web/gjhdq_676201/gj_676203/yz_676205/1206_676764/1206x0_676766/。

外文部分

[1]Ministry of Education, Secondary and Higher Education Division, https://moedu.gov.bd/.

[2]CENTRAL INTELLIGENCE AGENCY, THE WORLD FACTBOOK, https://www.cia.gov/library/publications/the-world-factbook/geos/bg.html.

[3]THE World Bank, Government expenditure on education, total (% of GDP), https://data.worldbank.org/indicator/SE.XPD.TOTL.GD.ZS.

第十三章　法国

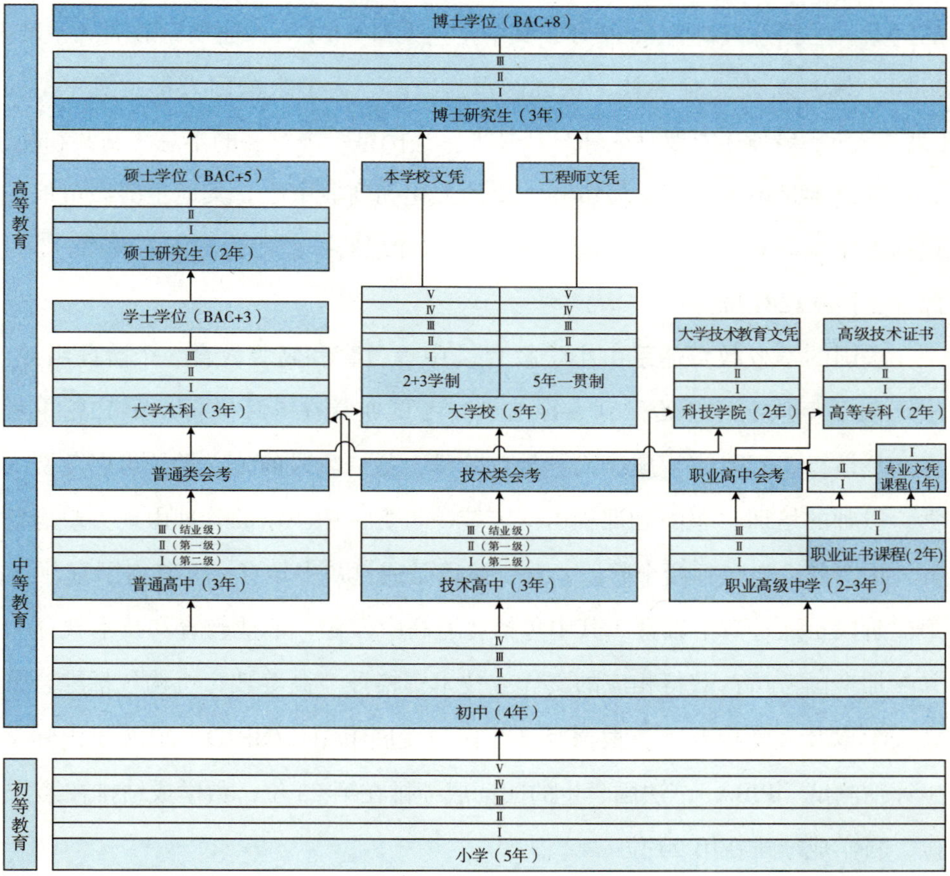

高等教育
博士学位（BAC+8）
Ⅲ
Ⅱ
Ⅰ
博士研究生（3年）
硕士学位（BAC+5）
本学校文凭
工程师文凭
Ⅱ
Ⅰ
硕士研究生（2年）
学士学位（BAC+3）
Ⅴ
Ⅳ
Ⅲ
Ⅱ
Ⅰ
2+3学制
5年一贯制
大学校（5年）
Ⅲ
Ⅱ
Ⅰ
大学本科（3年）
大学技术教育文凭
Ⅱ
Ⅰ
科技学院（2年）
高级技术证书
Ⅱ
Ⅰ
高等专科（2年）
中等教育
普通类会考
技术类会考
职业高中会考
专业文凭课程(1年)
Ⅲ（结业级）
Ⅱ（第一级）
Ⅰ（第二级）
普通高中（3年）
技术高中（3年）
职业证书课程(2年)
职业高级中学（2–3年）
Ⅳ
Ⅲ
Ⅱ
Ⅰ
初中（4年）
初等教育
Ⅴ
Ⅳ
Ⅲ
Ⅱ
Ⅰ
小学（5年）

第一节 导言

法国，全称为法兰西共和国，是一个领土包括法国本土和一些海外地区的国家。法国总人口为6699万，其中本土人口6481万。主要宗教有天主教、伊斯兰教、新教、犹太教。官方语言为法语。大多数法国人都是凯尔特人（高卢人），另外还有罗马人和日耳曼人。法国是一个统一的半总统制共和国，其首都巴黎是该国最大的城市和主要的文化和商业中心。其他主要城市地区包括里昂、马赛、图卢兹、波尔多、里尔和尼斯。欧元为法国的货币，1人民币兑换0.1281欧元。

法国的学校教育体系由小学教育、中等教育和高等教育3个阶段组成。法国的学年从9月开始，到6月结束。考试通常在6月举行，第二轮重考在9月举行。6至16岁属于义务教育阶段，这一阶段的公立学校可以免费入学。教师的培训、报酬和课程由国家统一负责，中小学的管理由地方政府监督。中等教育也包括两个阶段，第一阶段是通过初中教育，并获得国家证书；第二阶段是通过高中教育（其中包括普通高中教育、职业教育和技术教育），并参加全国考试，获得相应的文凭或技术资格证。高等教育机构包括综合公立大学以及大学校两种。根据经济合作与发展组织（OECD）2018年国际学生评估测试（PISA），法国学生的阅读成绩排在第23位，数学成绩排在第25位，科学成绩排在第24位。

与其他国家相比，法国高等教育的一个显著特点是规模小，但种类繁多，每个机构都拥有广泛的研究领域。一个中等规模的法国城市，如格勒诺布尔或南希，可能拥有2到3所大学，还有一些工程和其他专业高等教育机构。在巴黎及其郊区有13所大学，还有大量规模较小的高等院校。研究生教学计划（硕士学位、博士学位课程部分等）通常由多个机构共同运作，允许各机构提供更多种类的课程。由于高等教育由国家资助，因此学习费用很低。根据大学和不同的教育水平，学费从150欧元到700欧元不等。此外，来自低收入家庭的学生可以申请奖学金，每月可获得高达450欧元的月津贴。

第二节 中等教育制度

一、中等教育类型

法国的高级中学主要有3种类型，分别是普通高中、技术高中和职业高中。

普通高中和技术高中分为3个年级。一年级称为第二级，二年级称为第一级，三年级称为结业级。普通类学生毕业后参加普通类会考。普通类会考分为3组：文学组；经济、社会组；科学组。技术类学生毕业后参加技术类会考。技术类会考分为8组：实验室科技组；工业发展科技组；设计及应用美术科技组；企业及财经管理科技组；卫生与社会科技组；音乐及舞蹈技术组；旅馆管理组；农业科技组。

职业高级中学提供职业课程，包括3年制课程，学生毕业后参加职业高中会考，可直接就业，也可继续进入2年制高等专业技职教育课程（BTS）。职业高级中学另有2年制课程，学生结业后考取职业能力证书（CAP）。获得CAP后，学生可就业或以1年时间选修专业文凭（MC），也可再以2年时间准备职业类会考，如欲准备技术类会考，则升至“调试高二班”。职业高级中学原有的2年制职业教育文凭课程（BEP），现多已并入职业高中，更新为3年课程。职业教育的各级文凭也可以在职业训练中心（CFA）准备应考。

二、中等教育毕业制度

法国中学毕业会考（简称 BAC，详见高等教育制度），是获取高中学历证书的考试，绝大多数中学生在高中最后一年都要参加毕业会考。BAC 分为一般类、技术类和职业类，其中一般类考试包括 3 种，即自然科学、社会科学以及人文科学，分别对应 3 种不同的高等教育的研究方向。

第三节　高等教育制度

一、大学教育制度

（一）入学制度

依照法国的教育体制，中等教育最终由高中会考证书（BAC）予以认可。在法国，学生一旦通过高中会考并取得高中会考证书，即意味着有资格进入高等教育阶段，BAC 也因此成为法国中、高等教育的分界线，在法国具有特殊重要的地位。如前所述，目前法国主要有普通、技术和职业 3 大类会考。普通和技术类会考于每年 6 月举行，考试时间因科目及考试形式不同而各异，笔试有 1—4 小时不等，口试一般要 20 分钟，动手操作考试要 1—1.5 小时。口试分为 3 个阶段，准备阶段 30 分钟、个人陈述 10 分钟、问答 10 分钟。每门科目的成绩实行 20 分制，最后平均及加权得出总成绩，学生总成绩高于 10 分就可以取得会考文凭。文凭分为优秀（大于 16 分）、好（14 分到 16 分）、良（12 分到 14 分）、无评语 4 类，不标注具体分数。成绩在 8—10 分的学生可在 7 月参加补考。

ACADÉMIE : LILLE
BACCALAURÉAT GÉNÉRAL

SESSION : Juin 2017 SERIE: ES
SPÉCIALITÉ : ECONOMIQUE ET SOCIALE
Ens.specia. MATHEMATIQUES

Nom de naissance :
Nom d'usage :
Prénoms :
Né(e) le :
à : THIONVILLE (057)
Pays :
N° national (BEA) :
Établissement : LA HAYE VAN GOGH
AA DEN HAAG PAYS BAS
Matricule :
Centre :

RELEVÉ DE NOTES 663

MAURITS DE BRAUWEG 26

2597 KD DEN HAAG

ÉPREUVE 1er GROUPE					DISCIPLINE	2ème GROUPE			1er GROUPE + 2ème GROUPE		
NOTE /20	OBTENUE EN ACA		COEFF.	POINTS		NOTE /20		COEFF.	POINTS 1er GROUPE	POINTS 2e GROUPE	POINTS RETENUS
11	2016	09	2	22	FRANCAIS ECR.			2*			
13	2016	09	2	26	FRANCAIS ORAL			2			
14	2016	09	2	28	SCIENCES			2*			
15			5	75	HIST.GEOG.			5*			
16			7	112	MATHEMATIQUES			7*			
13			7	91	SC.ECO.&SOC.			7*			
18			3	54	L.V.E. 1 ANGLAIS			3*			
19			2	38	LANGUE VIV. 2 ALLEMAND			2*			
16			4	64	PHILOSOPHIE			4*			
18			2	36	ED.PHYS.SPORT APTE-CCF			2			
15	2016	09		10	TRAV PERS ENC EPR.FACULTAT.						
17				14	EV.SP SEC E/O						
20				10	NEERLANDAIS						
17	POUR	INFO	**	**	EVALUAT.SPEC. ANGLAIS						
		TOTAL	36	580			TOTAL	36		TOTAL	
			MOYENNE SUR 20	16.11						MOYENNE SUR 20	

BACRN17SGA (17/10/2016)

BARÈME

TOTAL 1er groupe	288	360	432	504	576
TOTAL 2e groupe	288	360			
MOYENNE	8/20	10/20	12/20	14/20	16/20

Pour le Recteur et par délégation,
Le Secrétaire Général de l'Académie
Par délégation, la Cheffe du Département
des Examens et Concours

Sophie NEYRINCK

ACADÉMIE DE LILLE

DÉCISION JURY: 1ER GROUPE ADMIS MENTION TRES BIEN
SECTION EUROPEENNE ANGLAIS

Pour le candidat déclaré admis, le document vaut ce que de droit, jusqu'à délivrance du diplôme.
Nota: Il ne sera pas délivré de duplicata de ce document ; en cas de besoin faire des photocopies.

图 1 法国高中文凭(含 BAC 成绩)

长期以来，法国的综合公立大学、大学校和科研机构三足鼎立，在高等教育和科研领域各自承担着不同的角色。综合公立大学和大学校属于长期高等教育，前者承担着法国大众高等教育的任务，后者是法国传统的精英教育模式。法国高中毕业生通过全国会考（BAC）后，可以直接进入普通大学接受高等教育，或者进入短期高等教育体系，如大学技术学院（IUT）和高等技术员班（BTS）。只有优秀学生可以进入大学校的预科，经过 2 年的专门培养，再参加竞争激烈、淘汰率高的竞考（Concours），通过者才可根据成绩双向选择，然后进入大学校就读。法国的大学校，包括国家行政管理学院、高等工程师学院及各类商学院，学校实行资质管理，规模小，教学质量高，教学形式灵活多样。

此外，法国还有一类高等专业学校，其法律性质和管理体制与大学相近，唯一的区别是在招生上采取选拔性考试的形式。这些学校主要根据学生在大学校预科班的结业成绩来选拔学生，如法国中央工艺美术学院（ECAM）、法国社会科学高等学院（EHESS）等。

（二）学制与学位授予制度

1. 综合公立大学的学制与学位授予制度

法国现行的高等教育体系是与国际接轨的LMD教育制度，即学士（Licence）—硕士（Masteur）—博士（Docteur）三级学位架构，这一结构以获得高中会考证书（Bac）后的有效学习年限作为参照，来表述高等教育的学历等级：BAC+3年=学士学位（Licence）(180个欧洲学分)，BAC+5年=硕士学位（Master）(300个欧洲学分)，BAC+8年=博士学位（Docteur），因此也称“358”学制。

本科教育是法国高等教育的第一阶段，学生在完成180 ECTS（全称为European Credit Transfer and Accumulation System，中文翻译是欧洲学分转移和累积系统，又译为欧洲学分互认体系）学分（3年）的大学课程后获得大学基础文凭，相当于我国的学士学位。

2. 大学校的学制与学位授予制度

大学校是培养高级工程技术人员及其他各类人才的高等教育机构，相当于BAC+5年。大学校的学制又分为2类，大多为2+3学制，学生在获得高中毕业会考证书后，经过严格的考试，成绩合格者进入预科班学习，预科班通常设在重点高中内（预科班虽然设在高中，但实际上进行的是高等教育），学生学习两年后还要经过严格的不同类型的考试，成绩合格者才能进入大学校学习，学生毕业后被授予本学校的文凭。另一类大学校为5年一贯制，前两年实际上与大学校预科班相似，主要是对学生进行高强度的数理化及计算机基础训练，5年毕业后获得工程师文凭。

3. 短期高等教育学制与学位授予制度

短期高等教育，主要包括科技学院和高等专科班，二者均为2年制。短期高等教育作为比较有效的职前培训，可为学生提供足够的科学与文化知识，以适应职业变革的需求，因此其毕业生比较受欢迎，就业状况较好。在大学科技学院毕业的学生获得“大学技术教育文凭（DUT）”，在高等专科班毕业的学生获得“高级技师证书（BTS）”。

二、研究生教育制度

（一）入学制度

1. 硕士研究生入学

拥有学士学位的学生都可以申请继续攻读硕士学位，各硕士招生单位自行招收学生。

2. 博士研究生入学

持有国家硕士学位证书或者其他被授予硕士学位、工程学位证书或者同等学位证书的学生，有资格继续申请攻读博士学位。申请攻读博士学位的过程为：由博士生提出申请，经博士生学部主任批准，由论文导师和研究单位主任确认，最终录取博士生。博士毕业论文章程由博士生、论文导师、博士生学院院长、主办单位或团队负责人共同签署。

（二）学制与学位授予制度

1. 硕士

硕士课程是法国高等教育的第二阶段，持续时间为2年（120 ECTS），由一个基础年（M1）和之后由学生选择的两个方向之一构成，两个方向分别为研究型硕士和专业型硕士，两个方向的等级层次相同。

硕士学位可以由国家大学系统及以外的机构授予，目前已经有许多由大学校提供工程学硕士学位的案例，拥有大学校工程师职称的毕业生即获得硕士研究生学位。

2. 博士

学生在完成第三阶段的学习并完成博士论文的公共答辩后可以获得博士学位，博士课程的最短持续时间为 3 年。

第四节　高等教育机构类型

法国的高等教育机构主要分为综合公立大学和大学校两种。综合公立大学的入校不需要经过选拔，拥有法国高中毕业证（BAC）的学生有权利选择进入任何一所综合公立大学进行学习。而想要进入大学校的学生则需要在高中毕业后经过 2 年严格的大学校预科，然后顺利通过竞考（Concours）才能进入大学校读书。法国只有 5%—7% 的优秀学生能够成功地升入大学校。另外，大学科技学院（IUT）里成绩非常优秀的学生也有机会转入大学校学习，但如果想转入好的大学校，常常需要成绩达到年级前 3 名，甚至是第 1 名。

一般来说，BAC（法国高考）过后，法国本土的高中毕业生会选择下面几种方式来继续他们的学业：

1. 普通综合公立大学（如卡昂大学、洛林大学等）

2. 科技学院

学生在科技学院完成 2 年的学习，将获得阶段性文凭 DUT 文凭，拿到 DUT 文凭后可以选择进入大学继续读第三年并获得本科文凭，后续也可以继续攻读硕博学位；成绩优秀的学生也可以申请进入工程师学院，从第三年读起，经过 3 年的培养获得工程师及硕士文凭。

3. 预科及大学校

法国大学校创办于 18 世纪 40 年代，又称“法国高等专业学院”“法国高等专门学校”等，是与法国公立大学并列的高等教育机构。主要包括工程师学校（203 所）、高等师范学校及研究机构（17 所）、高等商业经济管理学校等。大学校是法国高等教育双轨制的其中一轨，承担着法国的精英教育，为法国培养了一批又一批的精英人才，为其社会经济发展做出了重要贡献。

一般来讲，选择进入大学校预科班的学生在高中阶段就拥有很好的基础，预科班对 BAC 的分数要求很高。选择预科 2 年后，学生可以参加选拔考试来进入大学校。

4. 高等专科班

高等专科班学制为 2 年，学生修业后获得 BTS 文凭，可以就业或进入综合性大学第二阶段继续深造。

表 1　法国大学排名

大学名称	QS 排名	ARWU 排名	U.S. News 排名	THE 排名
巴黎文理研究大学（Paris Sciences & Lettres Research University）	53		82	45
巴黎综合理工学院（Ecole Polytechnique）	60	301—400	301	93
索邦大学（Sorbonne University）	77	44	37	80
中央理工–高等电力学院（Centrale Supélec）	139	601—700	729	501—600
里昂高等师范大学（Ecole Normale Superieure of Lyon）	160	301—400		201—250
巴黎高科国立高等电信学校（Telecom Paris Tech）	224			188
巴黎政治学院（Paris Institute of Political Studies）	242			401—500
法国国立路桥学校（Ecole des Ponts Paris Tech）	250			251—300
巴黎大学（University of Paris）	253			130
巴黎–萨克雷大学（University of Paris-Saclay）	262	37	274	201—250
巴黎第一大学（University of Paris 1 Pantheon-Sorbonne）	305			601—800
巴黎–萨克雷高等师范学校（Sackeray Higher Normal School,Paris）	312	101—150		601—800
格勒诺布尔–阿尔卑斯大学（Grenoble Alpes University）	351	101—150	144	301—350
斯特拉斯堡大学（University of Strasbourg）	379	101—150	226	401—500
波尔多大学（University of Bordeaux）	458	201—300	577	401—500
艾克斯–马赛大学（Aix - Marseille University）	491	101—150	164	301—350
蒙彼利埃大学（University of Montpellier）	498	151—200		301—350

参考文献

中文部分

[1] 曹国兴、黄颖：《法国的研究生教育制度》，《中国研究生》2003 年第 4 期。

[2] 张文晋、张彦通：《法国大学校教育的人才培养特色及其启示——兼论我国行业特色型大学的人才培养》，《高等财经教育研究》2012 年第 2 期。

[3] 中华人民共和国外交部：《法国国家概况》，2019 年 12 月 31 日，见 https://www.fmprc.gov.cn/web/gjhdq_676201/gj_676203/oz_678770/1206_679134/1206x0_679136/。

外文部分

[1]C. M. A. Deer, Higher Education in England and France Since the 1980s, Oxford: Symposium Books, 2002.

[2]European Commission, France overview, 2019-4-25, https://eacea.ec.europa.eu/national-policies/eurydice/content/france_en.

[3]OECD, PISA 2018 Insights and Interpretations, 2019-12-3, https://www.oecd.org/pisa/PISA%202018%20Insights%20and%20Interpretations%20FINAL%20PDF.pdf.

[4]CampusFrance, 2020-4-30, https://www.campusfrance.org/fr.

[5]Education.gouv.fr, https://www.education.gouv.fr/les-regions-academiques-academies-et-services-departementaux-de-l-education-nationale-6557.

[6]Education.gouv.fr, https://www.education.gouv.fr/le-ministere-de-l-education-nationale-de-1789-nos-jours-41534.

[7]l'Etudiant, Annuaire des collèges, https://www.letudiant.fr/etudes/annuaire-des-colleges.html.

第十四章　蒙古

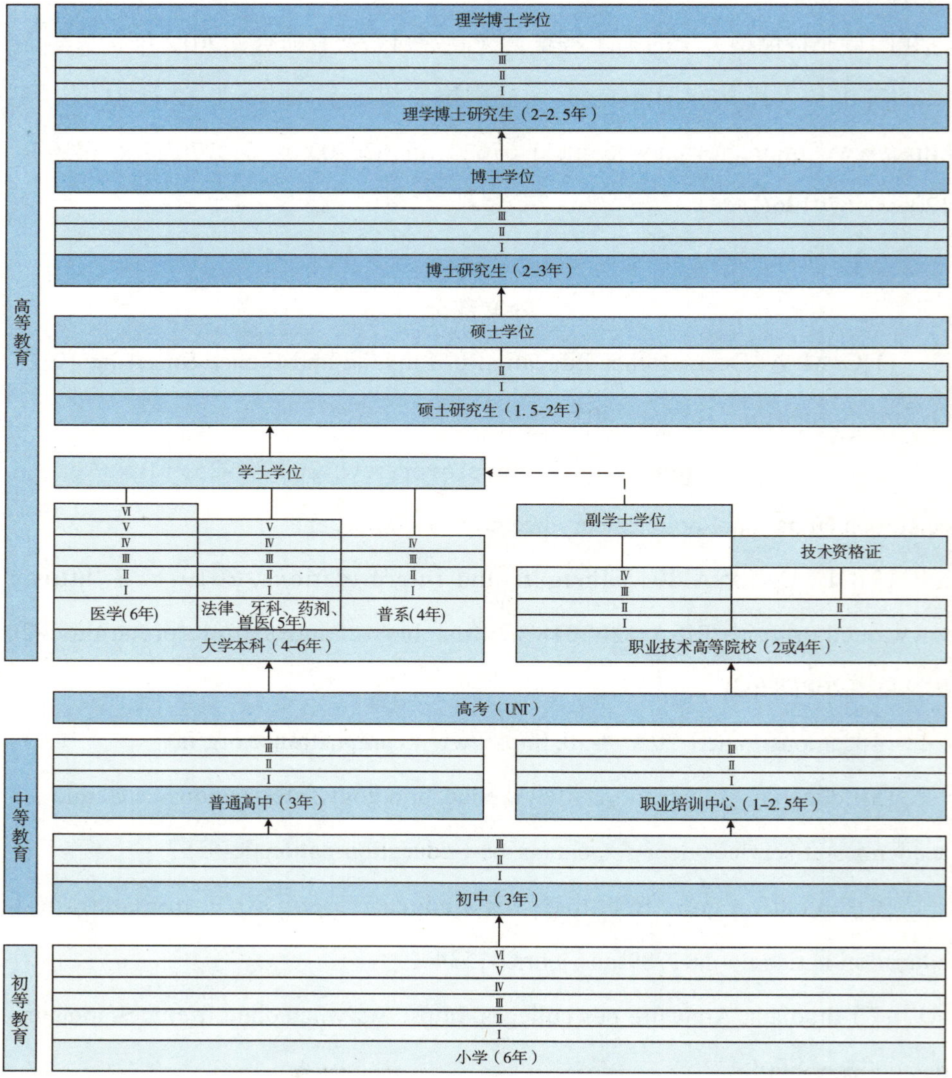
高等教育
理学博士学位
理学博士研究生（2–2.5年）
博士学位
博士研究生（2–3年）
硕士学位
硕士研究生（1.5–2年）
学士学位
医学(6年)
法律、牙科、药剂、兽医(5年)
普系(4年)
大学本科（4–6年）
副学士学位
技术资格证
职业技术高等院校（2或4年）
高考（UNT）
中等教育
普通高中（3年）
职业培训中心（1–2.5年）
初中（3年）
初等教育
小学（6年）

第一节 导言

蒙古，全称为蒙古国。位于东亚，是世界上第2大内陆国家，也是不与封闭海域接壤的最大内陆国家。截至2019年1月，蒙古总人口约320万。喀尔喀蒙古族约占全国人口的80%，此外还有哈萨克等少数民族。主要语言为喀尔喀蒙古语。居民主要信奉喇嘛教。乌兰巴托是蒙古的首都和最大的城市，45%的人口居住在乌兰巴托。蒙古被世界银行列为中低收入经济体，约有2.1%的就业人口每天生活费不足3.1美元。蒙古图格里克为蒙古国的货币，1人民币约兑换389.105蒙古图格里克。

蒙古全国有全日制普通教育学校近800所、专业培训中心63所。近年来，教育被视为蒙古政府的优先建设对象，根据《人类发展指数与指标：2018年统计更新》的数据，蒙古的教育支出占GDP的5.2%。

根据蒙古统计局的数据，截至2018年，蒙古共有94所大学，其中包括18所国立大学、73所私立大学，以及3所国外大学分校。大约55.8%的学生在国立大学学习，其中极少数（0.2%）的学生在外国大学的附属机构注册。在高等教育中，攻读硕士学位的学生人数占高等教育总人数的14.3%，攻读博士学位的学生占2.7%。2017年，蒙古高等教育入学人口占高等教育适龄人口的65%。

第二节　中等教育制度

一、中等教育类型

从中小学教育综合来看，自 2008—2009 学年以来，新的一年级学生已经开始实施 12 年制（6+3+3），12 年制学校的首届毕业生已于 2015 年毕业。预计到 2019—2020 学年，完全过渡为全国实行 12 年制基础教育。

蒙古的中等教育机构主要有普通中学、国际学校（以外语为主要授课语言的学校）、职业培训中心、私立中学。

二、中等教育毕业制度

在高中结束时，学生将参加全国统一的国立高中毕业考试，通过考试考查考生的基础知识和高中教育课程的学习水平，评估即将毕业的学生的知识和技能。考试共 3 门，分别为：蒙古语、数学（包括代数、几何）和 1 门自主选择的科目。自主选择的科目可以是物理、化学、生物、地理、社会学和外语。一般来说，考试会在 5—6 月进行，最终成绩等级将分为 A、B、C、D、F 5 个等级，各等级对应分数与学分如表 1 所示。

表 1　蒙古中学评估和审查等级表

等级	分数区间	学分	评价等级
A	90.00—100.00	4.00	Excellent
B	80.00—89.00	3.00	Good
C	70.00—79.00	2.00	Satisfactory
D	60.00—69.00	1.00	Deficient
F	0.00—59.00	0.00	Fail

Translated from Mongolian

MONGOLIA

MINISTRY OF EDUCATION, CULTURE AND SCIENCE

CERTIFICATE OF COMPLETE SECONDARY EDUCATION

No.

Personal No.

The present certificate is conferred to , who completed general secondary with advanced training in mathematics of Saintsagaan soum, Dundgovi province in 2017.

109

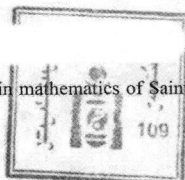

Director of school / signature and stamp/ S.Odonchimeg

08 June 2017

Translated and verified by " Boldbaatar bridge " translation service
Address: Mongolia, Ulaanbaatar city, Chingeltei district, "Silver" Business and Information Centre, room #7
Tel: 95204498

图 1　蒙古高中毕业证书翻译件

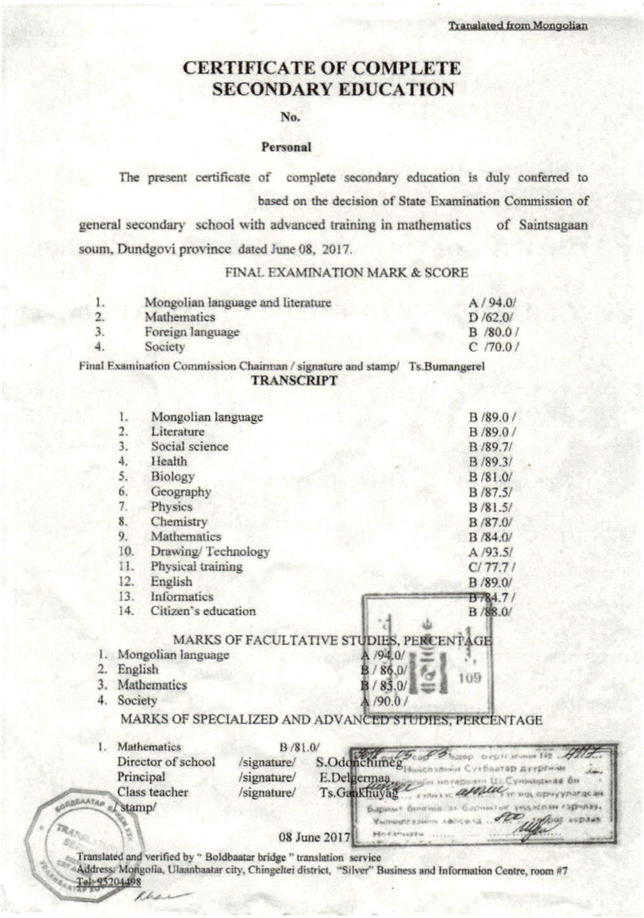

Translated from Mongolian

CERTIFICATE OF COMPLETE SECONDARY EDUCATION

No.

Personal

The present certificate of complete secondary education is duly conferred to based on the decision of State Examination Commission of general secondary school with advanced training in mathematics of Saintsagaan soum, Dundgovi province dated June 08, 2017.

FINAL EXAMINATION MARK & SCORE

1.	Mongolian language and literature	A / 94.0/
2.	Mathematics	D /62.0/
3.	Foreign language	B /80.0 /
4.	Society	C /70.0 /

Final Examination Commission Chairman / signature and stamp/ Ts.Bumangerel

TRANSCRIPT

1.	Mongolian language	B /89.0 /
2.	Literature	B /89.0 /
3.	Social science	B /89.7/
4.	Health	B /89.3/
5.	Biology	B /81.0/
6.	Geography	B /87.5/
7.	Physics	B /81.5/
8.	Chemistry	B /87.0/
9.	Mathematics	B /84.0/
10.	Drawing/ Technology	A /93.5/
11.	Physical training	C/ 77.7 /
12.	English	B /89.0/
13.	Informatics	B /84.7 /
14.	Citizen's education	B /88.0/

MARKS OF FACULTATIVE STUDIES, PERCENTAGE

1.	Mongolian language	A /94.0/
2.	English	B / 86.0/
3.	Mathematics	B / 85.0/
4.	Society	A /90.0 /

MARKS OF SPECIALIZED AND ADVANCED STUDIES, PERCENTAGE

1. Mathematics B /81.0/

Director of school	/signature/	S.Odonchimeg
Principal	/signature/	E.Delgermaa
Class teacher	/signature/	Ts.Gankhuyag

/ stamp/

08 June 2017

Translated and verified by " Boldbaatar bridge " translation service
Address: Mongolia, Ulaanbaatar city, Chingeltei district, "Silver" Business and Information Centre, room #7
Tel: 95204498

图 2　蒙古高中毕业成绩单翻译件

第三节　高等教育制度

一、大学教育制度

（一）入学制度

蒙古高校招生综合考试（高考）一般在 6 月中旬进行（2019 年为 6 月 17

日至20日）。考试可选科目为：俄语、化学、英语、蒙古历史、数学、生物、蒙古语、蒙古文字、地理、社会科学、物理等，其中蒙古语为必考科目，其他科目可以自选。一般来说，学生会选择4—5门科目进行考试，选科目时要参考大学入学学习专业的基本科目。每门科目的满分为800分，成绩公布后，考生根据自己分数最高的1门选择自己想要报考的大学及专业，并需要在所报考的大学网站报名（只能选择1所大学报名，如果分数不够，可以选择复读1年重新报考或者选择进入私立大学）。一般来说，最低要达到400分才能进入私立大学，达到500分以上则有望进入较好的国立大学学习。2017年大型国立大学公布的入学门槛如表2所示。

表2　2017年蒙古国大型国立大学入学最低分数

	大学	国立或私立	最低入学成绩
1	财金大学	国立	620分
2	蒙古国师范大学	国立	560—600分
3	蒙古国立大学	国立	560分
4	医学大学	国立	560分
5	工商大学	国立	560分
6	农业大学	国立	500分
7	科技大学	国立	440分
8	文化文艺大学	国立	400—420分
9	内政大学	国立	580分
10	铁路大学	国立	550分

蒙古目前仅有1所国立职业技术院校，即专业教育中心，另外还有一些私立的职业技术学院，接收参加高考分数较低的学生入学进行高等职业技术培训。

（二）学制与学位授予制度

高等教育第一阶段获得学士学位，需要4—6年的全日制学习，每个学生必须保证修完不少于120学分的课程。其中，一般专业学制为4年，法律、牙科、药剂和兽医等专业的学制为5年，医学专业的学制为6年。普通高校在学生毕业后为其颁发学位证书及毕业证书。

职业技术高等院校实施4年制和2年制两种学制，学生如果报读4年制课程可以获得副学士学位证书，若报读2年制则只能获得技术资格证和毕业证书。

二、研究生教育制度

（一）入学制度

1. 硕士研究生入学

本科成绩单采用GPA绩点模式，满分为4。本科阶段获得的绩点达到3以上的学生可以继续报名攻读硕士学位，不需要经过统一的考试，但是需要提交本科阶段的成绩单、本科毕业证书以及硕士期间的研究学习计划。

2. 博士研究生入学

报名攻读博士学位的学生向学校提交硕士毕业证书、硕士学位论文以及博士阶段的研究计划。

（二）学制与学位授予制度

1. 硕士

硕士学位学制为1.5—2年，要求硕士研究生总学时不少于150个学时，修满不少于30个学分。

2. 博士

博士学位学制为2—3年，申请者需已获得硕士学位。学生完成相关课程学习并完成毕业论文通过答辩才可以获得博士学位。要求博士研究生的总学时不少于 210 个学时，修满不少于 60 个学分。除此之外，理学博士学位（类似于俄罗斯的博士学位，是一种更高级别的博士学位）需要申请者在获得博士学位后再学习 2—2.5 年才可以获得。

第四节 高等教育机构类型

1. 国立大学

蒙古的大学系统由教育、文化、科学和体育部监督和管理，国立学校学费低于其他类型大学，且政府为学生提供一定的助学金和奖学金。蒙古国立大学中最著名的是位于乌兰巴托的蒙古国立大学，成立于 1942 年，是蒙古最早的高等学府。该校由 12 个院系组成，并在科布多、扎布汗和鄂尔浑设有分校。

2. 私立大学

蒙古比较著名的私立大学包括人文大学、奥腾根格尔大学、乌兰巴托大学等。尽管大多数小型私立大学的学费与国立大学的学费持平（甚至更低），且蒙古政府也会为私立大学中表现出色的学生提供奖学金，但由于教育质量的问题，蒙古的私立大学竞争优势明显弱于公立大学。

3. 高等职业院校

高等职业院校为 2—4 年制，包括一所国立专业教育中心和其他高等私立职业教育机构。目前蒙古的高等职业教育体系尚未得到发展，职业院校与短期培训机构较少，职业教育体系亟待改革，以解决青年就业的问题。2019 年 4 月，联合国科教文组织与蒙古劳动和社会保障部合作举办了 2019 年全国技术和职业教育与培训（TVET）改革论坛，蒙古政府决定从战略上重新定位其政策，根据劳动力市场的需要加强职业技术教育与培训部门建设。

参考文献

中文部分

[1] 萨如拉：《中蒙跨境民族基础教育历史与现状研究》，硕士学位论文，中央民族大学教育学院，2012 年。

[2] 巴特尔：《蒙中贸易互补性研究》，硕士学位论文，哈尔滨工业大学人文与社会科学学院，2016 年。

[3] 中华人民共和国外交部：《蒙古国家概况》，2019 年 5 月，见 https://www.fmprc.gov.cn/web/gjhdq_676201/gj_676203/yz_676205/1206_676740/1206x0_676742/。

外文部分

[1]Б.Сансар olloo.mn, Улсын томоохон их, дээд сургуулиуд БОСГО ОНООГООзарлажээ, 2017-4-11, http://www.olloo.mn/n/41094.html.

[2]Болор.Ж, 2019 оны ЭЕШ-ын хуваарь гарлаа, 2019-2-28, https://montsame.mn/mn/read/181591.

[3]GLOBAL PARTNERSHIP for EDUCATION, Education in Mongolia, 2019-6-19, https://www.globalpartnership.org/country/Mongolia.

[4]United Nations Development Programme, Human Development Reports - 2018 Statistical Update – Chinese, 2019-12-19, http://www.hdr.undp.org/sites/default/files/2018_human_development_statistical_update_cn.pdf.

[5]СТАТИСТИКИЙН МЭДЭЭЛЛИЙН НЭГДСЭН САН, ДЭЭД БОЛОВСРОЛЫН СУРГАЛТЫН БАЙГУУЛЛАГЫН ТОО, хариуцлагын хэлбэрээ, 2020-2-10, http://1212.mn/tables.aspx?tbl_id=DT_NSO_2001_015V1&Legal_status_of_Education_select_all=0&Legal_status_of_Ed

ucationSingleSelect=_11_12_13&YearY_select_all=0&YearYSingleSelect=_2018&viewtype=table.

[6]The World Bank, Mongolia, https://data.worldbank.org/country/mongolia.

[7]Education Evaluation Center, http://www.eec.mn.

[8]World Population Review, Mongolia Population 2019, http://worldpopulationreview.com/countries/mongolia-population/.

第十五章　马来西亚

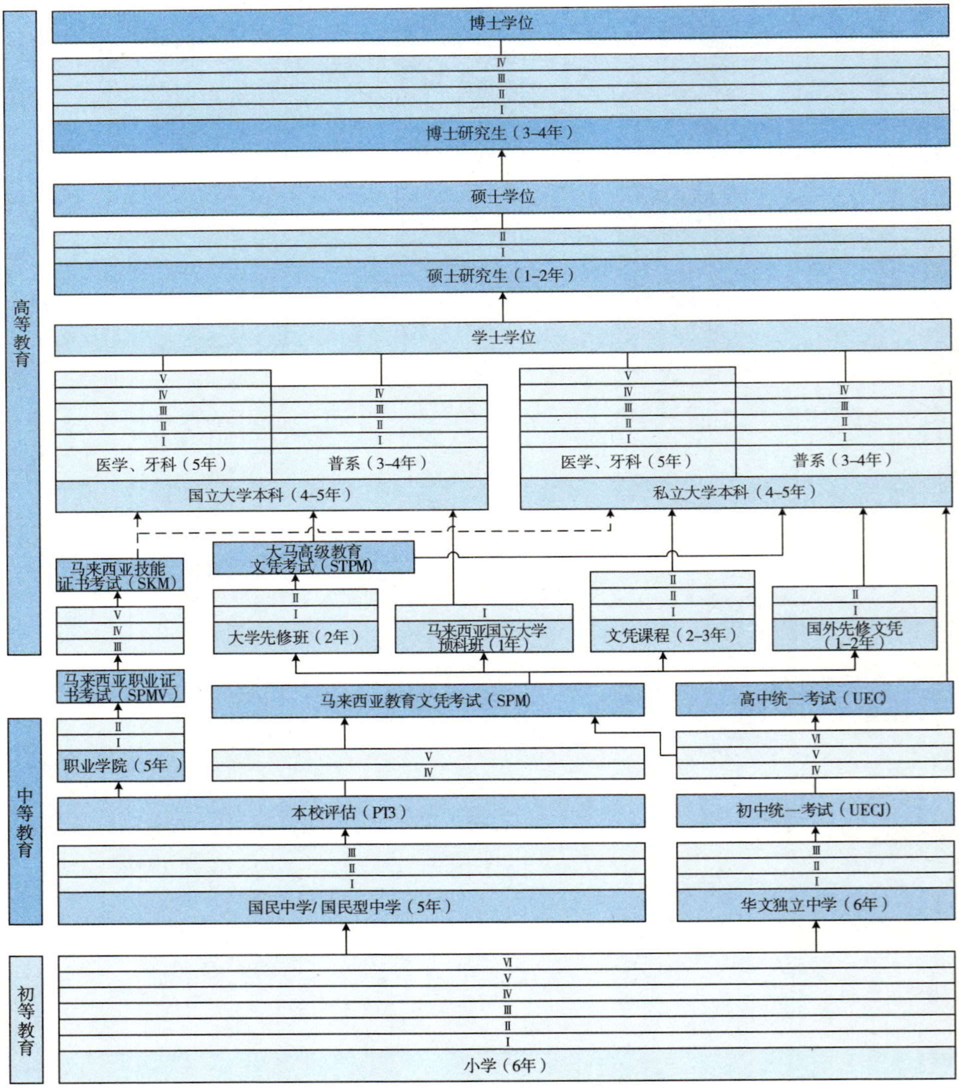

博士学位
Ⅳ
Ⅲ
Ⅱ
Ⅰ
博士研究生（3–4年）
硕士学位
Ⅱ
Ⅰ
硕士研究生（1–2年）
学士学位
高等教育
Ⅴ
Ⅳ
Ⅲ
Ⅱ
Ⅰ
医学、牙科（5年）
Ⅳ
Ⅲ
Ⅱ
Ⅰ
普系（3–4年）
国立大学本科（4–5年）
Ⅴ
Ⅳ
Ⅲ
Ⅱ
Ⅰ
医学、牙科（5年）
Ⅳ
Ⅲ
Ⅱ
Ⅰ
普系（3–4年）
私立大学本科（4–5年）
马来西亚技能证书考试（SKM）
大马高级教育文凭考试（STPM）
Ⅴ
Ⅳ
Ⅲ
Ⅱ
Ⅰ
大学先修班（2年）
Ⅰ
马来西亚国立大学预科班（1年）
Ⅱ
Ⅱ
Ⅰ
文凭课程（2–3年）
Ⅱ
Ⅰ
国外先修文凭（1–2年）
马来西亚职业证书考试（SPMV）
马来西亚教育文凭考试（SPM）
高中统一考试（UEC）
Ⅱ
Ⅰ
职业学院（5年）
Ⅴ
Ⅳ
Ⅵ
Ⅴ
Ⅳ
中等教育
本校评估（PT3）
初中统一考试（UECJ）
Ⅲ
Ⅱ
Ⅰ
国民中学/国民型中学（5年）
Ⅲ
Ⅱ
Ⅰ
华文独立中学（6年）
初等教育
Ⅵ
Ⅴ
Ⅳ
Ⅲ
Ⅱ
Ⅰ
小学（6年）

第一节　导言

马来西亚，全称为马来西亚联邦，是一个由 13 个州和 3 个联邦直辖区构成的君主立宪制联邦，位于东南亚，国家领土分为马来半岛和东马（马来西亚婆罗洲）两部分。马来西亚总人口为 3266 万，其中马来人 69.1%，华人 23%，印度人 6.9%，其他种族 1.0%。马来语为国语，通用英语，华语使用较广泛。伊斯兰教为国教，其他宗教有佛教、印度教和基督教等。吉隆坡是国家首都和最大的城市，而布城亚则是联邦政府的所在地。马来西亚林吉特为马来西亚的货币，1 人民币约兑换 0.5876 马来西亚林吉特。

马来西亚的教育由联邦教育部监督，每个州和联邦直辖区分别由教育部门来协调其领土内的教育事务。马来西亚的学生可以通过公立学校系统接受教育，该系统为所有马来西亚公民提供免费教育，国际和私人教育机构则需要收取学费。小学教育是强制性的。根据经济合作与发展组织（OECD）2018 年国际学生评估测试（PISA），马来西亚学生的阅读成绩排在第 56 位，数学成绩排在第 47 位，科学成绩排在第 48 位。

马来西亚的高等教育分类是由马来西亚资格框架组织的，该框架旨在建立一个全国范围内的，使得高等教育和职业教育部门可以提供统一高等教育资格的制度。截至 2018 年，马来西亚有公立大学 20 所、私立大学 43 所、大学学院 10 所、私立院校 3 所。马来西亚的教育部门包括高等教育部（JPT）、理工与社区学院部门（JPPKK），JPT 负责监管一般公立与私立高等学校以及马来西亚学生出国留学事务，JPPKK 负责监管理工学院及社区大学。

第二节　中等教育制度

一、中等教育类型

马来西亚中学分为：国民中学、国民型中学、华文独立中学、职业学院4种类型。

1. 国民中学

国民中学，简称国中，主要用马来语授课（精英班的数理科为英文授课）。学制为5年。

2. 国民型中学

在国民型中学，除了华文课，其他科目使用马来语和英语来授课，但华文课被编列为正课，并由教育局指派合格的华文教师担任授课任务。学制也为5年。

3. 华文独立中学

华文独立中学，简称独中，主要用华语授课，把马来语和英语列为必修项目。实行6年中学教育：3年初中、3年高中。马来西亚目前有60所独中，由“马来西亚华校董事联合会总会”（简称“董总”）领导。

4. 职业高中

职业学院学制为5年，通常对接国民中学完成3年普通中等教育（初中阶段）并通过中三评估考试（PT3）的学生。职业学院的学生需要在高中阶段的第二年参加SPMV考试，并在毕业时参加SKM考试，通过考试可以获得相应的文凭，以及作为技能凭证的职业与技术资格证书。

二、中等教育毕业制度

（一）初中毕业制度

马来西亚的中学生必须在中学三年级（中三/初三）进行中三评估考试（PT3）的笔试、口试及报告（历史及地理）。同时，华文独立中学的学生需要参加初中统一考试（Unified Examination Certificate-Junior Middle Level，UECJ）。技职中学生毕业参加考试获取文凭，依据成绩申报技职专校，进入下一阶段学习。

（二）高中毕业制度

公立中学（即国民中学和国民型中学）及双轨制华文独立中学的学生在中学五年级（中五/高二）时要参加马来西亚教育文凭考试（SPM）。按照不同的方向（理科、商科），SPM 考试的科目也有所不同，但大体上都需要考查 10 门功课，每门功课分为 A+、A、A−、B+、B、C+、C、D、E、G 10 个等级。除普通成绩文凭外，SPM 还包括英国标准的 GCE-O 的英语等级文凭，方便学生凭此文凭前往英国留学。许多 5 年制公立中学提供大学先修班课程，学生在通过 SPM 考试之后，可以再读 2 年大学先修班，然后参加大马高级教育文凭考试（STPM）。学生通过 STPM 获得升入马来西亚公立大学的机会，与此同时也获得与 A-level 相同水准的国际认可文凭，便于申请到国外留学，增加自己的高等教育升学途径。STPM 采用平均绩点（CGPA）来计算成绩，以 11 个等级来评级：A+、A、A−、B+、B、B−、C+、C、C−、D+ 和 D，不及格为 F。每个等级的平均绩点最高为 4.0，最低为 1.0，不及格为 0 分。

华文独立中学和部分其他中学为 6 年制，学生需要在中学六年级（中六/高三）时参加高中统一考试（Unified Examination Certificate，UEC）。高中阶段的 UEC 考试共设 22 个科目，其中华文、英文、马来西亚文和数学为必考科目，选考科目包括商业学、美术、会计学、经济学、簿记与会计、电脑与资讯工艺、电机学、电学原理、电子学、数位逻辑、化学、生物、物理、高级数学、高级数学（I）、高级数学（II）、地理、历史。学生选考科目一般依据自己的方向进行选择，方向包括文科、理科和商科 3 种。UEC 考试结果等级包括 A1、A2、B3、B4、B5、B6、C7、C8、F9，共 9 个等级，考生至少获得 5 个以上的 B6 以上，才有资格直接报考本科学校。

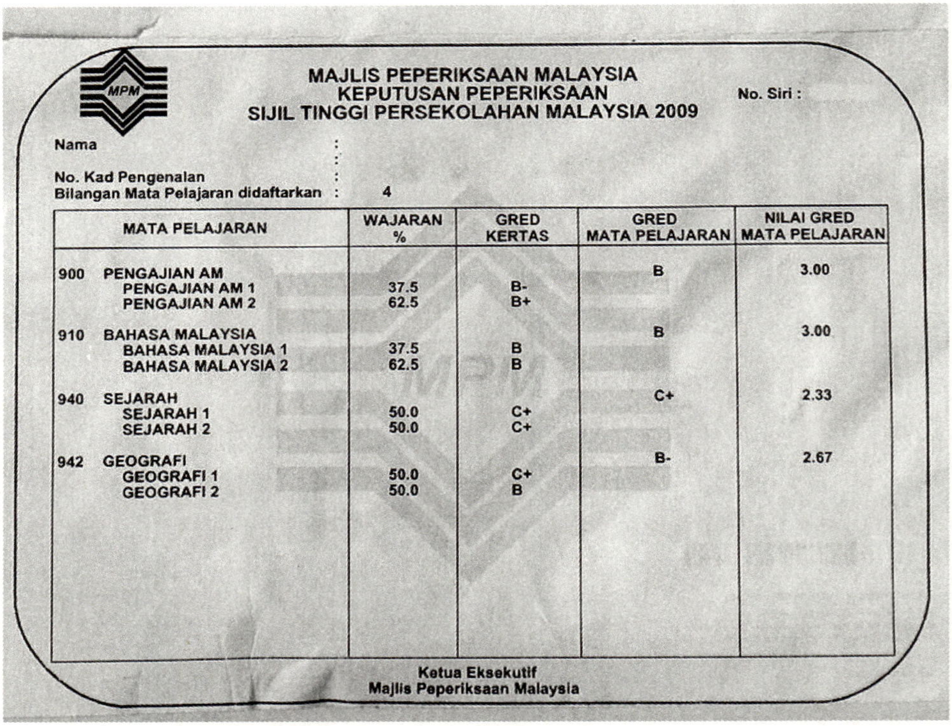

MAJLIS PEPERIKSAAN MALAYSIA
KEPUTUSAN PEPERIKSAAN
SIJIL TINGGI PERSEKOLAHAN MALAYSIA 2009

No. Siri :

Nama :

No. Kad Pengenalan :

Bilangan Mata Pelajaran didaftarkan : 4

MATA PELAJARAN	WAJARAN %	GRED KERTAS	GRED MATA PELAJARAN	NILAI GRED MATA PELAJARAN
900 PENGAJIAN AM			B	3.00
PENGAJIAN AM 1	37.5	B-		
PENGAJIAN AM 2	62.5	B+		
910 BAHASA MALAYSIA			B	3.00
BAHASA MALAYSIA 1	37.5	B		
BAHASA MALAYSIA 2	62.5	B		
940 SEJARAH			C+	2.33
SEJARAH 1	50.0	C+		
SEJARAH 2	50.0	C+		
942 GEOGRAFI			B-	2.67
GEOGRAFI 1	50.0	C+		
GEOGRAFI 2	50.0	B		

Ketua Eksekutif
Majlis Peperiksaan Malaysia

图 1　大马高级教育文凭（STPM）

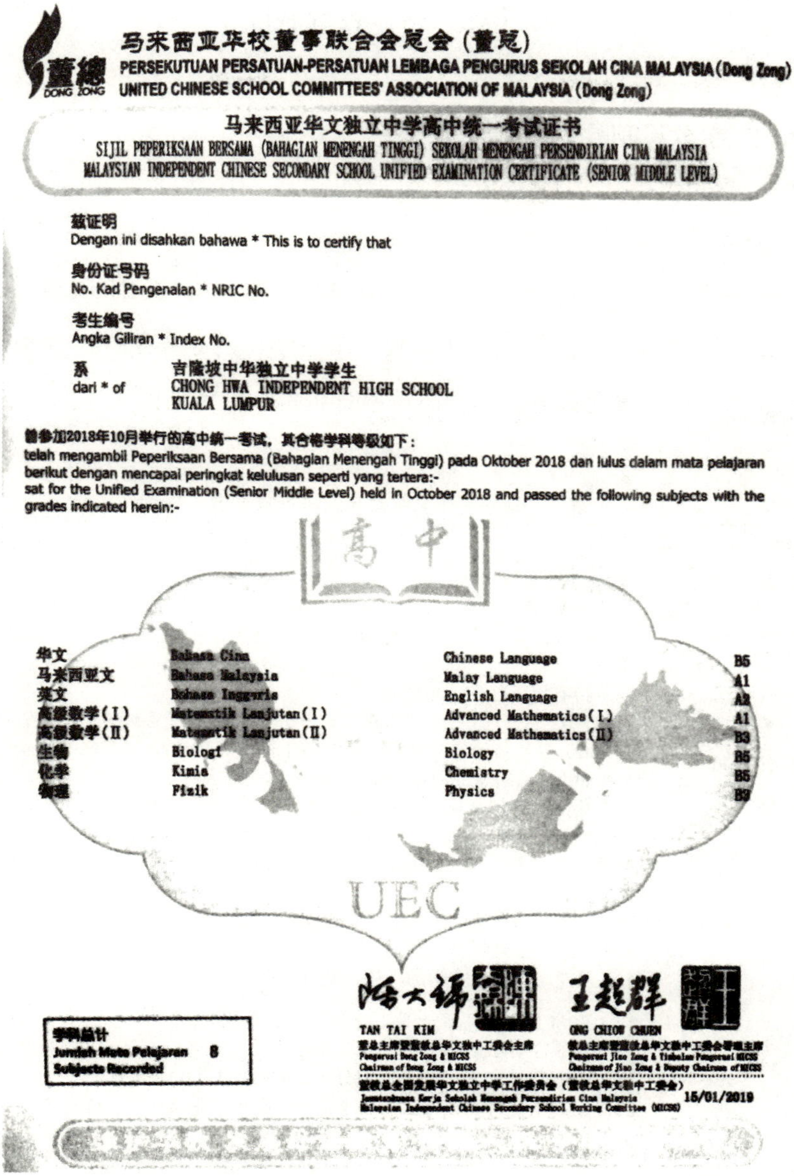

马来西亚华校董事联合会总会（董总）
PERSEKUTUAN PERSATUAN-PERSATUAN LEMBAGA PENGURUS SEKOLAH CINA MALAYSIA (Dong Zong)
UNITED CHINESE SCHOOL COMMITTEES' ASSOCIATION OF MALAYSIA (Dong Zong)

马来西亚华文独立中学高中统一考试证书
SIJIL PEPERIKSAAN BERSAMA (BAHAGIAN MENENGAH TINGGI) SEKOLAH MENENGAH PERSENDIRIAN CINA MALAYSIA
MALAYSIAN INDEPENDENT CHINESE SECONDARY SCHOOL UNIFIED EXAMINATION CERTIFICATE (SENIOR MIDDLE LEVEL)

兹证明
Dengan ini disahkan bahawa * This is to certify that

身份证号码
No. Kad Pengenalan * NRIC No.

考生编号
Angka Giliran * Index No.

系　吉隆坡中华独立中学学生
dari * of　CHONG HWA INDEPENDENT HIGH SCHOOL KUALA LUMPUR

曾参加2018年10月举行的高中统一考试，其合格学科等级如下：
telah mengambil Peperiksaan Bersama (Bahagian Menengah Tinggi) pada Oktober 2018 dan lulus dalam mata pelajaran berikut dengan mencapai peringkat kelulusan seperti yang tertera:-
sat for the Unified Examination (Senior Middle Level) held in October 2018 and passed the following subjects with the grades indicated herein:-

高中

华文	Bahasa Cina	Chinese Language	B5
马来西亚文	Bahasa Malaysia	Malay Language	A1
英文	Bahasa Inggeris	English Language	A2
高级数学（Ⅰ）	Matematik Lanjutan（Ⅰ）	Advanced Mathematics（Ⅰ）	A1
高级数学（Ⅱ）	Matematik Lanjutan（Ⅱ）	Advanced Mathematics（Ⅱ）	B3
生物	Biologi	Biology	B5
化学	Kimia	Chemistry	B5
物理	Fizik	Physics	B3

UEC

学科总计
Jumlah Mata Pelajaran　8
Subjects Recorded

TAN TAI KIM
董总主席暨董教总华文独中工委会主席
Pengerusi Dong Zong & MICSS
Chairman of Dong Zong & MICSS

ONG CHIOW CHUEN
教总主席暨董教总华文独中工委会署理主席
Pengerusi Jiao Zong & Timbalan Pengerusi MICSS
Chairman of Jiao Zong & Deputy Chairman of MICSS

董教总全国发展华文独立中学工作委员会（董教总华文独中工委会）
Jawatankuasa Kerja Sekolah Menengah Persendirian Cina Malaysia
Malaysian Independent Chinese Secondary School Working Committee (MICSS)
15/01/2019

图 2　马来西亚独立华文中学高中统一考试(UEC)证书

第三节　高等教育制度

一、大学教育制度

（一）入学制度

大马高级教育文凭考试证书（STPM）和入学证书（Matriculation Certificate）是进入公立高等教育机构攻读学士学位的必要条件，独中高中统考证书（UEC）一般允许进入私立高等教育机构和申请外国大学。

表 1　马来西亚高等教育入学标准参考

教育机构类型	入学考核项目	入学标准
国立大学	学术成绩（90%）、课外活动表现（10%）	（1）SPM 考获马来文优等（接受马来文重考成绩）。 （2）在马来西亚大学英文能力测验（MUET）中至少考获一级（band 1）水平。 （3）持有以下任何一项资格： a. STPM：总平均积分（PNGK）达 2 分或以上，并至少在普通试卷（Pengajian Am）以及其他两个科目考获 C 等 [科目等级分数（NGMP）2 分]。 b. Matrikulasi：总平均积分（PNGK）达 2 分或以上。 c. 教育部承认的文凭（Diploma）：包括公立大学、受 JPA 承认的私立大学、工艺学院（Politeknik），以及教育部师训组的师范文凭。 d. 公立大学基础班（Program Asasi IPTA）：总平均积分（PNGK）达 2 分或以上。 注：仅能申请就读大学的特定学士课程 e. SPM：至少考获 5 科优等（包括马来文，另外历史科必须及格）。 注：仅能申请国立大学的文凭及基础班课程。
私立大学 / 学院	STPM 或其他同等资格证书、高中统考文凭	（1）SPM 成绩中必须含马来西亚语及历史及格。 （2）在 STPM 或其他同等资格的考试中，至少考获 2 科 C（科目等级分数 [NGMP] 为 2.0），或总平均积分（PNGK）达 2.0 或以上。 （3）在高中统考文凭考试考获 5 科 B，在大学先修或文凭课程考获总平均积分（PNGK）达 2.0 或以上。 * 申请医学系、药剂系与牙科学系者，须考获以下基本入学资格： STPM 或其他同等资格的考试中，生物、化学、数学或物理科目至少为 3 科 B [科目等级分数（NGMP）3 分]，或总平均积分（PNGK）达 3 分或以上。 （4）须在 SPM 或其他同等资格的考试中，至少考获 5 科 B，包括数学或高级数学、生物、化学、物理考获 B。 （5）持有统考文凭者则需在生物、化学、物理、数学及高级数学科目至少考获 5 科 B4。

除通过参加大马高级教育文凭考试（STPM）的方法申请大学外，学生亦有其他申请大学的途径：（1）报读2—3年的文凭课程（Diploma Course），升入马来西亚私立大学；（2）在私立中学选修国外先修文凭（Foundation Programme），其中包括“A-level”考试、IB课程、南澳大学先修课程（South Australian Certificate of Education，SACE）等；（3）参加由马来西亚教育部开办的马来西亚国立大学预科班（Malaysian Matriculation Programme，亦称“Matrikulasi”）。该项目比STPM更为宽松，在考试方面相对容易。但是自2006年起，大学预科班会为马来西亚土著学生保留30%的学位。部分热门科系如医学系、药剂系和法律系甚至会保留70%的学位给予土著学生。

表2　马来西亚大学先修班入学标准

申请类型	入学考核项目	入学标准
大学先修班	SPM或其他同等资格的考试证书、高中统考文凭	在SPM或其他同等资格的考试中，至少考获5科C

（二）学制与学位授予制度

在马来西亚要获得学士学位证书，学生需要修满至少120个学分，这需要至少3年的时间。本科学制一般为3—4年，医学和牙科专业一般为5年制。学生在本科毕业时会获得文学学士（BA）或理学学士（BSc）的称号。

二、研究生教育制度

（一）入学制度

1. 硕士研究生入学

马来西亚研究生教育宽进严出，学生只要本科正常毕业并获得学位证书，语言、学术能力达到要求，即有资格申请硕士学位。各学校不同类型硕士（如工程技术硕士、管理学硕士、医学硕士、工商管理硕士等类型）招生的要求均不同。

2. 博士研究生入学

马来西亚各高校博士招生的要求不同，一般来说，会要求申请攻读博士的学生的硕士专业与其申请的博士专业相一致或相近，对于其硕士期间的研究成果也有一定的要求。

（二）学制与学位授予制度

1. 硕士

硕士学位学制为 1—2 年，学生需要至少修满 40 学分。攻读硕士学位有 3 条途径：进行研究、完成课程或两者结合。学生在达到毕业条件后被授予硕士学位。

2. 博士

攻读博士学位一般需要至少 3—4 年的时间。博士生必须具备进行独立研究的能力，学生想要获得博士学位必须提交 1 篇基于国际公认标准（包括在国际出版物上发表的标准）的学术论文，且要进行毕业论文答辩并通过。

第四节　高等教育机构类型

1. 国立大学

马来西亚目前拥有 20 所国立大学（包括国际伊斯兰大学、只招收土著学生的玛拉工艺大学）。这些大学提供学士、硕士及博士课程，科系种类超过 120 种，除了大家所熟悉的科系，如医科、药剂、生物科技、工程、建筑、资讯工艺、电脑科学、法律、语文、商业与经济、大众传播之外，还包括食物科学与营养学、体育科学、宇航学、森林学、海洋学、水产生物学、农科、心理学、社工学、教育、音乐等。其中部分学校还设有文凭课程（Certificate Course）供 SPM 资格者申请，如马来亚大学、马来西亚理科大学、马来西亚博特拉大学、马来西亚工艺大学、苏丹伊德里斯教育大学、玛拉工艺大学、马来西亚登嘉楼大学、马来西亚彭亨大学、马来西亚玻璃市大学、马来西亚马六甲技术大学、马来西亚敦胡先翁大学。

2. 私立大学 / 私立大学学院

自 1996 年政府开始实行开放的高等教育政策，允许私人企业开办私立大学。国家能源公司、大马电讯公司和国家石油公司 3 大企业率先设立了该国前 3 所私立大学。近年来，高教部也批准一些符合条件的本地私立学院升格为“大学学院”（University College），让它们可以开发自己的学位课程，减少对外国大学的依赖。

3. 技职课程

在马来西亚的教育制度中，大马教育文凭（SPM）或其他同等学历是中学生升上大专教育的主要资格。不过，有些本地私立大专也有开办各类技职课程，例如餐饮、商业行政、汽车维修等，供仅具初中学历（例如 PT3）者申请。

本着让更多人有机会深造的宗旨，马来西亚学术资格鉴定机构（Malaysian Qualifications Agency，MQA）推出既有经验认证课程（Accreditation of Prior Experiential Learning，APEL），让符合资格的有工作经验者提出申请。目前，陆续已有私立大专开始接受既有经验认证文凭来申请课程，如马来西亚开放大学（OUM）、敦阿都拉萨大学（UniRAZAK）和宏愿开放大学（WOU）。

4. 外国大学马来西亚分校

马来西亚目前拥有 9 所外国大学的分校（Foreign Oversea Branch Campus）。这些来自英国、澳洲、中国的著名高等学府所提供的课程质量有一定的口碑，在学费方面比远渡重洋到这些学校原校求学更为便宜，与此同时还可以获得国外名望较好的大学的学位。学生可以在本地修读外国分校的学士学位或研究生学位，也有资格被承认为外国原校的学生。在学期间，学生还可选择转至外国原校就读一个或多个学期，体验外国的学习生活。

第五节　华文教育

马来西亚华文教育在东南亚乃至全世界首屈一指。马来西亚是拥有小学、中学、大专完整华文教育体系的国家。马来西亚华人约有 620 多万，约占全国人口的 23.6%，祖籍以中国福建、广东和海南为主，日常社交中除使用方言外，华语是他们共同使用的母语。马来西亚华文教育历史悠久，自 19 世纪初，华文教育以私塾的形式在马来半岛和新加坡出现至今，虽历尽艰辛坎坷，但从未在马来西亚中断过。不论是在英国殖民时期、日战期间，还是在独立以后，华文教育均保存完好。

为维护华人学习母语的权利，继承和弘扬中华文化，长期以来，马来西亚华人社团向政府提出诉求；“董教总”（马来西亚华文学校董事联合会总会和马来西亚华文学校教师会总会的简称）作为维护和发展马来西亚华文教育的主要民间机构，为华文教育进行了不懈的努力。华社、华商出钱出力，支持华小和独中的生存与发展。马来西亚华文教育能有今天的发展，凝聚了有识之士的满腔心血。

马来西亚华文教育具有良好的基础和相当的规模，据马来西亚教育部提供的最新资料，马来西亚现有华文小学 1290 所、华文独立中学 61 所、华文大专院校 3 所。除此之外，还有 153 所国民小学提供用于交际的中文（华文）课程，78 所国民改制型中学设有华文必修课程，24 所寄宿中学向马来学生提供华文课程，16 所师范学院开办中小学中文教师培训课程，马来亚大学、博特拉大学、国民大学等国立大学也设有中文系，其中马来亚大学还设有中国问题研究所。全国华文就读人数超过 20 万人，其中华文独中在校学生 6 万多人。近年来，不仅是华裔子女进华校，一些马来人、印度人的子女也开始到华校读书。目前就读华文独中的马来学生约 5000 多人，就读华文小学的非华裔学生近 7 万人。

华文已成为马来西亚新闻媒体的主要语言之一。目前马来西亚中文报刊杂志几十家，马来西亚国家新闻社提供中文资讯服务，国家电视台开设了华文新闻，播放华语影片，Astro 卫星电视设有多个华语频道。吉隆坡国际机场在 2017 年初开始用华语广播航班抵离信息。多年来，马来西亚华人文化协会、华人作家协会、华文出版社和文艺团体积极开展各项活动。精通中国历史文化的汉学家在马来西亚不乏其人。这些传媒、组织和学者为华文的传播和中华文化的发展提供了良好的平台。

1. 马来西亚华文小学

马来西亚华文小学实施 6 年小学义务教育，以华语作为主要教学、考试和行政用语。华文小学根据政府教育部课程纲要进行教学和考试。教育部为华文小学编纂课本、举办公共考试以及培训教师。目前，有超过 90% 的华人子女在华文小学接受基础母语教育。

2. 马来西亚独立中学

华文独立中学作为民办非营利教育机构，除向学生收取学杂费外，运转经费尚须向各界自行筹措。其学制共 6 年，分为初中 3 年、高中 3 年两个阶段。另外，由董总及教总组成的董教总华文独中工委会，为华文独立中学编纂统一课本、举办统一考试和培训教师。

根据 2018 年马来西亚华文独中教育蓝图，初中课程包括 5 种，分别是：语文、数学、自然科学、社会类科和艺能科。语文科包括华文、马来西亚文和英文。社会类科包括历史、地理和辅导课。艺能科包括美术、体育、音乐和电脑课。高中课程包括 8 种，分别是：语文、理科、商科、专业科目、数学、社会科、艺能科和选修科。理科课程包括高级数学、物理、化学和生物等。

初中毕业生和高中毕业生需要参加毕业考试，即华文独立中学统一考试，简称统考，其所颁发的文凭称为统一考试证书（Unified Examination Certificate，UEC），是属于马来西亚华文独立中学的内部考试，只有华文独立中学的初中三年级和高中三年级学生才可以报考。考试由董总考试局举办，1月份接受报考，10月份举行统考，12月份公布成绩。统考分为高中统考、初中统考及技术科统考。至2014年，高中统考共设置22个考科，初中统考有8个考科，而技术科考科只有5个。

对初中毕业生来说，统考成绩等级分为5个，A为特优级别，D等级为已达要求水平，E是最低等级，即未达要求水平。高中毕业生的统考成绩等级更为细致，特优级别包括A1和A2，优等级别包括B3、B4、B5和B6，及格水平包括C7和C8，F9为不及格。

虽然马来西亚政府还未承认独中统考文凭，但是目前全球有超过800所的大专院校门槛都为独中毕业生而开，学生只要符合资格，就可以直接入学就读。中国目前有820所大学录取独中生。

3. 华文大专院校

3所华文大专院校包括南方大学学院、韩江传媒大学学院和新纪元学院。

南方大学学院的前身为宽柔中学于1975年成立的宽柔专科部。1986年，宽中董事会正式向马来西亚教育部申请于宽柔专科部的基础上成立一所民办学院。在华社人士的坚持和极力争取之下，终于在1990年获教育部批准创办南方学院，为马来西亚第一所民办非营利高等学府。高等教育部于2012年8月正式批准南方学院升格为南方大学学院。目前，南方大学学院共有7个学院、2个学部及4个研究机构。7个学院为人文与社会学院、企业与管理学院、艺术与设计学院、电机与电子工程学院、中医药学院、教育与心理学学院以及南方技职学院 (SITE)。2个学部为大学基础学部以及专业教育与推广学部（SPACE），4个研究机构为华人文化与族群研究所、亚洲文艺复兴与跨文化书院、研究生与研究院、马来语言与文化研究所。

韩江传媒大学学院是一所由马来西亚华人集体募款创办的马来西亚非营

利高等学府，发展前身来自韩江中学新闻专修班和韩江新闻传播学院。韩江传媒大学学院提供广泛的本科和研究生课程，比如传播和媒体、商业和管理、应用创意艺术和设计以及语言和翻译课程。韩江传媒大学学院是马来西亚第一所传播学院，也是马来西亚北部第一个提供中国研究文凭和学士学位的学院。

新纪元大学学院是马来西亚华人创办的民办高等学校。新纪元大学学院目前设有 5 个学院和 10 个科系。5 个学院为研究生院、国际教育学院、文学与社会科学院、商业与资讯工艺学院以及媒体与艺术学院。10 个科系则是中国语言文学系、教育系、辅导咨商与心理学系、东南亚研究系、商学系、金融与会计系、电脑科学与资讯工艺系、美术与设计系、戏剧与影像系以及媒体研究系。除了学士和专业文凭课程，新纪元大学学院已开设硕士和博士课程。2015 年，新纪元大学学院成立了陈六使研究所，进一步强化本校的华人研究。

表 3 马来西亚大学排名

大学名称	QS 排名	ARWU 排名	U.S. News 排名	THE 排名
马来亚大学（University of Malaya）	70	301—400	232	301—350
马来西亚博特拉大学（University Putra Malaysia）	159	701—800	611	601—800
马来西亚国立大学（National University of Malaysia）	160	501—600	638	601—800
马来西亚理科大学（University of Science, Malaysia）	165	501—600	584	601—800
马来西亚理工大学（University of Technology, Malaysia）	217	501—600	516	601—800
思特雅大学（University College Sedaya International）	442			
国油科技大学（Petronas University of Technology, Malaysia）	482		1078	601—800
泰莱大学（Taylor's University）	511—520			

续表

大学名称	QS 排名	ARWU 排名	U.S. News 排名	THE 排名
管理与科学大学（Management and Science University）	541—550			
马来西亚北方大学（Northern University of Malaysia）	591—600			801—1000
马来西亚国际伊斯兰大学（International Islamic University Malaysia）	651—700		889	
马拉工业大学（MARA University of Technology）	651—700		948	1001+
马来西亚玻璃市大学（University of Malaysia Perlis）	701—750		1486	601—800
双威大学（Sunway University）	751—800			
马来西亚彭亨大学（University of Malaysia, Pahang）	751—800			

参考文献

中文部分

[1] 凌婉华：《马来西亚国民型中学马来学生汉语趋向补语习得偏误分析》，硕士学位论文，中央民族大学国际教育学院，2011 年。

[2] 黄集初：《马来西亚华文教育体系的省思》，博士学位论文，华中师范大学教育学院，2016 年。

[3] 陈武元、薄云：《韩国、马来西亚、菲律宾三国私立高等教育经费政策研究》，《高等教育研究》2008 年第 2 期。

[4] 方颖：《马来西亚华文独立中学的三语教学初探》，《暨南大学华文学院学报》2008 年第 4 期。

[5] 李颖丽、栾靖、刘琼：《马来西亚高等教育概况》，《中国科技财富》

2011年第10期。

[6] 张亚楠:《马来西亚华文教育政策的演变及述评》,《中小学校长》2016年第6期。

[7] 王焕芝:《世界"汉语热"背景下马来西亚华文教育发展的困境与出路》,《华文教学与研究》2017年第2期。

[8] 于俏:《马来文化之我见》,《中外交流》2017年第41期。

[9] 赵强:《马来西亚高等教育质量保障体系浅析》,《陕西青年职业学院学报》2017年第3期。

[10] 马来西亚华校董事联合会总会:《认识统考》,2014年8月15日,见 https://uec.dongzong.my/index.php/about-uec/acquaint-uec。

[11] 南方大学学院:《大学基础学部三大课程·为莘莘学子提供优质的升学平台》,2014年8月28日,见 https://www.southern.edu.my/sfs/events/news.php?id=295。

[12] 马来西亚华校董事联合会总会:《马来西亚华文独中教育蓝图》,2018年7月14日,见 https://dzblueprint.dongzong.my/images/pdf/Blueprint-Chinese.pdf。

[13] 中华人民共和国驻马来西亚大使馆,《马来西亚华文教育情况》,2019年11月8日,见 http://my.china-embassy.org/chn/zt/nycf/t314470.htm。

[14] 马来西亚华校董事联合会总会:《高中考试纲要》,2019年12月31日,见 https://uec.dongzong.my/index.php/exam-info/examination-outline/senior。

[15] 中华人民共和国外交部:《马来西亚国家概况》,2020年4月16日,见 https://www.fmprc.gov.cn/web/gjhdq_676201/gj_676203/yz_676205/1206_676716/1206x0_676718/。

[16] 南方大学学院:《关于本校概况》,2020年4月22日,见 https://www.southern.edu.my/ch/about/situation.html。

[17] 南方大学学院:《大学基础学部简介》,2020年5月1日,见 https://

www.southern.edu.my/sfs/ch/about/introduction.html。

[18] 新纪元大学学院:《课程一览》，见 https://www.newera.edu.my/course_details_cn.php?acalevel=2。

外文部分

[1]Arno Maierbrugger, Malaysia Bans Opening Of New Universities, 2013-2-12,http://investvine.com/malaysia-freezes-setting-up-of-universities/.

[2]Han Chiang University College of Communication, Course Details, 2020-8-6,https://www.studymalaysia.com/what/course/hanchiang/0001716.

[3]UniKL, Postgraduate Admission, https://www.unikl.edu.my/apply/postgraduate-admission/.

[4]Malaysian Examinations Council, http://www.mpm.edu.my/.

[5]KEMENTERIAN PENDIDIKAN MALAYSIA, https://www.moe.gov.my/en/corporate/departments.

[6]HANCHIANG, https://hcu.edu.my/about.php.

[7]NEWERA, Overview, https://www.newera.edu.my/aboutUs_cn.php.

第二部分

“一带一路”共建国家

截至2020年1月底，中国已经同138个国家和30个国际组织签署了200份共建“一带一路”合作文件。前一部分来华留学主要生源国的韩国、泰国、巴基斯坦、俄罗斯、老挝、哈萨克斯坦、越南、孟加拉、蒙古和马来西亚等，即属于“一带一路”共建国家。本部分再选择了15个“一带一路”共建国家，对其中高等教育体制进行介绍。

第十六章　爱沙尼亚

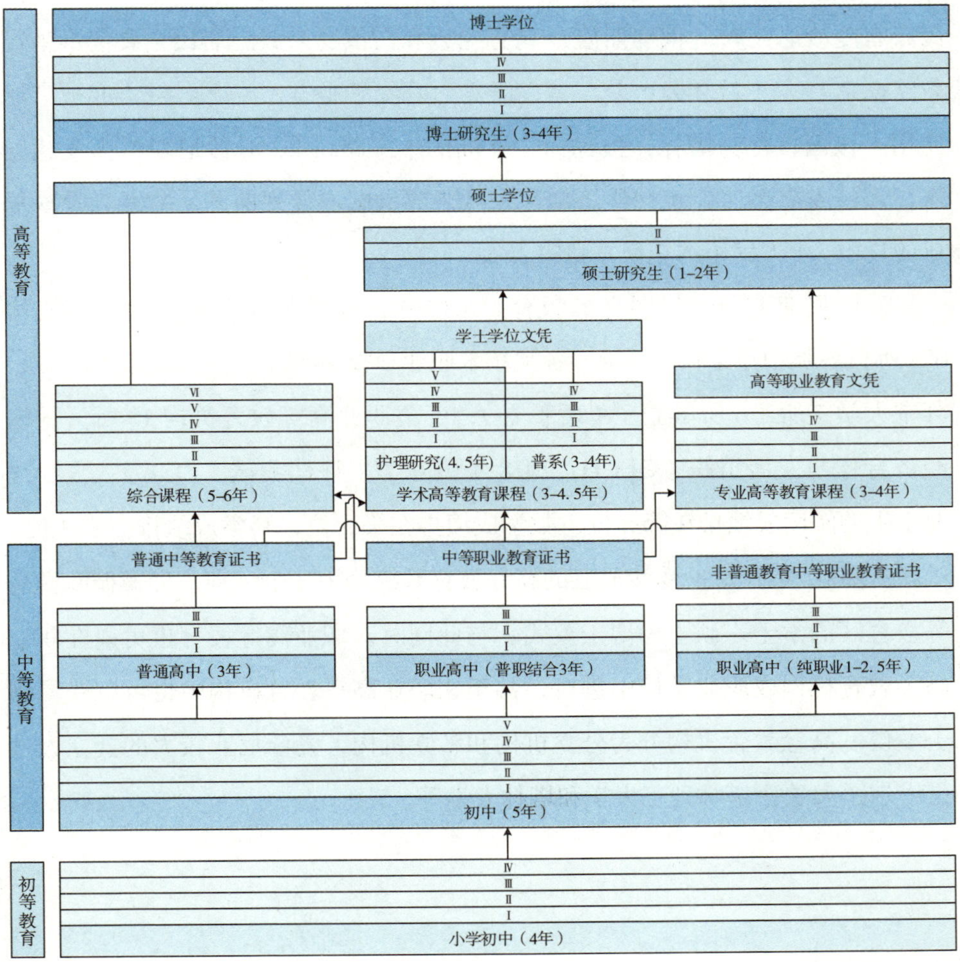

博士学位
Ⅳ
Ⅲ
Ⅱ
Ⅰ
博士研究生（3-4年）
硕士学位
Ⅱ
Ⅰ
硕士研究生（1-2年）
学士学位文凭
高等职业教育文凭
Ⅵ
Ⅴ
Ⅳ
Ⅲ
Ⅱ
Ⅰ
综合课程（5-6年）
护理研究(4.5年)
普系(3-4年)
学术高等教育课程（3-4.5年）
专业高等教育课程（3-4年）
普通中等教育证书
中等职业教育证书
非普通教育中等职业教育证书
普通高中（3年）
职业高中（普职结合3年）
职业高中（纯职业1-2.5年）
初中（5年）
小学初中（4年）
高等教育
中等教育
初等教育

第一节 导言

爱沙尼亚，全称为爱沙尼亚共和国。爱沙尼亚总人口为131.9万。主要民族有爱沙尼亚族、俄罗斯族、乌克兰族和白俄罗斯族。居民主要信奉基督教路德宗、东正教和天主教。官方语言为爱沙尼亚语，英语、俄语亦被广泛使用。该国首都为塔林，被称为“欧洲的十字路口”。爱沙尼亚作为发达国家，经济发展迅速，年均经济增速在欧盟成员国内位列前茅。欧元为爱沙尼亚的货币，1人民币约兑换0.1281欧元。

爱沙尼亚实行9年制义务教育。2017年，爱沙尼亚共有学前教育机构627所，各类中小学校517所，各类技术职业学校39所，高等教育机构20所，其中大学7所（6所国立、1所私立），各类职业高等教育机构13所。根据经济合作与发展组织（OECD）2018年国际学生评估测试（PISA），爱沙尼亚学生的阅读成绩排在第5位，数学成绩排在第8位，科学成绩排在第4位。

从2007年开始，爱沙尼亚的高等教育系统分为3个级别，即遵循欧洲高等教育区的学士—硕士—博士模式。与此同时，职业高等教育也可以在职业高等教育机构或职业学校中进行，甚至在职业高等教育机构中也可以获得硕士学位。高等教育机构分为公立机构和私立机构，爱沙尼亚较大的公立大学是塔尔图大学、塔林理工大学和塔林大学等。

第二节 中等教育制度

一、中等教育类型

爱沙尼亚的小学和初中教育共为期 9 年，包括 7 至 11 岁年龄组的 4 年制初等教育，以及 11 至 16 岁年龄组的 5 年制中等基础教育。初中考试结束后，颁发初中教育证书。

高中阶段的教育建立在小学和初中教育的基础上，学制为 3 年，分为普通高中提供的普通中等教育与职业教育学院提供的中职教育，约有 2/3 的学生在初中毕业后继续接受普通中等教育。根据国家规定的课程要求，普通高中教育包含一整套知识、技能和能力体系，为后续大学或职业院校的学习做准备。

（一）普通中等教育

自 2010 年以来，爱沙尼亚政府大力开展学校网络的重新布局，鼓励和支持建立只有高中阶段的公立高中和市级高中。在 2018 年，爱沙尼亚有 24 所独立高中（只提供高中阶段教育的学校），其中 15 所是公立高中。

普通高中的教育为期 3 年，课程内容依据国家规定的课程要求而设置，课程形式分必修课与选修课。学生的学习成绩按 5 分制评估。法律允许学校在内部使用其他标记系统，但是当学生离开学校或从一所学校转移到另一所学校时，评判标准必须转换为普遍认可的 5 点格式。

（二）中等职业教育

中等职业教育和培训是由职业教育机构和一些专业高等教育机构组织的。2017—2018 学年，爱沙尼亚共有 38 个提供中等职业培训的教育机构，包括 26 个国家职业教育机构、3 个市政职业教育机构、4 个私立职业教育机构和

5个提供职业教育和培训的高等教育机构。

爱沙尼亚中等职业教育体系十分复杂，不同类型的职业学校对于学生的起点要求不同，在对于学生的培养方案上也存在差距。原则上，中等职业教育的最低入学要求是具有初中教育证书，年龄不小于16岁。

二、中等教育毕业制度

（一）普通中等教育

爱沙尼亚在2010年推出了新的国家课程标准，规定每个学年至少要进行35周的学习，必修课程包括18门，其中1门课程的学习时长为35学时。此外，学生可以选择其他的选修课进行学习。学生最后会参加5个必修课考试，其中3个是强制性的中央国家考试。

高中阶段结束时，将颁发普通中等教育证书和高中成绩单。获得证书的学生有资格接受高等教育。

（二）中等职业教育

爱沙尼亚的中等职业教育有多种类型。有些学校是纯职业性质的，有些则将职业教育和普通教育的科目结合起来对学生进行授课。

纯职业性质的中等教育不包括普通中等教育，学制为1年至2年半不等。这类学校毕业的学生最后可以获得非普通教育中等职业教育证书。

将职业教育与普通教育相结合的中等职业教育学制至少为3年，其中至少1/3的时间用于教授学生普通中等教育课程。学生顺利毕业则可获得中等职业教育证书。

HINNETELEHT

Õppimise ajal hinnati tema teadmisi ja oskusi alljärgnevalt:

Kohustuslikud ained:	Kursusi	Hinne	
Eesti keel	6	4	hea
Kirjandus	5	5	väga hea
Geograafia	3	4	hea
Bioloogia	4	5	väga hea
Füüsika	7	4	hea
Keemia	5	4	hea
Ajalugu	6	4	hea
Inimeseõpetus (psühholoogia)	1	5	väga hea
Ühiskonnaõpetus	2	4	hea
Muusika	3	4	hea
Kunst	2	5	väga hea
Kehaline kasvatus	6	5	väga hea
Lai matemaatika	14	4	hea
B1-keeleoskustaseme kursus (vene)	6	5	väga hea
B2-keeleoskustaseme kursus (inglise)	6	5	väga hea
Õpilasuurimus: Tort „Kevadine lilletort emale"		5	väga hea

Valikained:	Kursusi	Hinne	
Filosoofia	2	5	väga hea
Enese arendamise kursus	2	5	väga hea
Kujutav geomeetria	1	5	väga hea
Uurimistöö alused	1	4	hea
3D printimine	1	5	väga hea
Fotograafia	1	5	väga hea
Gastronoomia	1	5	väga hea
Inglise keelne kirjandus	1	4	hea
Loovdraama	1	arvestatud	
Mehhatroonika ja robootika	2	5	väga hea
Riigikaitse	1	5	väga hea
Muu õppetegevus (loodusklass)	3	5	väga hea
Religioonid maailmakultuuris	1	4	hea
Teaduslugu	1	5	väga hea
Uuriv aine	1	4	hea
Sissejuhatus filmikunsti	1	5	väga hea
Sissejuhatus programmeerimisse	1	5	väga hea
Karjääri planeerimine ja ettevõtlik eluviis	1	5	väga hea

图 1 爱沙尼亚高中毕业成绩单（部分）

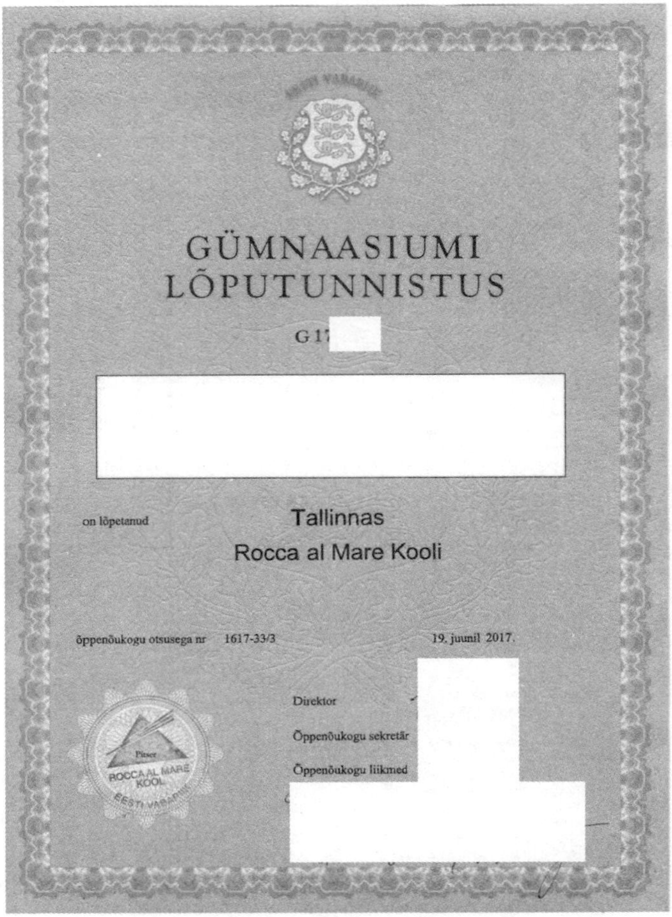

GÜMNAASIUMI
LÕPUTUNNISTUS

G17

on lõpetanud Tallinnas
Rocca al Mare Kooli

õppenõukogu otsusega nr 1617-33/3 19. juunil 2017.

Direktor

Õppenõukogu sekretär

Õppenõukogu liikmed

图2 爱沙尼亚高中毕业证书

第三节 高等教育制度

一、大学教育制度

（一）入学制度

爱沙尼亚高等教育的入学不是由国家统一组织进行的，而是由高等教育机构一级进行自主选拔，由各教育机构董事会规定录取学生的条件和程序。一般来说，高校会以报考学生的高中毕业成绩作为参考，高等教育机构也可以通过核查学生的国家考试证书，或者对学生进行入学考试、专业能力面试和学术能力测验等形式对报考的学生进行考核并判定其入学资格。

原则上，高中毕业生凭借普通中等教育证书或中等职业教育证书均可以申请继续进入高等教育阶段进行深造。

（二）学制与学位授予制度

学士学位课程和专业高等教育课程的标准期限一般为 3 年至 4 年，产科专业的护理研究的学制为 4 年半。学生在本科阶段需要修满 180—240ECTS 学分。学士学位课程和专业高等教育课程的学习阶段与欧洲资格框架第六级定义的学习阶段相对应。

在提供高等教育的机构中，学生可以全日制、非全日制或校外课程学习形式进行高等教育的修读。全日制和非全日制学习的学生算作本校学生；进行校外课程学习的学生不算是本校学生。校外课程学习的学生不能申请教育津贴或助学贷款。

全日制学生应在每学年结束前完成课程要求的 75% 的学习份额，非全日制学生应该至少完成课程的 50%—75%。学生在高等学校入学的第一年，学生可以选择全日制学习或非全日制学习。但在之后的学年中，高等教育机构会根据每学年学生完成的课程学习量来决定学生应该进行全日制学习还是进行非全日制学习。高等学校会将不符合全日制学习条件的学生转为非全日制学习。另外，高等学校董事会可以自主制定学生在校学习生活的规章制度，以及开除学生的条件和程序。

本科阶段学生可以选择接受学术教育或职业教育：

1. 以理论为基础的学士课程（学术教育）。课程要求具备较强的通识知识。

2. 以实践培训为重点的专业高等教育课程（职业教育）。课程中包含实践工作（包括在工作环境中进行实践培训）的比例至少达到 15%。

在顺利完成以上两种课程中任何一种课程的前提下，如果满足专业高等教育机构或大学所规定的入学要求，就可以继续申请攻读硕士学位。学术高等教育课程修满后学生可获得学士学位文凭；职业高等教育毕业后可获得高等职业教育文凭。

高等教育中的专业、学习领域和课程组的分类基于《国际教育标准分类标准》(International Standard Classification of Education，ISCED）的原则，特定的教育机构有权提供指导并颁发各自的学位和文凭。

二、研究生教育制度

（一）入学制度

1. 硕士研究生入学

学生完成学术高等教育课程或专业高等教育课程，并获得相应的文凭或证书即可申请继续攻读硕士学位。

2. 博士研究生入学

拥有硕士学位或硕士同等学历的学生可以申请攻读博士学位。由高等教育机构的董事会自主规定详细的录取条件和程序，通常会要求申请攻读博士学位的学生提交论文研究计划并参加入学面试。论文的研究计划必须包括选择研究主题和目的的说明、研究方法的介绍和研究工作的时间表。各高等教育机构入学委员会也会考虑申请者在先前专业中的学习经验和额外培训过程中获得的能力，综合考察申请者的素质，判定其是否可以入学。

攻读博士学位的学生可以自主选择全日制和非全日制学习，分别完成至少75%或50%—75%的课程学习。

（二）学制与学位授予制度

1. 硕士

硕士学位的平均学制为1至2年，学习量为60—120 ECTS学分，加之本科阶段的学习，一共需要修满300 ECTS学分。

医学、兽医、药剂师、牙科、建筑和土木工程等专业的学士和硕士阶段被整合为一个整体，即这些专业的课程为学士和硕士相结合的综合课程，学生在毕业后直接获得硕士学位。医学培训和兽医培训的标准学制为6年，需要修满360 ECTS学分；药剂师、牙科、建筑、土木工程专业的学制为5年，需要修满300 ECTS学分。

期末考试或论文答辩是硕士阶段的综合测评方式。高等教育机构将为完成硕士学习的学生提供英语文凭。为硕士毕业生颁发的证明文件包括课程的内容及其完成的结果、课程质量评估的结果以及资格框架的水平证明等。

2. 博士

博士课程的标准学制为3至4年，学习量为180—240 ECTS学分。博士水平的学习阶段与欧洲资格框架第八级定义的学习阶段相对应。

博士阶段的研究学习是根据学生的个人计划进行的，高等教育机构会检查由博士生本人通过的学习计划是否得到实施和完成，并且每位博士生必须按照大学董事会规定的条件和程序进行定期考核与认证。博士生通常会向委员会提交涵盖其上一学期的材料，委员会根据提交的信息来确定学生已获得多少ECTS学分。根据高等教育规定的标准，博士学位论文的内容必须基于独立研究，为相应的科学领域的相关问题提出新的解决方案。高等教育机构通常要求博士至少在科学出版物上发表 3 篇论文。

学生完成博士学位全部课程和研究之后，高等教育机构将向其提供完成课程或获得学位的文凭以及成绩单，其中也包括英语文凭。

第四节　高等教育机构类型

爱沙尼亚的公立高等教育机构分为两种类型：综合大学和专业大学。

综合大学是研究、教育和文化机构，提供完整的 3 个层次的高等教育课程，即学士学位、硕士学位和博士学位课程。

专业大学和其他一些职业教育机构提供职业高等教育课程。专业大学还可以为接受中等教育的学生提供职业培训。根据爱沙尼亚政府的规定，在满足某些要求的情况下，某些专业大学还可以提供硕士课程。除此之外，私立高等教育机构也可以提供高等职业教育。

1. 公立综合大学

塔林大学（Tallinn University）

塔林理工大学（Tallinn University of Technology）

塔尔图大学（University of Tartu）

2. 公立专业大学

爱沙尼亚艺术学院（Estonian Academy of Arts）

爱沙尼亚音乐与戏剧学院（Estonian Academy of Music and Theatre）

爱沙尼亚安全科学院（Estonian Academy of Security Sciences）

爱沙尼亚航空学院（Estonian Aviation Academy）

爱沙尼亚海事学院（Estonian Maritime Academy）

爱沙尼亚国防学院（Estonian National Defence College）

爱沙尼亚公共服务学院（Estonian Public Service Academy）

爱沙尼亚生命科学大学（Estonian University of Life Sciences）

塔林应用科技大学（Tallinn University of Applied Sciences）

塔尔图艺术学院（Tartu Art College）

3. 私立高等教育机构

爱沙尼亚商学院（Estonian Business School）

爱沙尼亚信息技术学院（Estonian Information Technology College ）

爱沙尼亚外交学院（Estonian School of Diplomacy）

欧洲学院（Euro Academy）

神学研究所 (Institute of Theology)

爱沙尼亚创业应用科技大学（Estonian Entrepreneurship University of Applied Sciences）

私立专业心理学学校（Private School of Professional Psychology）

塔尔图神学学院（Tartu Academy of Theology）

表 1 爱沙尼亚大学排名

大学名称	QS 排名	ARWU 排名	U.S. News 排名	THE 排名
塔尔图大学（University of Tartu）	301	301—400	322	301—350
塔林理工大学（Tallinn University of Technology）	601—650		1022	801—1000
塔林大学（Tallinn University）	801—1000			801—1000

参考文献

中文部分

[1] 中华人民共和国外交部:《爱沙尼亚国家概况》, 2019 年 8 月, 见 https://www.fmprc.gov.cn/web/gjhdq_676201/gj_676203/oz_678770/1206_678820/1206x0_678822/。

外文部分

[1]REPUBLIC OF ESTONIA MINISTRY OF EDUCATION AND RESEARCH, Qualifications, 2017-9-8, https://www.hm.ee/en/activities/qualifications.

[2]Study In Estonia, PISA 2015: Estonia's basic education is the best in Europe, 2018-4-28, https://www.hm.ee/en/news/pisa-2015-estonias-basic-education-best-europe.

[3]Nuffic, Education and diplomas Estonia, 2018-7, https://www.nuffic.nl/en/education-systems/estonia.

[4]Tracey Shelton, Estonia:From AI judges to robot bartenders, is the post-Soviet state the dark horse of digital tech, 2019-6-15, https://www.abc.net.au/news/2019-6-16/estonia-artificial-intelligence-technology-robots-automation/11167478.

[5]REPUBLIC OF ESTONIA MINISTRY OF EDUCATION AND RESEARCH, Vocational education, 2019-7-3, https://www.hm.ee/en/vocational-education.

[6]REPUBLIC OF ESTONIA MINISTRY OF EDUCATION AND RESEARCH, Secondary education, 2019-7-25, https://www.hm.ee/en/activities/pre-

school-basic-and-secondary-education/secondary-education.

[7]Eacea, Estonia-Second Cycle Programmes, 2020-1-2, https://eacea.ec.europa.eu/national-policies/eurydice/content/second-cycle-programmes-24_en.

[8]Eacea, Estonia-Third Cycle (PhD) Programmes, 2020-1-2, https://eacea.ec.europa.eu/national-policies/eurydice/content/third-cycle-phd-programmes-24_en.

[9]Eacea, Bachelor’s studies and studies in professional higher education, 2020-1-2, https://eacea.ec.europa.eu/national-policies/eurydice/content/bachelor-24_en.

[10]Eacea, Estonia-Organisation of General Upper Secondary Education, 2020-2-12, https://eacea.ec.europa.eu/national-policies/eurydice/content/organisation-general-upper-secondary-education-14_en.

[11]REPUBLIC OF ESTONIA MINISTRY OF EDUCATION AND RESEARCH, https://www.hm.ee/en.

[12]Estonian ENIC/NARIC, Education system, http://archimedes.ee/enic/en/haridussusteem/.

[13]EKKA, http://ekka.archimedes.ee/en/.

第十七章　捷克

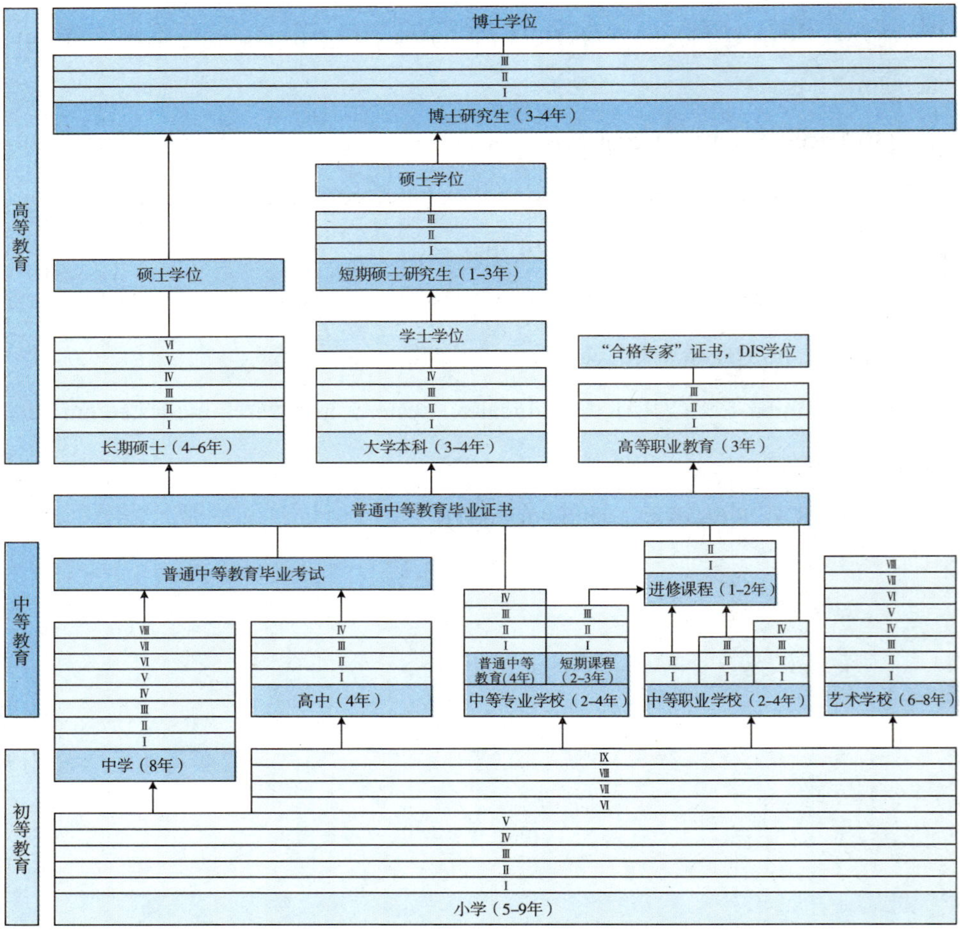

高等教育
博士学位
Ⅲ
Ⅱ
Ⅰ
博士研究生（3–4年）
硕士学位
Ⅲ
Ⅱ
Ⅰ
短期硕士研究生（1–3年）
硕士学位
Ⅵ
Ⅴ
Ⅳ
Ⅲ
Ⅱ
Ⅰ
长期硕士（4–6年）
学士学位
Ⅳ
Ⅲ
Ⅱ
Ⅰ
大学本科（3–4年）
"合格专家"证书，DIS学位
Ⅲ
Ⅱ
Ⅰ
高等职业教育（3年）
普通中等教育毕业证书
中等教育
普通中等教育毕业考试
Ⅷ
Ⅶ
Ⅵ
Ⅴ
Ⅳ
Ⅲ
Ⅱ
Ⅰ
中学（8年）
Ⅳ
Ⅲ
Ⅱ
Ⅰ
高中（4年）
Ⅳ
Ⅲ
Ⅱ
Ⅰ
普通中等教育(4年)
Ⅲ
Ⅱ
Ⅰ
短期课程（2–3年）
中等专业学校（2–4年）
Ⅱ
Ⅰ
进修课程（1–2年）
Ⅱ
Ⅰ
Ⅲ
Ⅱ
Ⅰ
Ⅳ
Ⅲ
Ⅱ
Ⅰ
中等职业学校（2–4年）
Ⅷ
Ⅶ
Ⅵ
Ⅴ
Ⅳ
Ⅲ
Ⅱ
Ⅰ
艺术学校（6–8年）
初等教育
Ⅸ
Ⅷ
Ⅶ
Ⅵ
Ⅴ
Ⅳ
Ⅲ
Ⅱ
Ⅰ
小学（5–9年）

第一节　导言

捷克，全称是捷克共和国，位于中欧，是发达的资本主义国家。截至2019年，捷克总人口为1065万。主要民族为捷克族，少数民族包括斯洛伐克族、德意志族、波兰族和罗姆族（吉普赛人）。主要宗教为罗马天主教，官方语言为捷克语。捷克是一个单一的议会共和国。布拉格是捷克的首都，也是捷克最大的城市。捷克克朗为捷克的货币，1人民币大约兑换3.258捷克克朗。

捷克共和国对6—15岁的儿童实行义务教育，另外公民可享受免学费的大学教育。与欧洲其他国家相比，捷克共和国的教育体系相对平等。2017年，捷克平均受教育年限是12.7年，捷克25岁以上至少接受过中等教育的人口比率达到99.8%。捷克政府教育支出占GDP的4%。根据经济合作与发展组织（OECD）2018年国际学生评估测试（PISA），捷克学生的阅读成绩排在第25位，数学成绩排在第22位，科学成绩排在第21位。

捷克的高等教育包括普通高等教育和高等职业教育。捷克的中央教育管理机构是教育、青年和体育部。根据法律，公立高等教育对所有国籍的公民都是免费的。截至2017年，捷克高等教育的入学率为64%。

第二节　中等教育制度

一、中等教育类型

中等教育有两种类型，分别是普通中等教育和中等职业教育。普通中等教育由普通中等学校提供。学生已经在小学阶段的高年级学习过中等教育的初级知识，因此捷克的普通中等教育实际上相当于高中教育。中等专业学校、中等职业学校和艺术学校则为学生提供中等职业教育。

捷克小学为 9 年制，1—5 年级为初级小学阶段，6—9 年级为高级小学阶段。学生在小学毕业后升入 4 年制普通中等学校，但一些成绩优秀的学生也可以在小学 5 年级（初级小学阶段结束）之后升入 8 年制的中学。4 年制的中学和 8 年制的中学所学习的内容几乎一致，区别在于 8 年制中学的学习内容难度更大一些。

中等专业学校是将普通中等教育、理论职业课程和实践培训相结合的一种职业学校。根据不同的专业领域，可以划分不同的学校，比如以学习商业相关知识为主的中等商业学校、以学习工业领域知识为主的中等工业学校和以学习卫生知识为主的中等卫生学校等。中等专业学校的学制为 4 年，所提供的课程中理论教学占 40%，实践教学占 60%，并且学校会提供实验室和实验基地供学生进行实践。

中等职业学校为学生提供具体的职业学习课程，包括厨师、美发师、售货员、工匠和电工职业等。

艺术学校既可以提供中等职业教育，也可以提供高等职业教育水平的学习。艺术学校的学习时间比其他学校要长，通常持续 6—8 年。艺术学校开设的专业有舞蹈、音乐、戏剧和唱歌等，学生通过学习可以为其将来的艺术生涯做准备。另外，学生还可以学习某些学校里的师范专业，为将来从事教师行业做准备。

二、中等教育毕业制度

1. 普通中等学校

普通中等学校为4年制或8年制，完成学业时，学生会参加普通中等教育毕业考试。普通中等教育毕业考试的科目有：捷克语言与文学、数学或外语及其他至少2门科目。其中，学生的必考科目是捷克语言与文学，而数学和外语则是二选一的科目，需要学生从中选择一个进行考试。学生通过普通中等教育毕业考试后可获得相应的证书，即普通中等教育毕业证书。该证书是学生完成高中阶段学习的证明，同时也是进入高等教育学习的必要条件。

2. 中等专业学校

中等专业学校学制通常也为4年，在毕业时学生需要参加期末考试。期末考试共有5门科目，包括2门通识科目和3门实践科目。学生成绩合格才可以获得期末考试证书，用来证明其专业技能。由于学生在学校里也会接受普通中等教育知识的学习，因此学生毕业时也会获得普通中等教育毕业证书。另外，中等专业学校也会提供学习时间比较短的课程，学生学习结束后参加期末考试，获得期末考试证书。这种课程学习时间短，通常是2—3年，参加这种课程的学生不能获得普通中等教育毕业证书。

3. 中等职业学校

不同的职业学校学制不尽相同。在某些中等职业学校，学生可以参加2—3年制的课程学习，课程结束后学生参加期末考试，成绩合格会获得职业证书。学生还可以参加另一种2年制的职业课程，但是学校不提供证书。另有一些4年制的职业学校，在这种学校学习的学生不仅可以获得职业证书，还可以通过考试获得普通中等教育毕业证书，获得该证书后，学生有资格选择继续接受高等教育。

虽然中等专业学校的学生和某些中等职业学校的学生都可以获得普通中等教育毕业证书，但实际上，中等专业教育的教育水平要比中等职业学校的水平高一些。

表 1　中等教育毕业考试成绩等级

数字等级	捷克语表述	含义
1	Výborný	Excellent
2	Chvalitebný	Commendable
3	Dobrý	Good
4	Dostatečný	Satisfactory
5	Nedostatečný	Unsatisfactory

一般来说，许多学生都会获得“Good”等级的成绩。学校对成绩特别优秀的学生会进行奖励。

在中等专业学校和中等职业学校学习，但是没有获得普通中等教育毕业证书的学生，如果在将来还想要获得此证书，可以报名参加进修课程的学习。进修课程的学制为 1—2 年不等，旨在帮助学生能够顺利获得普通中等教育毕业证书。

ČESKÁ REPUBLIKA

EDUCA - Střední odborná škola, s.r.o., Nový Jičín

Obor vzdělání (kód a název): [redacted]

Zaměření:

Školní vzdělávací program: [redacted]

Školní rok: 2018/2019 Třída nebo oddělení: C4.A

Forma vzdělávání: denní

[redacted]

VÝPIS

VYSVĚDČENÍ

Jméno a příjmení: [redacted]
Datum narození:
Místo narození:
Státní občanství:

Rodné číslo: [redacted]

Číslo v třídním výkazu: 2

Hodnocení výsledků vzdělávání vyjádřené klasifikací za 4. ročník

	I. pololetí	II. pololetí
Chování	velmi dobré	
Povinné předměty		
Matematika	dobrý	
Český jazyk a literatura	chvalitebný	
Anglický jazyk	výborný	
Dějiny kultury	dobrý	
Cestovní ruch	chvalitebný	
Praxe	chvalitebný	
Ruský jazyk	výborný	
Maturitní seminář - matematika	dobrý	
Management a marketing	výborný	
Zeměpis cestovního ruchu	výborný	
Ekonomika	chvalitebný	
Účetnictví a daně	chvalitebný	
Výchova ke zdraví	chvalitebný	
Maturitní seminář - anglický jazyk	výborný	

图 1 捷克中等教育毕业成绩单

ČESKÁ REPUBLIKA

ŠKOLA: [redacted]

Studijní obor – studium (kód a název) [redacted]

---

zaměření ---

Číslo maturitního protokolu: [redacted]

Školní rok: [redacted]

Třída: AT 4.

VYSVĚDČENÍ O MATURITNÍ ZKOUŠCE

Jméno a příjmení: [redacted]

Datum narození: [redacted] Rodné číslo: [redacted]

Rodiště: Kladno, okres: Kladno

Národnost: česká Státní občanství: Česká republika

Maturitní zkoušku vykonal(a)

z českého jazyka a literatury	s prospěchem výborným
z matematiky	s prospěchem výborným
z praktické zkoušky z odborných předmětů	s prospěchem výborným
z automatizační techniky	s prospěchem chvalitebným
z elektroniky a elektronických zařízení	s prospěchem chvalitebným

Celkové hodnocení: prospěl s vyznamenáním

Dobrovolnou maturitní zkoušku vykonal(a)

z --- s prospěchem ---

V Kladně [redacted]

STŘEDNÍ PRŮMYSLOVÁ ŠKOLA 2 JANA PALACHA 1840 KLADNO

Ing. Bohumil Žvachta	Ing. [illegible] Pech	RNDr. Josef Křeček
jméno, příjmení a podpis ředitele (ky) střední školy	předseda zkušební komise	třídní učitel(ka)

SEVT 49 338 1 [redacted]

图 2 捷克高中毕业证书

第三节 高等教育制度

一、大学教育制度

（一）入学制度

捷克的大学在招生时通常会考虑以下一些因素：学生的普通中等教育毕业证书、中学成绩和入学考试成绩。要想进入大学学习，学生必须获得普通中等教育毕业证书。无论是在普通中等学校学习后获得此证书，还是在职业学校获得此证书，实际上没有太大的差别。但是，学校普遍认为毕业于普通中等学校并接受过大学预科教育的学生可以更好地融入高等教育的学习。因此，被大学录取的大部分学生都会在上大学前完成大学预科教育。为了进入大学学习，学生还需要参加学校或者院系安排的入学考试，入学考试可能会包括笔试和面试。

除了选择普通高等教育，学生还可以选择接受高等职业教育。高等职业教育可以进一步提高学生的专业技术能力并授予其专业资格。高等职业教育的课程学习一般持续 3 年。

（二）学制与学位授予制度

由于加入了欧洲学分互认体系，捷克的大学普遍实行学分制，以欧洲高等教育区资格框架为标准，并结合捷克的高等教育实际情况采用国际通行的学位授予制度。

捷克的大学本科学制一般是 3—4 年，学生毕业时要参加国家统一考试才能获得学士学位。虽然不同的学科和不同的高校有不同的具体计算标准，但是一般来说，捷克大学本科一学年包括 60 个学分，毕业时需要学生修满 180—240 个学分。学生的学习总时长、学习任务的总量和学业成绩作为学分中占比最大的部分，学生参加讲座、讨论、研究、实习和考试等学习活动所花费的时间都会影响到最终的学分数量。

高等职业学校则不一定采取学分制，要根据教育部的规定和本学校开设专业的实际情况来决定是否采用学分制。在学习的最后一年，学生需要参加毕业综合考试。毕业综合考试的最高分是4分。这项考试的内容由3部分组成，包括理论知识的考查、外语考试和毕业论文答辩。理论考试不是考查所有科目，而是随机抽取学生本科学习过的课程，数量上要求至少3门。学生可以多人合作完成毕业论文，一起进行论文答辩。毕业论文除了理论知识答辩，还要进行实践技能的考查。学生完成规定的学业并通过毕业综合考试后才可以获得毕业证书，在捷克，毕业证书又被称为“合格专家”证书。另外，学校还会授予学生Dis学位（专家文凭），证明其专业技能。

二、研究生教育制度

（一）入学制度

1. 硕士研究生入学

硕士研究生入学需要学生取得学士学位，并且参加大学自己组织的入学考试。学生取得学士学位后可以继续攻读硕士。另外，医学、兽医、药学、法律等专业可以直接攻读硕士学位。在这种情况下，学生的学习时间较长，因此这些专业的硕士学位又叫作长期硕士学位。

2. 博士研究生入学

一般来说，学生需要获得硕士学士学位才可以继续攻读博士。各高等教育机构自行设置博士的招生环节与考查内容。

（二）学制与学位授予制度

1. 硕士

捷克的硕士教育学制有两种，短期的是1—3年，长期的是4—6年。1—

3 年的短期学制是为有学士学位的学生提供的，4—6 年的长期学制是为修读长期硕士学位的学生提供的。短期学制的硕士生需要修满 60—180 学分。另外，学生毕业时还需要参加国家毕业考试，成绩合格获得硕士学位。不同学科对应授予的硕士学位如下：

• 硕士学位（Master）：人文、社会学、物理学、神学、法学、药学、师资培训、警校培训；

• 艺术硕士学位（Master of Arts）：艺术（音乐、舞蹈、艺术学科等）；

• 工程硕士学位（Master of Engineering）：经济、技术、农业、林业和国防；

• 工程建筑师硕士（Master of Engineering Architect）：建筑；

• 药物医学硕士（Medicinae Universiae Doctor）：医学；

• 牙科硕士学位（Master's Degree in Dentistry）：牙科；

• 兽医学硕士学位（Master's Degree in Veterinary Sciences）：兽医学。

2．博士

博士生需要学习 3—4 年，学生需要修满 180 个学分。另外，学生毕业时还需要参加国家毕业考试，成绩合格获得博士学位。

一般而言，捷克大学的所有层次的学生都需要参加国家毕业考试，通过国家考试的学生才可以毕业并被授予相应的学位。国家毕业考试的内容包括对学生学习的课程内容的随机抽考和毕业论文答辩。表 2 是高等教育毕业考试成绩评价等级。

表 2　捷克高等教育成绩评价体系

欧洲学分互认体系等级	成绩	数字等级	捷克语表述	含义
A	90-100	1.0	Výborně	Excellent
B	80-89	1.5	Velmi dobře	Very good
C	70-79	2.0	Dobře	Good
D	60-69	2.5	Uspokojivě	Very satisfactory

续表

欧洲学分互认体系等级	成绩	数字等级	捷克语表述	含义
E	50-59	3.0	Dostatečně	Satisfactory
F	0-49	4.0	Nedostatečně	Unsatisfactory

第四节　高等教育机构类型

捷克的普通高等教育由大学提供。按办学主体，捷克的高等学校可分为公立、国立和私立 3 种形式。截至 2019 年，捷克共有 27 所公立大学、2 所国立大学以及 46 所私立大学。在教育、青年和体育部的许可下，私立大学的申请人和学校法人才有资格办学。捷克的大学一般都有授予学士学位、硕士学位、博士学位的资格。

表 3　捷克大学排名

大学名称	QS 排名	ARWU 排名	U.S. News 排名	THE 排名
查理大学（Charles University）	291	201—300	210	401—500
布拉格化学技术学院（University of Chemistry and Technology, Prague）	355	701—800	1144	1001+
捷克理工大学（Czech Technical University in Prague）	498	701—800	465	801—1000
马萨里克大学（Masaryk University）	551—560	601—700	577	601—800
奥洛穆茨帕拉茨基大学（Palacký University in Olomouc）	601—650	501—600	519	601—800
布尔诺理工大学（Brno University of Technology）	651—700		921	1001+
利贝雷茨技术大学（Technical University of Liberec）	751—800			1001+
捷克布拉格生命科学大学（Czech University of Life Sciences in Prague)	801—1000	901-1000	1003	1001+
奥斯特拉发大学（University of Ostrava)	801—1000			1001+

续表

大学名称	QS 排名	ARWU 排名	U.S. News 排名	THE 排名
捷克布杰约维采南波西米亚大学（University of South Bohemia）	901—1000		904	801—1000
布尔诺孟德尔大学（Mendel University in Brno）			1228	1001+
奥斯特拉瓦科技大学（Technical University of Ostrava）			1333	1001+
皮尔森西波西米亚大学（University of West Bohemia Pilsen）			1390	1001+
帕尔杜比采大学（University of Pardubice）			1471	1001+
布拉格经济大学（University of Economics, Prague）				1001+
赫拉德茨－克拉洛维大学（University of Hradec Králové）				1001+
托马斯拔佳大学（Tomas Bata University in Zlin）				1001+

参考文献

中文部分

[1] 陈金西：《捷克教育体系考察与探讨》，《厦门科技（校园内外）》2005 年第 1 期。

[2] 王文礼：《欧洲学分制和终身学习》，《继续教育研究》2010 年第 6 期。

[3] 武忠远、张振康、孙刚成：《捷克公立大学管理机制及其启示》，《延安大学学报（社会科学版）》2010 年第 5 期。

[4] 孙刚成、张振康、武忠远：《捷克高等教育国际化变革与启示》，《学术论坛》2011 年第 10 期。

[5] 梁孟姣、钱星：《捷克高等教育发展现状及启示》，《赤峰学院学报（自然科学版）》2016 年第 1 期。

[6] 李尚卫、杨文淑：《捷克当前高等教育改革及启示》，《宜宾学院学报》2017 年第 2 期。

[7] 中华人民共和国外交部：《捷克国家概况》，2019 年 8 月，见 https://www.fmprc.gov.cn/web/gjhdq_676201/gj_676203/oz_678770/1206_679282/1206x0_679284/。

外文部分

[1]Elena Meschi, Francesco Scervini, Expansion of schooling and educational inequality in Europe: the educational Kuznets curve revisited, 2013-12-10, https://academic.oup.com/oep/article-abstract/66/3/660/2364602/Expansion-of-schooling-and-educational-inequality?redirectedFrom=fulltext.

[2]TOPUNIVERSITIES, QS World University Rankings, 2017-6-7, https://www.topuniversities.com/university-rankings/world-university-rankings/2018.

[3]Nuffic, Education and diplomas Czech Republic, 2018-10, https://www.nuffic.nl/en/education-systems/czech-republic.

[4]United Nations Development Programme, Human Development Reports - 2018 Statistical Update – Chinese, 2019-12-19, http://www.hdr.undp.org/sites/default/files/2018_human_development_statistical_update_cn.pdf.

[5]FindAPhD, PhD Study in the Czech Republic - A Guide for 2020, 2020-1-20, https://www.findaphd.com/study-abroad/europe/phd-study-in-czech-republic.aspx.

[6]FindAMasters, Masters Study in the Czech Republic - A Guide for 2020, 2020-1-22, https://www.findamasters.com/study-abroad/europe/masters-study-in-czech-republic.aspx.

[7]MSMT, CZECH EDUCATION SYSTEM, http://www.msmt.cz/areas-of-work/tertiary-education/czech-education-system.

[8]Inkluzivniskola, Vzdělávací systém v České republice, https://www.inkluzivniskola.cz.

[9]Vlaanderen, Prague Communique, towards the European Higher Education Area, http://www.ond.vlaanderen.be/hogeronderwijs/bologna/documents/MDC/PRAGUE_COMMUNIQUE.pdf.

[10]OECD, Range of rank on the PISA 2006 science scale, http://www.oecd.org/newsroom/39700724.pdf.

[11]OPVVV, https://opvvv.msmt.cz/.

[12]Infoabsolvent, Mám výuční list a chci víc, https://www.infoabsolvent.cz/Rady/Clanek/7-3-02.

[13]Studyin, Centre for International Cooperation in Education, Higher education system, https://www.studyin.cz/plan-your-studies/higher-education-system/.

第十八章　葡萄牙

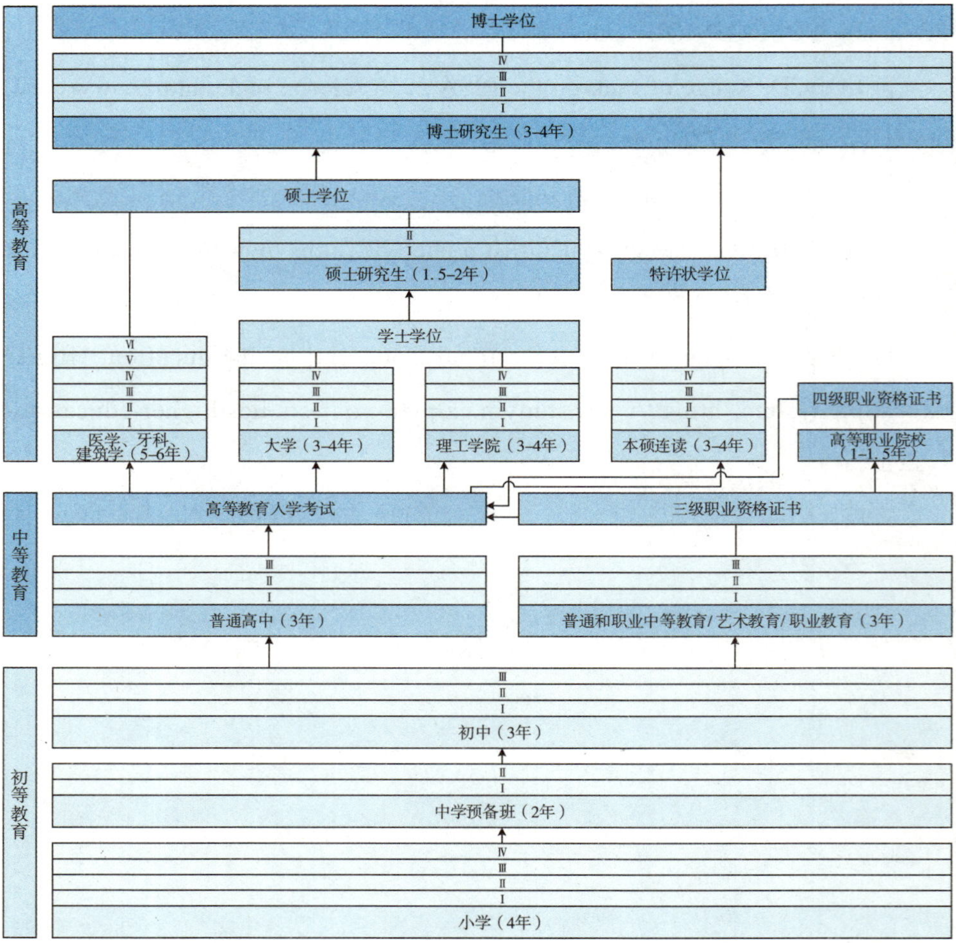
高等教育
中等教育
初等教育
博士学位
Ⅳ
Ⅲ
Ⅱ
Ⅰ
博士研究生（3-4年）
硕士学位
Ⅱ
Ⅰ
硕士研究生（1.5-2年）
特许状学位
学士学位
Ⅵ
Ⅴ
Ⅳ
Ⅲ
Ⅱ
Ⅰ
医学、牙科、建筑学（5-6年）
大学（3-4年）
理工学院（3-4年）
本硕连读（3-4年）
四级职业资格证书
高等职业院校（1-1.5年）
高等教育入学考试
三级职业资格证书
普通高中（3年）
普通和职业中等教育/艺术教育/职业教育（3年）
初中（3年）
中学预备班（2年）
小学（4年）

第一节 导言

葡萄牙，全称为葡萄牙共和国，是一个位于欧洲西南部伊比利亚半岛的国家。截至 2018 年，葡萄牙总人口为 1027.7 万，官方语言为葡萄牙语。葡萄牙的主要人口为葡萄牙人，外国合法居民约 40 万人，主要来自巴西、安哥拉、莫桑比克等葡语国家及部分欧盟国家。葡萄牙约 85% 的居民为天主教徒。葡萄牙是一个发达国家和高收入国家，其人均国内生产总值在 2017 年的平均值为欧盟 28 国平均水平的 77%(2012 年为 75%)。欧元为葡萄牙的货币，1 人民币约兑换 0.1281 欧元。

葡萄牙实行 12 年义务教育，包括基础教育（小学 4 年，中学预备班 2 年，初中 3 年）和中等教育（3 年，相当于我国高中，2009 年之前是非强制性的，分为普通高中教育和技术职业教育两种类型）。葡萄牙的成人识字率为 99%，小学入学率为 100%。根据经济合作与发展组织（OECD）2018 年国际学生评估测试（PISA），葡萄牙学生的阅读成绩排第 24 位，数学成绩排第 28 位，科学成绩排第 26 位。

葡萄牙的高等教育分为两个主要的子系统：大学和理工学院，大学具有较强的理论基础和高度的研究性，而理工学院旨在提供更实用的培训，以专业为导向。2006 年以后，在博洛尼亚进程框架下，葡萄牙的任何理工学院或大学都可以授予达到要求的毕业生学士学位和硕士学位。自从博洛尼亚进程以来，越来越多的职业技术机构在一定程度上建立了自己的研究和发展单位。

第二节　中等教育制度

一、中等教育类型

葡萄牙的高中教育学制为3年（十年级到十二年级）。2009年以后，高中教育变为强制的免费教育，葡萄牙所有18岁以下的学生都必须接受高中教育。高中阶段的教育类型分为以下4种：

1. 普通中等教育：在提供普通中等教育的学校，学生们可以自主选择感兴趣的分科进行学习。学校为学生提供4种不同的课程：科学与技术、社会经济科学、语言与人文科学和视觉艺术。

2. 普通和职业中等教育：这种类型的中等教育适用于毕业以后直接进入劳动力市场的学生。学制为3年，其中学生需要用2年的时间学习普通教育的课程，科目包括葡萄牙语、外语、哲学、体育和信息技术。职业教育方面的分科则包括以下几类：建筑、电子技术、信息、设备设计、多媒体、行政管理、市场营销、环境、社会、体育。

3. 艺术教育：为学生提供3年的艺术教育课程，专业选择包括视听交流、传播设计、产品设计、艺术作品。

4. 职业教育：为学生提供完全的职业教育课程，专业选择包括表演艺术、图形艺术、琴弦乐器演奏、爵士乐器演奏、管理技术、纺织和服装生产管理技术、建筑技术、电子音频视频和电视技术以及3D数字设计技术等。

二、中等教育毕业制度

1. 普通中等教育：全部课程结束时，学生将进行必修科目的期末考试和全国统一考试，考试结束后颁发毕业证书。

2. 普通和职业中等教育/艺术教育/职业教育：在通过学校的期末考试之

后学生可获得三级职业资格证书，此证书为毕业生提供劳动市场的准入资格，同时也提供参加高等教育入学考试的机会。

在中等教育毕业后，学生也可以升入高等职业院校进行进一步深造，此类院校不属于中等教育也不属于高等教育。完成这些课程后，学生将获得四级职业资格证书。学生可以凭借证书继续接受高等教育，并获得部分学分或免除某些攻读学位的要求。

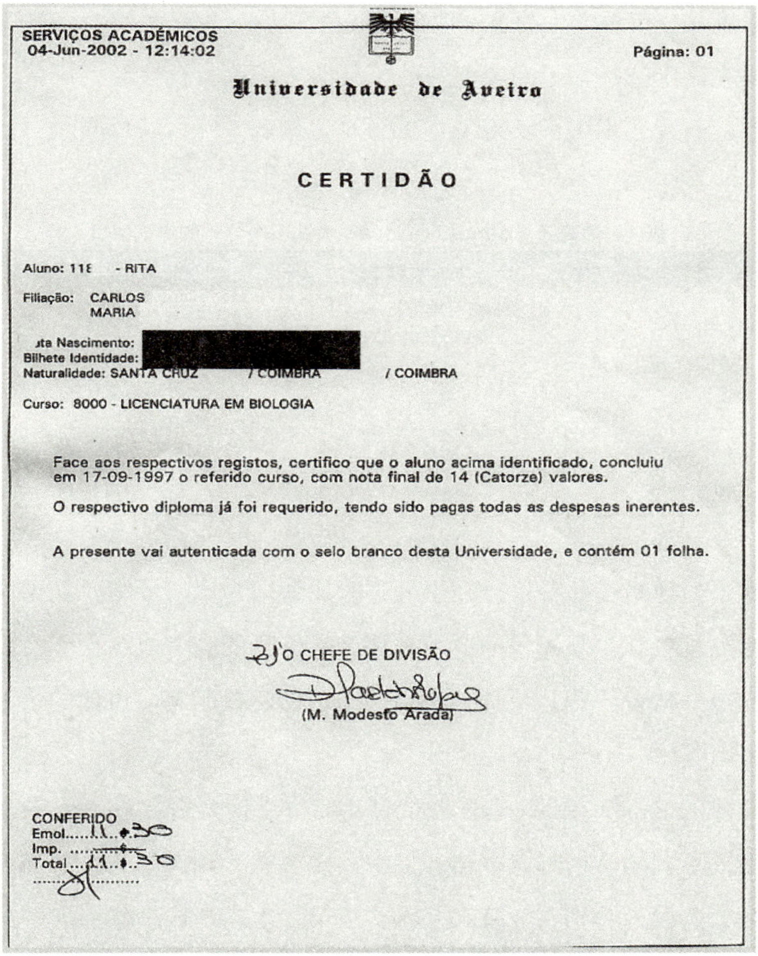
SERVIÇOS ACADÉMICOS
04-Jun-2002 - 12:14:02

Página: 01

Universidade de Aveiro

CERTIDÃO

Aluno: 118 - RITA

Filiação: CARLOS
MARIA

Data Nascimento: [redacted]
Bilhete Identidade: [redacted]
Naturalidade: SANTA CRUZ / COIMBRA / COIMBRA

Curso: 8000 - LICENCIATURA EM BIOLOGIA

Face aos respectivos registos, certifico que o aluno acima identificado, concluiu em 17-09-1997 o referido curso, com nota final de 14 (Catorze) valores.

O respectivo diploma já foi requerido, tendo sido pagas todas as despesas inerentes.

A presente vai autenticada com o selo branco desta Universidade, e contém 01 folha.

O CHEFE DE DIVISÃO

(M. Modesto Arada)

CONFERIDO
Emol.....11.$30
Imp. ....$......
Total.....11.$30

图 1　葡萄牙高中文凭

第三节　高等教育制度

一、大学教育制度

（一）入学制度

葡萄牙 Exames Nacionais 考试的地位相当于高等教育入学考试，有些科目的考试在十一年级进行，有些科目的考试在十二年级进行。但申请进入高等教育系统并非仅看学生的这一项考试成绩。

学生在高中选择学习的 4 种分科（科学与技术、社会经济科学、语言与人文科学、视觉艺术）都有相对应的考试，如表 1 所示。

表 1　葡萄牙 Exames Nacionais 考试不同分科的考试科目

分科	十一年级参加的考试	十二年级参加的考试
科学与技术	生物与地质、物理与化学 A、描述性几何 A（3 选 2）	葡萄牙语、数学 A
社会经济科学	经济学 A、物理和地理 A、历史 B（3 选 2）	葡萄牙语、数学 A
语言与人文科学	任意选择 2 门课程	葡萄牙语、图画 A
视觉艺术	任意选择 2 门课程	葡萄牙语、图画 A

不需要参加高考的科目，高中的平时成绩即为申请成绩。如果申请大学时需要重点查看学生某一科的成绩，那么这一科的高考成绩可能会占到申请成绩的 35%—50% 不等，具体比例由所申请的院校制定，占比的余下部分是高中的平均成绩。

葡萄牙的 Exames Nacionais 考试每年举办 2 次，分别在 6 月和 7 月，首次考试发挥不利的学生可以申请参加第二次考试。相对应的，每年高校申请也分为两个阶段，分别在 8 月和 9 月。以第二次高考成绩作为大学申请成绩的学生，只能报考 9 月份进行招生的高校（一般来说，排名较为靠前的高校通常会在第一阶段招满生源，所以 9 月申报的机会比较少）。

（二）学制与学位授予制度

葡萄牙的大学和理工学院均可以为学生授予学士学位。一般来说，大学教育注重理论，理工学院注重专业实践。在大学中，获得学士学位需要 180—240 ECTS 学分，学制为 3—4 年；在理工学院，通常需要 180 ECTS 学分，学制为 3 年。在特殊情况下，当所学专业必须进行实践活动时，则需要 240 ECTS 学分，学制为 3.5—4 年不等。

对于毕业生的评估有几种类型，各高等教育机构可以单独使用或组合使用，例如：论文、考试或实地工作的报告等。

另外，本硕连读的学生也需要修习 180—240 ECTS 学分，学制为 3—4 年。修完课程后，学生可获颁授特许状学位。高等教育机构也为医学、牙科和建筑学等专业提供了综合学习周期，即获得 300—360 ECTS 学分（学制为 5—6 年）后毕业直接获得硕士学位。

二、研究生教育制度

（一）入学制度

1. 硕士研究生入学

硕士学位的申请条件和规则、申请截止日期、选择和排序标准以及招生名额的发布均由各高等教育机构自行设定并发布。持有本科学士学位或同等级学位的学生均可申请攻读硕士学位。

2. 博士研究生入学

各高等教育机构自主招收博士研究生，持有硕士学位或同等级学位的学生均可申请攻读博士学位。满足申请攻读博士学位条件的学生可以提出进行某项论文工作或任何其他工作的计划，而选择不参加博士阶段的学习和选择导师，各高等教育机构会通过分析申请人的简历和其申请工作的相关性来决定是否同意申请人的计划。

（二）学制与学位授予制度

1. 硕士

硕士阶段需要修习的学分为 90—120 ECTS。硕士阶段的考核由学生所选课程的专业成绩、撰写科学论文、参与项目工作或专业实习情况以及硕士课程结束后提交的最终报告组成。高等教育机构对完成要求的学生授予硕士学位。如果学生硕士课程部分修得的学分低于标准要求但不低于 60 ECTS 学分，也可以颁发文凭，但不会授予硕士学位。

2. 博士

博士的学制一般为 3—4 年不等，博士阶段的学习主要包括博士论文的撰写和修读课程单元（称为博士课程）。博士学位将授予成功发表相关领域论文、参与相关研究的汇编或在艺术领域中提交 1 篇或几篇具有创新性作品并成功进行毕业论文答辩的学生。在不低于 30ECTS 学分的情况下，完成博士课程的学生也可以颁发给文凭证书，但不授予博士学位。

第四节　高等教育机构类型

葡萄牙的高等教育包括大学教育和综合技术教育。自 1990 年以来，葡萄牙的大学和理工学院已经按照博洛尼亚进程进行了转型。葡萄牙的高等教育机构分为 3 种类型，分别是大学、理工学院、高等学校。

1. 大学

大学由葡萄牙科学、技术与高等教育部监督和管理，各校都必须派出代表加入葡萄牙大学校长理事会。大学可培养学士、硕士、博士 3 个层次的学生，主要侧重于各领域学术型的教育和研究，旨在培养学生的文化和科学素养。

2. 理工学院

理工学院同样由葡萄牙科学、技术与高等教育部监管，并成立了葡萄牙高级理工学院协会。理工学院为学生提供职业技术课程，在教学中更加注重实践，培养具备专业技能的学生进入劳动力市场。理工学院通常具备授予学生学士和硕士学位的资格。

3. 高等学校

高等学校一般是技术、艺术和教育等领域的职业培训机构，为学生提供职业培训，专业涵盖工程与技术、应用艺术、教育科学、商业与管理、农业与造林、护理、美术等。

表 2 葡萄牙大学排名

大学名称	QS 排名	ARWU 排名	U.S. News 排名	THE 排名
里斯本大学（University of Lisbon）	338	151—200	214	501—600
波尔图大学（University of Porto）	353	301—400	288	401—500
科英布拉大学（University of Coimbra）	406	501—600	412	601—800
新里斯本大学（New University of Lisbon）	421	401-500	408	601—800
阿威罗大学（University of Aveiro）	551—560	601—700	536	601—800
米尼奥大学（University of Minho）	651—700	401—500	432	601—800
葡萄牙天主教大学（Catholic University of Portugal）	801—1000			351—400
葡萄牙波尔图理工学院（Polytechnic Institute of Porto）			970	801—1000
葡萄牙阿尔加维大学（University of Algarve）			976	801—1000
贝拉因特拉大学（University of Beira Interior）			1093	601—800
葡萄牙埃武拉大学（University of Evora）			1125	

续表

大学名称	QS 排名	ARWU 排名	U.S. News 排名	THE 排名
蒙特斯与奥拓杜罗大学（University of Tras – os - Montes & Alto Douro）			1139	801—1000
里斯本大学学院（University Institute of Lisbon）			1207	601—800

参考文献

中文部分

[1] 中华人民共和国外交部：《葡萄牙国家概况》，2019 年 12 月 31 日，见 https://www.fmprc.gov.cn/web/gjhdq_676201/gj_676203/oz_678770/1206_679570/1206x0_679572/。

外文部分

[1]Nuffic, Education and diplomas Portugal, 2016-7, https://www.nuffic.nl/en/education-systems/portugal.

[2]visao, Testes PISA: Portugal supera média da OCDE, 2016-12-6, https://visao.sapo.pt/atualidade/sociedade/2016-12-06-testes-pisa-portugal-supera-media-da-ocde/.

[3]Eurostat, GDP per capita in PPS, 2018-8-17, https://ec.europa.eu/eurostat/tgm/table.do?tab=table&init=1&language=en&pcode=tec00114&plugin=1.

[4]Eacea, Third Cycle (PhD) Programmes, 2019-1-16, https://eacea.ec.europa.eu/national-policies/eurydice/content/third-cycle-phd-programmes-60_en.

[5]Eacea, Portugal Overview, 2019-4-25, https://eacea.ec.europa.eu/national-policies/eurydice/content/portugal_en.

[6]DGEEC, Publicações / Dados Estatísticos-Regiões em Números 2017/2018, 2019-7-15,http://www.dgeec.mec.pt/np4/96/.

[7]Eacea, Bachelor, 2019-12-5, https://eacea.ec.europa.eu/national-policies/eurydice/content/bachelor-60_en.

[8]Eacea, Organisation of General Upper Secondary Education, 2020-1-29, https://eacea.ec.europa.eu/national-policies/eurydice/content/organisation-general-upper-secondary-education-45_en.

[9]REPÚBLICA PORTUGUESA, Ministro Adjunto e da Economia, https://www.portugal.gov.pt/pt/gc21/area-de-governo/ministro-adjunto-e-da-economia.

[10]GDES, FORMAS DE ACESSO AO ENSINO SUPERIOR PORTUGUÊS, https://www.dges.gov.pt/pt/formas_de_acesso?plid=593.

[11]Study portals, Top Universities and Colleges in Portugal, https://www.mastersportal.com/ranking-country/21/portugal.html.

[12]Dge.mec.pt, cursos-cientifico-humanisticos(OF), https://www.dge.mec.pt/cursos-cientifco-humanisticos.

第十九章　塞尔维亚

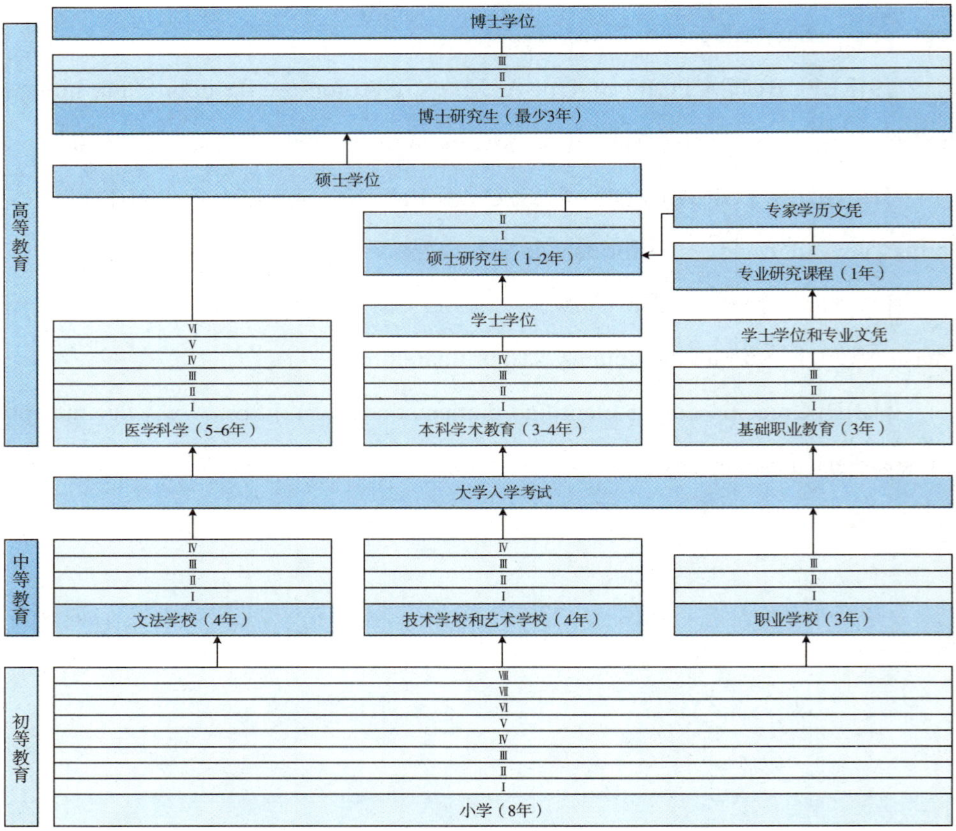

博士学位
Ⅲ
Ⅱ
Ⅰ
博士研究生（最少3年）
硕士学位
Ⅱ
Ⅰ
硕士研究生（1–2年）
专家学历文凭
Ⅰ
专业研究课程（1年）
学士学位
学士学位和专业文凭
Ⅵ
Ⅴ
Ⅳ
Ⅲ
Ⅱ
Ⅰ
医学科学（5–6年）
Ⅳ
Ⅲ
Ⅱ
Ⅰ
本科学术教育（3–4年）
Ⅲ
Ⅱ
Ⅰ
基础职业教育（3年）
高等教育
大学入学考试
中等教育
Ⅳ
Ⅲ
Ⅱ
Ⅰ
文法学校（4年）
Ⅳ
Ⅲ
Ⅱ
Ⅰ
技术学校和艺术学校（4年）
Ⅲ
Ⅱ
Ⅰ
职业学校（3年）
初等教育
Ⅷ
Ⅶ
Ⅵ
Ⅴ
Ⅳ
Ⅲ
Ⅱ
Ⅰ
小学（8年）

第一节 导言

塞尔维亚，全称为塞尔维亚共和国，位于南部潘诺尼亚平原和巴尔干半岛中部，被称为“东南欧的十字路口”。塞尔维亚总人口为 718 万（不含科索沃地区），主要宗教为东正教，官方语言是塞尔维亚语。其首都贝尔格莱德是东南欧最古老、规模最大的城市之一。塞尔维亚第纳尔为塞尔维亚的货币，1 人民币约兑换 15.0463 塞尔维亚第纳尔。

塞尔维亚的教育体系包括学前预备课程、小学教育、中学教育和高等教育。学前预备课程、小学教育和中学教育都是免费的，小学教育是强制性的，中学教育是非强制性的。所有公民都可以在平等条件下接受高等教育。根据《人类发展指数与指标：2018 年统计更新》，塞尔维亚青少年的识字率男女均为 99.7%；至少接受过中等教育的人口占 25 岁以上总人口的 88.6%；高等教育毛入学率为 62%。塞尔维亚政府的教育支出占 GDP 的 4.0%。

完成 4 年制中学学习的学生可以在塞尔维亚共和国接受高等教育。塞尔维亚于 2003 年加入博洛尼亚进程。根据博洛尼亚进程，每个学习阶段都有规定的 ECTS 学分，学生学习的每门课程都通过 ECTS 的得分来评估。截至 2018 年，塞尔维亚共有 20 所大学，其中 10 所为公立大学，10 所为私立大学。

第二节　中等教育制度

一、中等教育类型

中等教育学制为 3 年或 4 年，主要有 3 种类型的中学：

1. 文法学校（Grammar School）或文科中学（Gymnasium）统称为综合中学（Comprehensive School）。学校提供 4 年制的普通学历教育，学生需要进行期末考试。其中包括具有专业特色的中学，如数学中学、语言中学或体育中学。

2. 技术学校（Technical School）和艺术学校（Art School）提供 4 年制专业教育和学术教育。学生从 4 年制专科高中毕业仍然可以就读其他类型的大学，只要通过入学考试即可。

3. 职业学校（Vocational School）提供 3 年制实用教育（Practical Education）。选择职高还是普高由学生自己来决定，学习成绩并不作为学生选择学校类型需要主要考虑的因素。普高的学习内容较为多样且繁重，职高的学习内容主要是围绕专业展开。

近年来，塞尔维亚的中学入学率一直在增加，但只有 1/4 的学生就读综合中学和艺术中学。2010 年，综合中学和艺术中学的入学率为 25.38%（其中 23.35%的学生就读综合中学，2.03%的学生就读艺术中学）。塞尔维亚的综合中学教育所占比例要比其他欧洲国家小得多，中学学生的结构出现问题——最好的学生不就读综合中学。由于某些职业中专比综合中学需要更高的分数，因此如果成绩稍差的学生不能进入他们想报考的职业中专上学，则会转而选择科学化的综合中学，在综合中学中学习压力要小一些。

塞尔维亚现有 121 所综合中学（其中 10 所是私立中学），31 所音乐中学，3 所芭蕾舞学校，9 所主要学习视觉艺术、设计和美术工艺的艺术中学。在某些技术类中学也可以提供艺术类课程。

塞尔维亚职业高中划分较细，涉及范围广泛，如医学院、药学院、技术学院、交通学校、旅游学校、航空学校、PTT 学校（P 指的是 technical post，TT 指的是 telegraph and telephone）、美发学校、农学院、工艺学校、军事学院、经济学院等，其中，医学院和 PTT 学校在塞尔维亚职业高中里最受欢迎。

塞尔维亚的中学没有文理分科，但是分不同的方向，如社会－语言方向、自然－数学方向等。塞尔维亚的高中也会开设拉丁语课程，但是只针对普通高中以及医学类院校，并且不同的方向有不同的要求，如自然－数学方向的拉丁语需要学习 1 年，社会－语言方向则需要学习 2 年。

表 1　塞尔维亚各年级中学生学习科目

年级	年龄	课程数 / 天	必修科目	选修科目	备注
一	14/15	5—7	塞语、数学、英语、音乐、美术、体育、历史、生物、地理、计算机、物理、化学（选修拉丁语）	1. 宗教 / 国民教育等 2. 自然保护 / 国家传统 / 画画 / 唱歌等（每个学校略有不同） （* 每个学生必须选择 2 门选修课）	
二	15/16	5—7	增加心理学		增加了数学课和物理课的比例
三	16/17	5—7	不再学习心理学、化学、拉丁语，增加逻辑学		增加了生物课和化学课的比例
四	17/18	5—7	不再学习逻辑学、地理、生物，增加哲学、宪法和公民权利		较少的社会和哲学等课

二、中等教育毕业制度

一般来说，塞尔维亚所有的学生都会有一个成绩册，这个成绩册主要记录学生的学习成绩以及在校表现。小学的成绩主要记录在蓝色的册子上（如图 1）。中学的成绩记录在一个稍大的红色本子上。每科成绩最低是 1，最高是 5，低于 2 则为挂科（低于 2，即为“不合格”，2.00—2.49 为“合格”，2.50—3.49 为“好”，3.50—4.49 为“非常好”，4.50—5.00 为“极好”）。每科每学期会有次数不等的测试，每次测试都有成绩，几次成绩的平均值则为该科的最后成绩，如果有小数的话，则四舍五入。如：数学课，本学期进行了 4 次测试，成绩分别是：1.6、4.3、3.5、4.5，则该科的最后成绩是：（1.6+4.3+3.5+4.5）/4=3.475 ≈ 3，3 就是数学课的最后成绩，该生在本学期的最后成绩则是各科成绩的平均值（所计成绩均为必修课成绩，选修课也有成绩但是不计入最后成绩）。

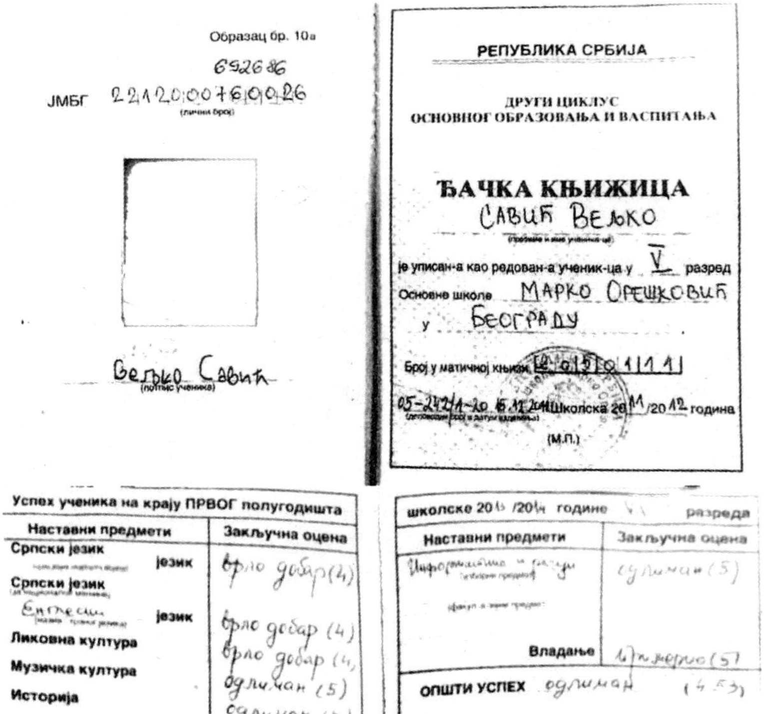

Образац бр. 10а

692686

ЈМБГ 2212000760026 (лични број)

Вељко Савић (потпис ученика)

РЕПУБЛИКА СРБИЈА

ДРУГИ ЦИКЛУС
ОСНОВНОГ ОБРАЗОВАЊА И ВАСПИТАЊА

ЂАЧКА КЊИЖИЦА

САВИЋ ВЕЉКО

је уписан-а као редован-а ученик-ца у V разред

Основне школе МАРКО ОРЕШКОВИЋ

у БЕОГРАДУ

Број у матичној књизи ...

Школска 20 11 /20 12 година

(М.П.)

Успех ученика на крају ПРВОГ полугодишта

Наставни предмети	Закључна оцена
Српски језик	врло добар (4)
Енглески језик	врло добар (4)
Ликовна култура	врло добар (4)
Музичка култура	одличан (5)
Историја	одличан (5)
Географија	одличан (5)
Физика	врло добар (4)
Математика	врло добар (4)
Биологија	одличан (5)
Хемија	одличан (5)
Техничко и информатичко образовање	врло добар (4)
Физичко васпитање	одличан (5)
Грађанско васпитање	истиче се
Немачки језик	врло добар (4)
Физичко васпитање - одбојка	одличан (5)

школске 2013 /2014 године ... разреда

Наставни предмети	Закључна оцена
Информатика и рачунарство	одличан (5)
Владање	примерно (5)

ОПШТИ УСПЕХ одличан (4,53)

Изостанци:
оправданих 38 часова
неоправданих 1 часова

... 2012 године

Одељењски старешина

(родитељ)

图 1　塞尔维亚小学 / 中学成绩手册

塞尔维亚初中升入高中、高中升入大学均需要参加统一考试。当学生知道统考成绩之后，老师会让学生在“wishes list”上填写志愿，学生需要自己选高中、选高校，每个人最多可以写 20 个志愿学校，越靠前的志愿越容易录取。高中、大学的录取原则都是根据各学校的招生人数划定分数线，第一志愿优先录取。

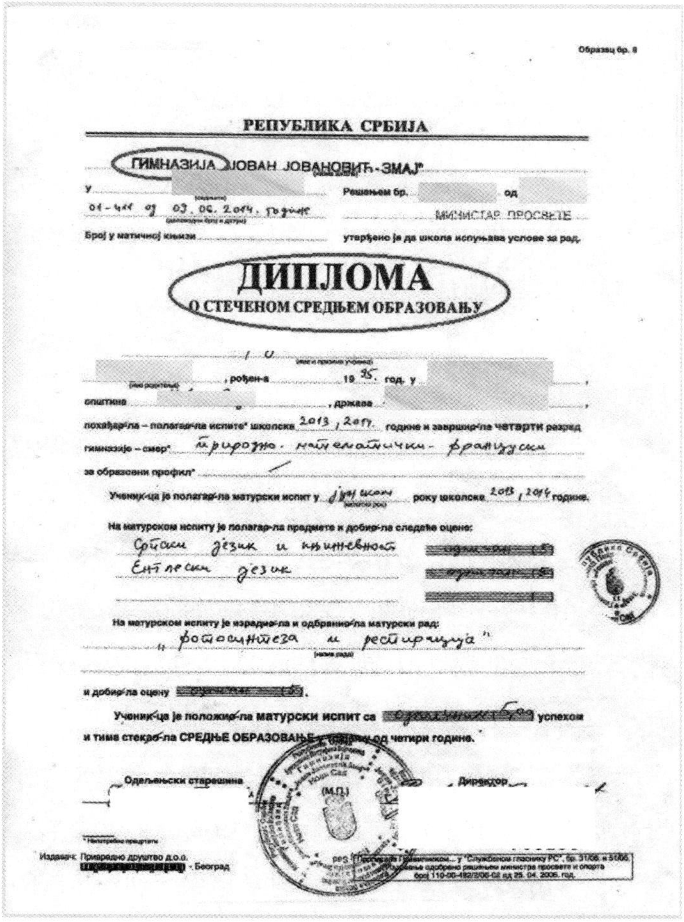

Образац бр. 9

РЕПУБЛИКА СРБИЈА

ГИМНАЗИЈА „ЈОВАН ЈОВАНОВИЋ - ЗМАЈ"

У

Решењем бр. од

01-411 од 03. 06. 2014. године

МИНИСТАР ПРОСВЕТЕ

Број у матичној књизи

утврђено је да школа испуњава услове за рад.

ДИПЛОМА

О СТЕЧЕНОМ СРЕДЊЕМ ОБРАЗОВАЊУ

, рођен-а 19 95. год. у ,

општина , држава ,

похађао-ла – полагао-ла испите* школске 2013 / 2014. године и завршио-ла четврти разред

гимназије – смер* природно - математички - француски

за образовни профил* /

Ученик-ца је полагао-ла матурски испит у јунском року школске 2013 / 2014 године.

На матурском испиту је полагао-ла предмете и добио-ла следеће оцене:

Српски језик и књижевност [redacted]

Енглески језик [redacted]

[redacted]

На матурском испиту је израдио-ла и одбранио-ла матурски рад:

„Фотосинтеза и респирација"

и добио-ла оцену [redacted].

Ученик-ца је положио-ла матурски испит са [redacted] успехом

и тиме стекао-ла СРЕДЊЕ ОБРАЗОВАЊЕ у трајању од четири године.

Одељењски старешина (М.П.) Директор

* Непотребно прецртати

Издавач: Привредно друштво д.о.о. [redacted] - Београд

Прописано Правилником... у „Службеном гласнику РС", бр. 31/06. и 51/06. Образац одобрен решењем министра просвете и спорта број 110-00-482/2/06-02 од 25. 04. 2006. год.

图 2　塞尔维亚高中文凭

第三节　高等教育制度

一、大学教育制度

（一）入学制度

完成中学教育获得相关文凭的学生可以进入高等教育阶段，具体的入学条件和程序由各高等教育机构自主监管。

塞尔维亚中学进入大学的成绩（满分 100 分）主要包括两部分：高中 4 年的成绩和参加目标院校考试的成绩。其中高中 4 年的成绩满分是 40 分，需要把每年的期末成绩乘以 2，然后合计总分。如一位学生的高一成绩是 4.50，高二是 4.50，高三是 5.00，高四是 4.50，那么该生在进入大学计分时，这部分的成绩就是 $4.50\times2+4.50\times2+5.00\times2+4.50\times2=37$；参加目标院校的成绩满分为 60 分，两部分加起来则是该生的大学入学成绩。

（二）学制与学位授予制度

在大学阶段，学生需要认真参与课堂教学并通过考试获得评分成绩。只有完成考前义务的学生才有资格参加考试，完成考前义务并通过考试的学生最高可获得 100 分的成绩。依据分值学生将会获得 5（不及格）至 10（极优）的最终评分（91—100 为“极优”，获得 10 分；81—90 为“特优”，9 分；71—80 为“优秀”，8 分；61—70 为“良好”，7 分；51—60 为“及格”，6 分；0—50 为“不及格”，5 分），学制内完成学习任务即可授予学位。

本科学术教育学制 3—4 年，需修满 180—240 个 ECTS 学分；基础职业教育学制为 3 年，需修满 180 个 ECTS 学分，毕业后可以参加 1 年的专业研究课程，获得专家学历文凭。此外，医学科学提供 5 到 6 年制的综合硕士课程，需修满 300—360 个 ECTS 学分。

完成本科或专科阶段的高等教育后，学生将获得一份文凭，其中包括学生的学位和获得的 ECTS 学分。

二、研究生教育制度

（一）入学制度

1. 硕士研究生入学

申请攻读硕士学位的学生必须完成本科阶段的学习并获得文凭，招生的标准由各高等教育机构自主规定。大多数高等教育机构使用学生攻读学士学位期间的平均成绩和自行组织的硕士研究生入学考试成绩来选择招收对象。

2. 博士研究生入学

各高等教育机构根据社会对科学、教育和艺术发展的预估需求，自主确定其博士研究生入学人数。一般来说，博士研究生入学要求是：获得硕士学位，在本科和硕士学习阶段取得至少 300 个 ECTS 学分（医学专业需要至少取得 360 个 ECTS 学分），并至少可以流利地使用 1 门外语。

（二）学制与学位授予制度

1. 硕士

学制 1—2 年，学生需获得 60—120 个 ECTS 学分，且必须在学习结束时撰写硕士论文并通过毕业论文答辩，则予以硕士毕业。

2. 博士

博士研究生的学制为最少 3 年，需修满最少 180 个 ECTS 学分。学生需要在毕业前提交博士学位论文，各高等教育机构根据其科学或艺术意义、在专业领域的贡献等方面对博士毕业论文进行评估，若学生通过毕业论文答辩，则予以博士毕业。

第四节　高等教育机构类型

1. 高校类型

（1）大学；

（2）专业研究院；

（3）高级学校；

（4）专业高级研究学校。

2. 塞尔维亚高校名录

表 2　塞尔维亚高等教育机构名录

名称	性质
贝尔格莱德大学（University of Belgrade）	公立
诺维萨德大学（University of Novi Sad）	公立
尼什大学（University of Nis）	公立
克拉古耶瓦茨大学（University of Kragujevac）	公立
贝尔格莱德艺术大学（University of Arts in Belgrade）	公立
新帕扎尔国立大学（State University of Novi Pazar)	公立
刑事警察大学（University of Criminal Investigation and Police Studies）	公立
国防大学（University of Defence）	公立
普里什蒂纳大学（University of Prishtina）	公立
辛吉度努姆大学（Singidunum University)	私立
尼古拉・特斯拉联盟大学（Nikola Tesla - Union University）	私立
经济学院（Economics Academy）	私立
美加特伦德大学（Megatrend University）	私立
联盟大学（Union University）	私立
埃杜孔斯大学（Educons University）	私立
米特罗珀利坦大学（Metropolitan University）	私立
阿尔法 BK 大学（Alfa BK University）	私立
诺维帕扎尔国际大学（International University of Novi Pazar）	私立
欧洲大学（European University）	私立

表 3　塞尔维亚大学排名

大学名称	QS 排名	ARWU 排名	U.S. News 排名	THE 排名
贝尔格莱德大学（University of Belgrade）	801—1000	401—500	419	
诺维萨德大学（University of Novi Sad）		901—1000	1072	
克拉古耶瓦茨大学（University of Kragujevac）			1183	
尼什大学（University of Nis）			1228	

参考文献

中文部分

[1] 中华人民共和国驻塞尔维亚共和国大使馆：《塞尔维亚高等教育》，2018 年 5 月 6 日，见 http://rschineseembassy.org/chn/zsgx/whjy/t1558112.htm。

[2] 中华人民共和国驻塞尔维亚共和国大使馆：《塞尔维亚高等院校情况一览表》，2018 年 7 月 25 日，见 http://rs.chineseembassy.org/chn/zsgx/whjy/t1580144.htm。

[3] 中华人民共和国外交部：《赛尔维亚国家概况》，2019 年 12 月 31 日，见 https://www.fmprc.gov.cn/web/gjhdq_676201/gj_676203/oz_678770/1206_679642/1206x0_679644/。

外文部分

[1]Nuffic, Education and diplomas Serbia, 2016-12, https://www.nuffic.nl/en/education-systems/serbia.

[2]EACEA, Serbia Education System Overview, 2019-04-25, https://eacea.

ec.europa.eu/national-policies/eurydice/content/serbia_en.

[3]EACEA, Serbia Overview, 2019-04-25, https://eacea.ec.europa.eu/national-policies/eurydice/content/serbia_en.

[4]Република Србија Републички завод за статистику, Уписани студенти, 2018/2019 школска година– Високо образовање, 2019-6-25, http://publikacije.stat.gov.rs/G2019/Pdf/G20191167.pdf.

[5]United Nations Development Programme, Human Development Reports - 2018 Statistical Update – Chinese, 2019-12-19, http://www.hdr.undp.org/sites/default/files/2018_human_development_statistical_update_cn.pdf.

[6]Master studies, Master's Programs in Serbia 2019, https://www.masterstudies.com/Serbia/.

[7]Министарство просвете, науке и технолошког развоја, http://www.mpn.gov.rs/.

[8]Enic-naric, serbia, https://www.enic-naric.net/serbia.aspx#anc03_44.

[9]Национални савет за високо образовање (НСВО) – Република Србија, http://nsvo.gov.rs/?lang=lat.

第二十章　土耳其

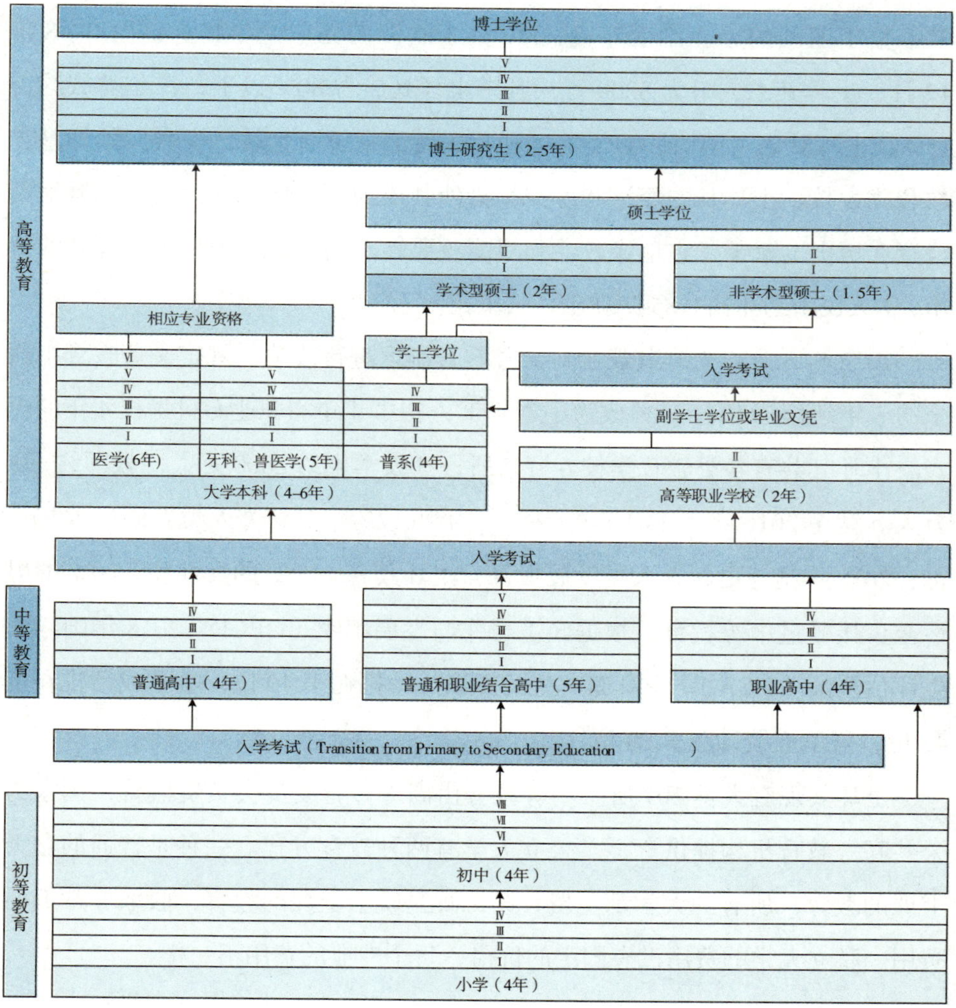
博士学位
V
IV
III
II
I
博士研究生（2–5年）
硕士学位
II
I
学术型硕士（2年）
II
I
非学术型硕士（1.5年）
相应专业资格
学士学位
入学考试
副学士学位或毕业文凭
VI
V
IV
III
II
I
医学(6年)
牙科、兽医学(5年)
普系(4年)
大学本科（4–6年）
II
I
高等职业学校（2年）
入学考试
普通高中（4年）
普通和职业结合高中（5年）
职业高中（4年）
入学考试（Transition from Primary to Secondary Education　　　）
VIII
VII
VI
V
初中（4年）
IV
III
II
I
小学（4年）
高等教育
中等教育
初等教育

第一节　导言

土耳其，全称为土耳其共和国，是一个横贯欧亚的国家，国土面积的97%位于亚洲的小亚细亚半岛，3%位于欧洲的巴尔干半岛。截至2018年12月，土耳其总人口为8200万，其中土耳其族占80%以上，库尔德族约占15%。土耳其语为国语。99%的土耳其居民信奉伊斯兰教，少数人信仰基督教和犹太教。土耳其的经济和外交举措使其成为一个地区性大国，而其地理位置在历史上赋予了它地缘政治和战略重要性。新土耳其里拉为土耳其的货币，1人民币约兑换0.8547新土耳其里拉。

2012年3月，土耳其议会对义务教育制度进行改革，规定义务教育由原来的8年延长至12年，并改为小学4年、初中4年和职业专科学校4年的模式。土耳其共有各类教育学校6万余所，在校学生约2000万人，教师约119万人。截至2016年，土耳其的识字率为96.17%。根据《人类发展指数与指标：2018年统计更新》人类发展报告，土耳其有44.9%的女性和66.0%的男性至少接受过中等教育。根据经济合作与发展组织（OECD）2018年国际学生评估测试（PISA），土耳其学生的阅读成绩排在第40位，数学成绩排在第42位，科学成绩排在第39位。

土耳其现有大学207所。高等教育由高等教育委员会负责监管，国家为公共高等教育机构提供资金。公立大学有两种教育方式。一种是普通的白天上课的教育，所有的大学都免费；第二种是晚上上课的教育，收取非常低的费用。私立大学的费用没有固定的价格，每个专业的费用不一样。

第二节　中等教育制度

一、中等教育类型

土耳其的义务教育从 5 岁开始，学生在接受 4 年的小学教育后在五年级进入中学，经过 4 年学习初中毕业（八年级结束）后，学生可以在高中阶段进入普通高中、普通和职业结合高中或职业高中接受正规中等教育。同时国家为不属于这一年龄组的人或希望自愿继续接受开放教育的人提供非正规教育。

4+4+4 改革为除职业学校以外的所有中学引入了入学考试。由于普通学术学校的名额有限，这一变化引导大量学生进入宗教学校，并使这些学校从选择性学校转变为土耳其教育系统中更为核心的部分。

初中学生进入普通高中时需要参加高中入学考试（Transition from Primary to Secondary Education，TEOG）。学生要接受土耳其语、数学、宗教和伦理、科学、历史、外语等课程的测试。

那些没有足够高分数进入自己选择的学校的学生被分配到离他们居住地最近的学校，包括职业学校，这些学校一般不需要通过 TEOG 考试入学。近年来，八年级末的选拔过程导致大量学生非自愿地被分配到宗教学校。

公立高中和职业高中的学生每天上 6 节课，每节课约 40 分钟。安纳托利亚高中和私立高中每日课程时间较长，每天最多 8 节课。所有九年级学生在全国范围内都是学习相同的课程，只存在细微的差别。

二、中等教育毕业制度

当土耳其中学生进入十年级时，他们通常会选择 4 种分科中的 1 种，4 种分科包括土耳其语 – 数学、科学、社会科学或外语；在职业高中，不需要分科；在科学高中，只提供科学课程。少部分学校还提供选修课，为学生提供更广泛的选择。在十年级、十一年级和十二年级，必修课程包括：土耳其语、土耳其文学、共和历史和宣传。除此之外，学生可以根据其分科选择以下课程：数学、几何学、统计学、物理学、生物学、化学、地理学、哲学、心理学、社会学、经济学、逻辑、艺术和音乐、交通和健康、计算机、体育、第一和第二外语。

学生根据其分科获得不同的文凭，如果他们想在相应的领域继续接受高等教育，就会拥有一定的优势，因为大学入学考试成绩是根据学生的分科选择加权的（例如，一名理科学生在申请医学时会优于土耳其语－数学学生）。

在十二年级结束时，学生将参加高中毕业考试。根据不同的分科有不同的评分类型，其中包括但不限于以下 4 种：

土耳其语－数学：国际关系、法律、教育、心理学、经济、商业管理等。

科学：工程、计算机科学、医学和其他科学相关专业。

社会科学：历史、地理和教育。

外语：语言 / 语言学和语言教学。

完成中等教育的学生将获得高中文凭，该文凭授予毕业生参加高等教育机构考试的权利。

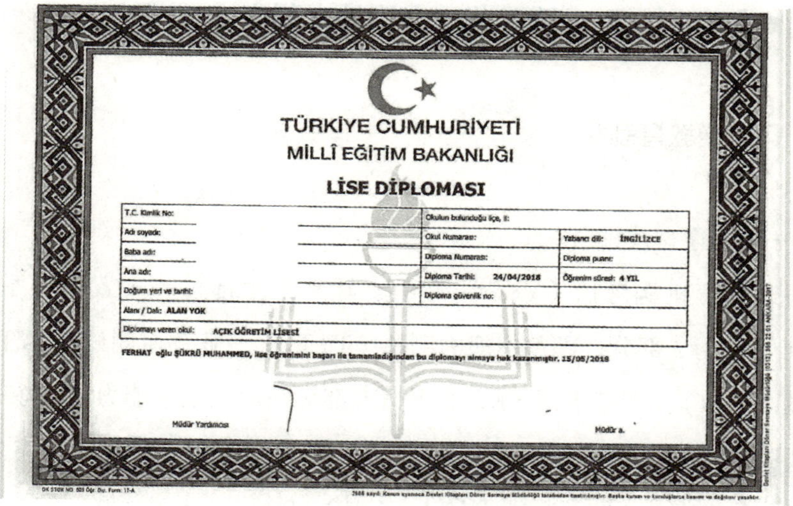

TÜRKİYE CUMHURİYETİ
MİLLÎ EĞİTİM BAKANLIĞI

LİSE DİPLOMASI

T.C. Kimlik No:	Okulun bulunduğu ilçe, il:
Adı soyadı:	Okul Numarası: / Yabancı dili: İNGİLİZCE
Baba adı:	Diploma Numarası: / Diploma puanı:
Ana adı:	Diploma Tarihi: 24/04/2018 / Öğrenim süresi: 4 YIL
Doğum yeri ve tarihi:	Diploma güvenlik no:
Alanı / Dalı: ALAN YOK	
Diplomayı veren okul: AÇIK ÖĞRETİM LİSESİ	

FERHAT oğlu ŞÜKRÜ MUHAMMED, lise öğrenimini başarı ile tamamladığından bu diplomayı almaya hak kazanmıştır. 15/05/2018

Müdür Yardımcısı　　　　Müdür a.

图 1　土耳其高中毕业证书

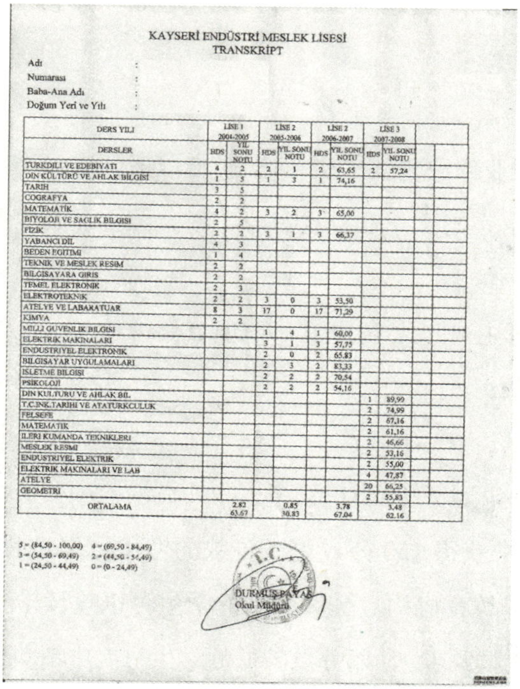

KAYSERİ ENDÜSTRİ MESLEK LİSESİ
TRANSKRİPT

Adı :
Numarası :
Baba-Ana Adı :
Doğum Yeri ve Yılı :

DERS YILI	LİSE 1 2004-2005		LİSE 2 2005-2006		LİSE 2 2006-2007		LİSE 3 2007-2008			
DERSLER	HDS	YIL SONU NOTU	HDS	YIL SONU NOTU	HDS	YIL SONU NOTU	HDS	YIL SONU NOTU		
TURKDILI VE EDEBIYATI	4	2	2	1	2	63,65	2	57,24		
DIN KÜLTÜRÜ VE AHLAK BİLGİSİ	1	5	1	3	1	74,16				
TARIH	3	5								
COGRAFYA	2	2								
MATEMATİK	4	2	3	2	3	65,00				
BIYOLOJI VE SAGLIK BILGISI	2	5								
FİZİK	2	2	3	1	3	66,37				
YABANCI DIL	4	3								
BEDEN EGITIMI	1	4								
TEKNIK VE MESLEK RESIM	2	2								
BILGISAYARA GIRIS	2	2								
TEMEL ELEKTRONIK	2	3								
ELEKTROTEKNIK	2	2	3	0	3	53,50				
ATELYE VE LABARATUAR	8	3	17	0	17	71,29				
KIMYA	2	2								
MILLI GUVENLIK BILGISI			1	4	1	60,00				
ELEKTRIK MAKINALARI			3	1	3	57,75				
ENDUSTRIYEL ELEKTRONIK			2	0	2	65.83				
BILGISAYAR UYGULAMALARI			2	3	2	83,33				
ISLETME BILGISI			2	2	2	70,54				
PSİKOLOJİ			2	2	2	54,16				
DIN KULTURU VE AHLAK BIL							1	89,99		
T.C.INK.TARIHI VE ATATURKCULUK							2	74,99		
FELSEFE							2	67,16		
MATEMATIK							2	61,16		
ILERI KUMANDA TEKNIKLERI							2	46,66		
MESLEK RESMI							2	53,16		
ENDUSTRIYEL ELEKTRIK							2	55,00		
ELEKTRIK MAKINALARI VE LAB							4	47,87		
ATELYE							20	66,25		
GEOMETRI							2	55,83		
ORTALAMA		2.82 63.67		0.85 30.83		3.78 67.04		3.48 62.16		

5 = (84,50 - 100,00)　4 = (69,50 - 84,49)
3 = (54,50 - 69,49)　2 = (44,50 - 54,49)
1 = (24,50 - 44,49)　0 = (0 - 24,49)

DURMUŞ PAYAS
Okul Müdürü

图 2　土耳其高中成绩单

第三节　高等教育制度

一、大学教育制度

（一）入学制度

高等教育机构考试（YKS）是由土耳其学生选拔和安置中心举办的。YKS 考试分为 3 部分，即基本能力测试（TYT）、专业领域测试（AYT）、外语考试（YDT）。所有申请 YKS 的申请人都必须参加基本能力测试（TYT），其他 2 项考试不是必须参加。

第一部分为基本能力测试（TYT），测试包括以下 4 种领域：

（1）土耳其语；

（2）文学；

（3）医学 – 数学；

（4）科学。

第二部分为专业领域测试（AYT），包括以下领域：

（1）土耳其语言与文学和社会科学 I 测验（土耳其语言与文学、历史 I 和地理 I）；

（2）社会科学 II 测验（历史 II、地理 II、哲学）；

（3）数学测试；

（4）科学测试。

第三部分为外语测试（YDT）。

在 TYT 考试中获得 150 分或更高分数的考生可以选择进入凭 TYT 分数即可以入学的高等教育机构。分数较高的学生可以攻读学士学位（某些专业可能会有更高的分数要求），而分数较低的学生只能申请攻读副学士学位。

高等教育机构招生的方式根据专业不同分为 2 种，即中央选拔与安置、特殊能力考试选拔与安置。

1. 中央选拔与安置：中央选拔与安置系统由土耳其学生选拔与安置中心规定高等教育的专业、附加分数项、高等教育各专业的名额和入学条件。在这个招生系统下，学生是通过参加中央考试和遵照该中心的规定报考高等教育机构的。

2. 特殊能力考试选拔与安置：特殊能力考试选拔与安置系统针对的是有特殊技能的学生，如体育、美术等特长生。TYT 分数达到 150 分以上（残疾学生 100 分以上），且符合所报考专业的招生要求和特殊条件的学生可以向有关高等教育机构提出申请。各院校根据高等教育委员会制定的规则，对学生进行才能考试，并按照考生的排名顺序，在配额内进行选拔。

（二）学制与学位授予制度

成功完成 2 年制大学（高等职业学校）学业后，将获得副学士学位或毕业文凭；完成 4 年制大学学业后则获得学士学位。

牙科和兽医学学制为 5 年，兽医专业在毕业后将获得兽医医师的专业资格，牙科专业毕业后将被授予牙科医师专业资格；医学学制为 6 年，毕业后将获得医学专业资格。牙科、兽医、医学 3 个专业的本科毕业生在毕业后可以直接申请攻读博士学位，因此这 3 个学习领域的资格被认为相当于硕士学位。

二、研究生教育制度

（一）入学制度

土耳其的学术人员和研究生教育入学（ALES）考试，是申请硕士、博士和院士的考试。该考试在 2018 年 3 月和 11 月共举行了 2 次，分别针对春季学期招生和秋季学期招生；2019 年则举行了 3 次，分别在 5 月、9 月和 11 月。

ALES 考试中一共有 4 个部分：数学 -1、数学 -2、语言 -1 和语言 -2，每个部分有 50 个问题，总共 200 个问题，考试持续时间为 180 分钟（3 小时）。ALES 考试的成绩有效期为 3 年，学生在 3 年内可自由地利用自己的考试成绩申请硕士或博士学位。

ALES 考试设有根据不同专业进行加权的规定，例如，对于常用数学的硕士或博士专业，如工程、建筑和科学会对数学成绩进行加权，而文学、法律、语言、历史、地理等人文科学的硕士或博士专业则会对语言成绩进行加权。

根据土耳其高等教育委员会的标准，学生的 ALES 分数是独立的，但是 ALES 分数占比也不得低于评估标准的 50%。换句话说，ALES 考试获得高分也不能直接决定是否可以进入硕士或博士阶段的学习，学校的自主考试和面试也起着关键的作用。

土耳其的研究生申请每年有 2 次，分别在春天和秋天。申请日期因学校而异，春季招生一般在 1 月、2 月和 3 月，秋季招生一般在 8 月和 9 月。

若申请学术类硕士（需发表论文的硕士），申请者通常需从 4 年制本科毕业并在 ALES 考试中至少获得 55 分，在各个学校要求的时间之内进行预登记，之后按照学校的需求和安排进行语言考试，若通过语言考试则进入面试阶段，通过所有考核之后则获得入学资格。非学术性硕士则不需要 ALES 成绩。

只有拥有学士学位或硕士学位才可以申请攻读博士学位，通常来说，学士学位申请人需要在 ALES 考试中至少获得 70 分，硕士学位申请人必须在 ALES 考试中至少获得 55 分。除了 ALES 考试之外，还需要在 YDS（外国语言能力测试）中获得 55 分以上的成绩，或者在校际董事会（Interuniversity Board）中接受另 1 门外语考试并获得相同分数。

不过，根据大学理事会的决定，ALES 评分的申请限制标准每年都在变化，去年需要 ALES 分数的大学今年可能不需要 ALES 分数。

（二）学制与学位授予制度

1. 硕士

2 年学制的学术型硕士以及 1.5 年学制的非学术型硕士毕业后都将被授予硕士学位。

2. 博士

博士学制为 2—5 年。普系、牙科和兽医专业的学生在博士阶段毕业后将被授予博士学位，医学博士（4 年）在毕业后被授予 Tipta 专业知识学位，该学位代表认可其具备成为医师的高级技能和专业知识，医学博士的专业知识学位相当于普系的博士学位。

第四节　高等教育机构类型

1. 国立大学

土耳其的大学系统是由高等教育委员会监督和管理的。大学本科教育一般需要读 4 年，硕士需要读 2 年，博士需要读 3 年。但是医学（本科 6 年、博士 4 年）、牙科和兽医（本科 5 年、专业知识学位 4 年）专业需时更长。在土耳其，通过全国高考的学生才有机会进大学深造，不需要缴纳学费和注册费，顺利完成 4 年大学课程的学生可获得学士学位。

大部分国立大学的授课语言以土耳其语为主，也有以英语、法语或德语作为授课语言的国立大学。

2. 私立或基金会大学

私立大学开设之初，是为了创建一个为社会输送高级人才的高等教育及研究中心，因此私立大学更积极地构建和选择国际全球教育与研究网络。私立大学的收费为 5000 美元至 20000 美元不等。这些大学虽然是私立性质的，但设有为贫困学生提供的数额可观的助学金。

大部分私立大学的授课语言为英语，几乎所有私立大学都有额外为英语较差的学生开设的为期 1 年的英语学习课程。

研究生水平课程分为硕士课程和博士课程。想报读医学专业课程的学生需申请入读医学学院，医学学院的实习医院由土耳其卫生部和社会保障研究所（Social Security Institution，SGK）开设。

3. 高等职业院校

土耳其的高等职业院校类似于美国的社区大学。高职院校为高中毕业生提供为期 2 年的高等职业教育，学生毕业后可获得副学士学位。高职院校的毕业生可以参加全国入学考试，成绩优秀的学生可以进入大学第三年继续深造。

4. 非正规高等教育

非正规教育主要涉及两个方面，即普通非正规教育和职业非正规教育，又可以划分为公共教育、学徒培训和远程教育。女子实用艺术学校、女子高级技术学校、工业实用艺术学校、成人技术教育中心、公共教育中心和学徒培训中心是非正规教育机构中的一些具体实例。

非正规教育活动包括为那些从未接受过正式教育的人们，或那些具备某一级正式教育水平的和离开正式教育的人们提供的培训、教学、指导和作为正式教育补充的实用性教学活动，目的是在这些人原有的教育基础上提升他们的知识和技能。提供远程教育服务则是为了保证每一位公民都有平等的教育机会，同时也为了强化和充实初等和中等教育。这方面的远程教育服务有开放小学教育、开放中学教育以及开放职业技能教育。

非正规高等教育体系毕业的学生获得的学位证书与正规体系毕业的学生获得的学位证书的学位名称是一致的，但是证书本身是不同的，正规高等教育体系的学位证书含金量更高。

表 1　土耳其大学排名

大学名称	QS 排名	ARWU 排名	U.S. News 排名	THE 排名
科奇大学（Koç University）	451		747	501—600
比尔肯大学（Bilkent University）	501—510	701—800	571	501—600
萨班哲大学（Sabanci University）	521—530		850	401—500
中东科技大学（Middle East Technical University）	591—600	701—800	398	601—800
海峡大学（Boğaziçi University）	651—700		186	601—800
伊斯坦布尔科技大学（Istanbul Technical University）	651—700	801—900	424	601—800
安卡拉大学（Ankara University）	801—1000	801—900	624	1001+
哈西德佩大学（Hacettepe University）	801—1000	701—800	532	501—600
伊斯坦布尔大学（Istanbul University）	801—1000	401—500	706	801—1000
安塔利亚阿卡德尼兹大学（Akdeniz University）		401—500	1223	1001+
度库兹埃路尔大学（Dokuz Eylul University）		701—800	1096	1001+
埃尔吉耶斯大学（Erciyes University）		701—800	1233	1001+
加济大学（Gazi University）		801—900	963	1001+
埃格大学（Ege University）		901—1000	914	1001+
菲拉特大学（Firat University）		901—1000	1228	

参考文献

中文部分

[1] 中华人民共和国外交部：《土耳其国家概况》，2019 年 12 月 17 日，见 https://www.fmprc.gov.cn/web/gjhdq_676201/gj_676203/yz_676205/1206_676956/1206x0_676958/。

外文部分

[1]André Bank, Roy Karadag, The Political Economy of Regional Power: Turkey under the AKP, 2012-9, https://www.giga-hamburg.de/de/system/files/publications/wp204_bank-karadag.pdf.

[2]OECD, Education at a Glance 2012 OECD Indicators, 2012-9, https://www.oecd-ilibrary.org/docserver/eag-2012-en.pdf?expires=1588480114&id=id&accname=guest&checksum=42F6A8655E5A24378FF7B2AFD02038A1.

[3]KA YSERi ENDUSTRi MESLEK LiSESi TRANSKRiPT, 2018-10-21, http://www.lifevisionvt.com/uploads/allimg/140704/1-140F40U55Y54.JPG.

[4]EACEA, Turkey-Second Cycle Programmes, 2019-5-11, https://eacea.ec.europa.eu/national-policies/eurydice/content/second-cycle-programmes-101_en.

[5]EACEA, Turkey-HigherEducation, 2019-7-26, https://eacea.ec.europa.eu/national-policies/eurydice/content/higher-education-101_en.

[6]EACEA, Turkey-Bachelor, 2019-7-26, https://eacea.ec.europa.eu/national-policies/eurydice/t%C3%BCrkiye/bachelor_en.

[7]United Nations Development Programme, Human Development Reports - 2018 Statistical Update – Chinese, 2019-12-19, http://www.hdr.undp.org/sites/default/files/2018_human_development_statistical_update_cn.pdf.

[8]Statista, Turkey: Literacy rate from 2007 to 2017, total and by gender, 2020-02-13, https://www.statista.com/statistics/575187/literacy-rate-in-turkey/.

[9]Enic-naric, https://www.enic-naric.net/turkey.aspx.

[10]Council for Higher Education, http://www.yok.gov.tr/.

[11]ÖSYM, ALES: Akademik Personel ve Lisansüstü Eğitimi Giriş Sınavı, https://www.osym.gov.tr/TR，8852/hakkinda.html.

第二十一章　匈牙利

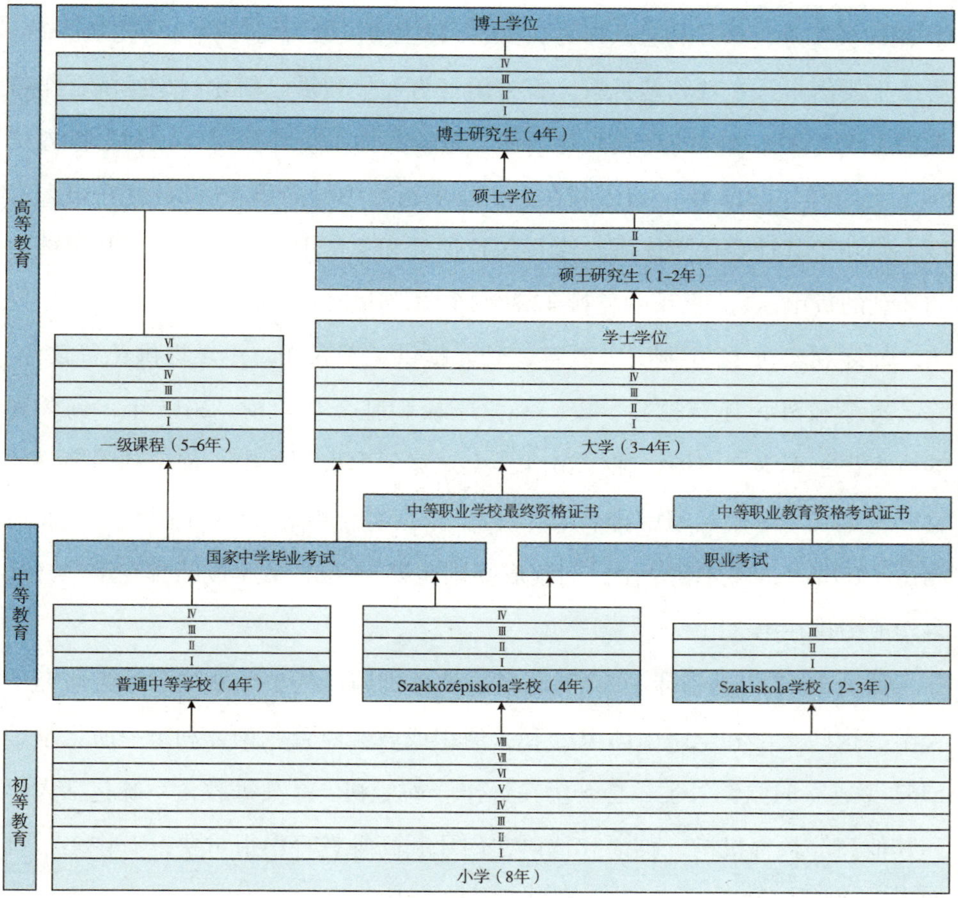

高等教育
中等教育
初等教育
博士学位
Ⅳ
Ⅲ
Ⅱ
Ⅰ
博士研究生（4年）
硕士学位
Ⅱ
Ⅰ
硕士研究生（1-2年）
学士学位
Ⅵ
Ⅴ
Ⅳ
Ⅲ
Ⅱ
Ⅰ
一级课程（5-6年）
Ⅳ
Ⅲ
Ⅱ
Ⅰ
大学（3-4年）
中等职业学校最终资格证书
中等职业教育资格考试证书
国家中学毕业考试
职业考试
Ⅳ
Ⅲ
Ⅱ
Ⅰ
普通中等学校（4年）
Ⅳ
Ⅲ
Ⅱ
Ⅰ
Szakközépiskola学校（4年）
Ⅲ
Ⅱ
Ⅰ
Szakiskola学校（2-3年）
Ⅷ
Ⅶ
Ⅵ
Ⅴ
Ⅳ
Ⅲ
Ⅱ
Ⅰ
小学（8年）

第一节 导言

匈牙利，全称为匈牙利共和国，是一个中欧国家，首都为布达佩斯。截至2019年1月，匈牙利总人口为977.8万，主要民族为匈牙利（马扎尔）族。居民主要信奉天主教和基督教。官方语言为匈牙利语。匈牙利是经济合作与发展组织（OECD）的高收入经济体，按购买力平价计算，匈牙利是世界第58大经济体。2018年，匈牙利在人类发展指数中排名第45位，这在很大程度上归功于其社会保障体系、全民医疗保健和免费中等教育。匈牙利福林为匈牙利的货币，1人民币约兑换42.3942匈牙利福林。

匈牙利实行12年制义务教育，幼儿提供免费入托，小学提供免费教育。除公办学校外，还有教会学校、私立学校和基金会学校。2015年，匈牙利的成人识字率为99.4%。在《2014年全球竞争力报告》中，匈牙利的高等教育和培训在148个国家中排名第44位。根据经合组织2018年国际学生评估测试（PISA），匈牙利学生的阅读成绩排在第33位，数学成绩排在第36位，科学成绩排在第32位。

截至2017年，匈牙利有65所高等教育机构，从小型学院到顶尖研究型大学。这些大学和学院由国家、私人组织或教会监管。匈牙利第一所大学是1367年成立的佩奇大学，至今仍在运作。匈牙利公立高等教育系统包括大学和其他高等教育机构，英语和德语在匈牙利高等教育中很重要，有许多学位课程用这些语言授课，每年吸引数千名交换生。

第二节 中等教育制度

一、中等教育类型

（一）普通中等学校

普通中等学校为学生提供一般性的知识，并为中学毕业考试和高等教育学习做好准备。

普通中等教育通常从九年级开始，到十二年级结束。如果是以两种语言授课（匈牙利语和外语或匈牙利少数民族语言），则在十三年级结束。匈牙利有 2/5 的适龄学生就读于普通中学。

（二）中等职业学校

匈牙利的中等职业学校分为 2 种，即 Szakközépiskola 学校和 Szakiskola 学校。前者提供学术教育和职业教育，后者只提供职业教育。职业教育分为技术教育、农业科学教育和服务业教育。

由于职业教育系统的重组，过去被归类为普通教育机构的职业中学在 2016 年被重新分类为职业教育机构，部分原因是实习在其课程中所占的比例有所增加，另一方面是由于从职业中学毕业的学生既可以获得中学毕业考试证书，又可以获得 ISCED（International Standard Classification of Education，即国际教育标准分类）3 级资格，如果学生继续在同一行业学习，则可在另外 2 年内获得 ISCED 4 级资格。

高中职业培训的其他机构包括职业培训学校（每年近 1/3 的学生就读这类学校）以及针对有特殊教育需要的学生和残疾学生的特殊职业学校。在职业学校中，学生可以获得 ISCED 3 级资格或所谓的“部分资格”。自 2013 年以来，“桥梁”计划已在职业培训学校和职业中学启动，职业桥梁计划在 2 年培训后为学生提供“部分资格”。

在职业中学，学生除了需要准备中学毕业考试和高等教育升学外，还可以在具备 ISCED 3 级资格的职业培训机构进行培训。学校还为学生准备参加高等职业培训做好准备，整个 4 年制课程包括普通教育、职业教育和实践培训。职业中学课程从九年级开始，到十二年级结束（如果教学是双语，则在十三年级结束）。2016 年以后从中等职业学校毕业（毕业即具有中学毕业考试证书和 ISCED 3 级资格证书）的学生，可以继续接受高等教育或进入劳动力市场。

二、中等教育毕业制度

（一）普通中等学校

在匈牙利的普通中等学校，用于评估学生表现的标记和成绩如下：优秀（5）、良好（4）、满意（3）、通过（2）和失败（1）；努力和勤奋程度分为 4 个等级评估：优秀（5）、良好（4）、可以做得更好（3）和差（2）。

这些标记记录在班级的考勤簿中，其中包括学生的基本数据。成绩记录在每个学生的报告书中，主要目的是为家长提供信息。大多数学校使用电子出勤和报告书，教师、家长和学生可以访问他们的相关档案。教师倾向于对每个学生的每个学科至少每一至两个月评估一次，并通过电子报告系统将学生获得的成绩告知家长。在形成性评估的情况下，除了给予成绩外，一些学校还提供学生表现的百分比和书面描述。

学校为成功完成中学学业的学生提供中学毕业证明，但学生只有在通过国家统一的中学毕业考试后才能继续接受高等教育。参加中学毕业考试的前提条件是获得中等教育的最终报告，即从所有科目中获得至少满意的成绩。此外，这份最终报告必须包含一份声明，表明学生已完成了 50 小时的社区服务。

某些科目可以进行“早期毕业考试”。从 2014 年开始，早期毕业考试仅限于外语和信息技术2门课，学生经常选择在十一年级或十年级结束时参加一个特定科目的早期中学毕业考试。

中学毕业考试由匈牙利语考试委员会举办，至少包括以下5个科目的测试：

1. 匈牙利语言和文学；

2. 历史；

3. 数学；

4. 外语；

5. 1门选修课。

考试由面试、笔试组成，有些科目还包括实践类型的测试。考试时间为5月至6月和9月至10月。9月至10月的考试是为第一次考试未通过学生提供的补考。

中学毕业考试证书的制作和发行需要教育部部长的许可。除了考生的数据外，中学毕业考试证书还包括考试科目的标题和级别、考试语言和考试成绩以及认证签名和条款。中学毕业考试证书由考试委员会颁发，成功通过中学毕业考试是获得证书的先决条件。

匈牙利中学毕业考试证书可以为学生提供进入高等教育机构或职业培训的机会。此外，也可以作为选择就业的学生的文凭证明。

（二）中等职业学校

与普通中学相比，诊断评估更常应用于职业学校，因为职业学校学生的基础相较于普通中学学生稍差一些，准确了解其发展需求更加关键。

用于评估学生表现的成绩等级同普通学校，即优秀（5）、良好（4）、满意（3）、通过（2）和失败（1）。标记记录在班级的考勤簿中，其中包括学生的基本数据。成绩记录在每个学生的报告书中，主要目的是向家长提供信息。

1. Szakközépiskola 学校资格证

全部课程结束后，学生可以选择参加国家中学毕业考试继续接受高等教育，或者参加职业考试。通过职业考试的学生将获得中等职业学校最终资格证书。

学生如果已完成职业和考试要求，除最终资格证书以外，还可以获得证明其职业资格的证书。仅部分完成这些要求的学生可能会获得部分资格。证书由职业考试委员会颁发，获得职业资格证书可以帮助毕业生找到工作或从事与特定职业相关的活动。

2. Szakiskola 学校资格证

Szakiskola 学校提供 2 至 3 年的职业课程，课程结束后学生可以参加职业考试。由 Szakiskola 颁发的证书为中等职业教育资格考试证书。Szakiskola 文凭比 Szakközépiskola 文凭要低得多，获得该文凭的学生不允许在匈牙利接受高等教育。

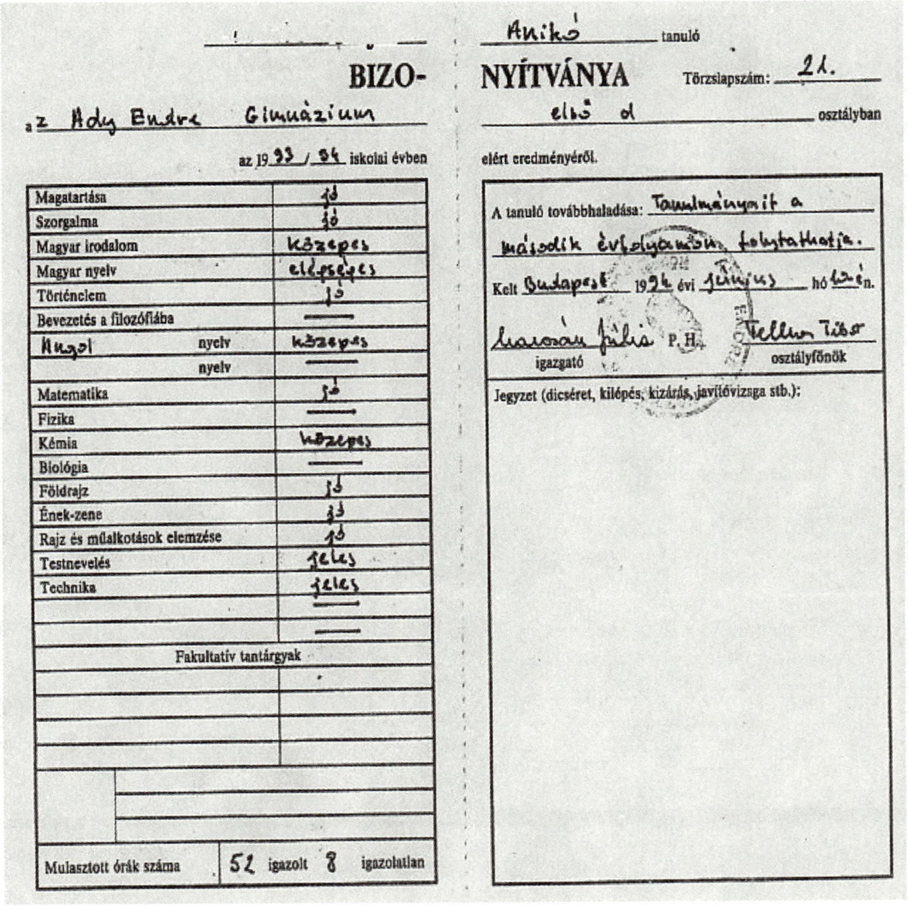

Anikó tanuló

BIZO- NYÍTVÁNYA　Törzslapszám: 21.

a z Ady Endre Gimnázium　első d osztályban

az 19 93 / 94 iskolai évben elért eredményéről.

Magatartása	jó
Szorgalma	jó
Magyar irodalom	közepes
Magyar nyelv	elégséges
Történelem	jó
Bevezetés a filozófiába	—
Angol nyelv	közepes
nyelv	—
Matematika	jó
Fizika	—
Kémia	közepes
Biológia	—
Földrajz	jó
Ének-zene	jó
Rajz és műalkotások elemzése	jó
Testnevelés	jeles
Technika	jeles
	—
	—
Fakultatív tantárgyak	

Mulasztott órák száma　52 igazolt　8 igazolatlan

A tanuló továbbhaladása: Tanulmányait a második évfolyamon folytathatja.

Kelt Budapest 1994 évi június hó [illegible]-én.

P. H.

igazgató　osztályfőnök

Jegyzet (dicséret, kilépés, kizárás, javítóvizsga stb.):

图 1　匈牙利高中毕业手册成绩单部分

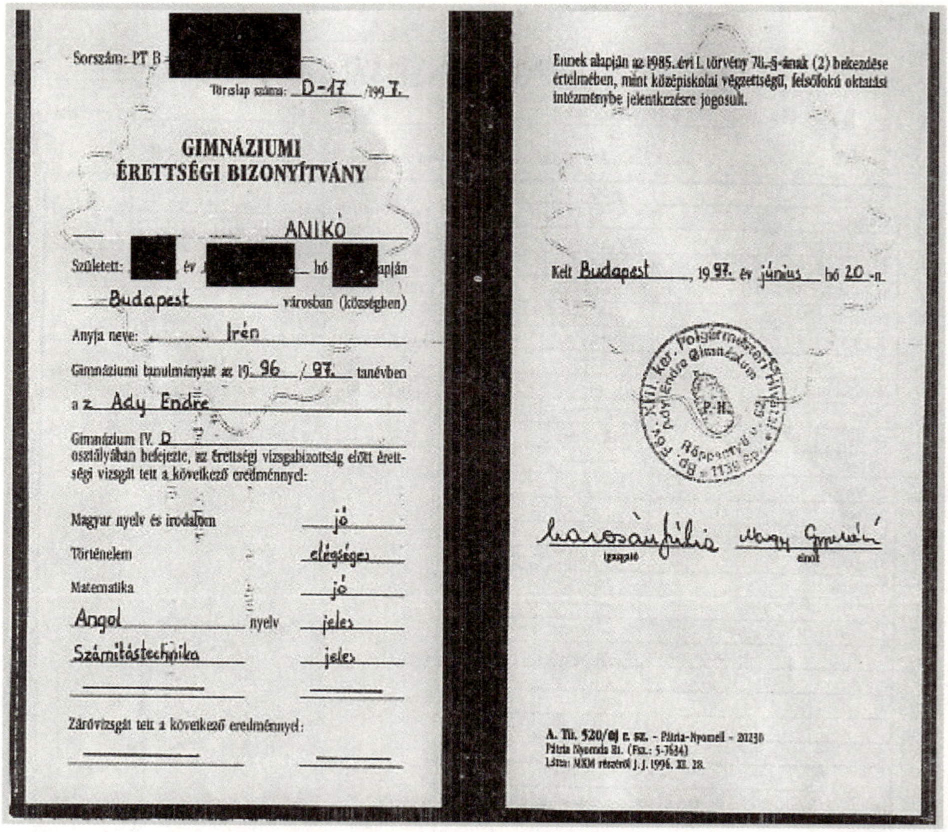
Sorszám: PT B [redacted]

Törzslap száma: D-17 /1997.

GIMNÁZIUMI
ÉRETTSÉGI BIZONYÍTVÁNY

ANIKÓ

Született: [redacted] év [redacted] hó [redacted] napján

Budapest városban (községben)

Anyja neve: Irén

Gimnáziumi tanulmányait az 19 96 / 97. tanévben

az Ady Endre

Gimnázium IV. D
osztályában befejezte, az érettségi vizsgabizottság előtt érettségi vizsgát tett a következő eredménnyel:

Magyar nyelv és irodalom	jó
Történelem	elégséges
Matematika	jó
Angol nyelv	jeles
Számítástechnika	jeles

Záróvizsgát tett a következő eredménnyel:

Ennek alapján az 1985. évi I. törvény 78. §-ának (2) bekezdése értelmében, mint középiskolai végzettségű, felsőfokú oktatási intézménybe jelentkezésre jogosult.

Kelt Budapest, 1997. év június hó 20.-n.

igazgató elnök

图 2　匈牙利高中毕业证书

第三节　高等教育制度

匈牙利于 2006 年在所有学士课程中引入了博洛尼亚三周期学位结构（取代了前教育系统的 4 年 /5 年课程），任何符合认证要求的高等教育机构都有权开设学士学位课程。匈牙利的高等教育机构除了提供学士课程、硕士课程和博士课程外，还可以实施非学位的职业高等教育方案和研究生专业培训，并可以在终身学习的框架内提供成人教育。

匈牙利的高等教育实行以欧洲学分转移和积累制度为基础的学分制，1个学分代表平均30小时的学习工作量。

一、大学教育制度

（一）入学制度

匈牙利在2005年取消了高等教育入学考试，高等教育招生以学生的期末考试成绩为依据。但是对学生而言，通过中学的毕业考试是进入高等教育系统的基本条件，除此之外没有其他进入大学的途径。政府会划定中学毕业考试的标准，通过外语高级水平考试的学生将优先选择热门课程。根据政府关于入学要求的法令，只有240分或以上的学生才能进入高等教育，分数达到280分或以上的学生才可以获得攻读学士学位的机会。另外，音乐和艺术类课程可以设置面试或能力测试作为额外的入学要求。

匈牙利高等教育的招收人数和最低分数线每年都是不同的，计算机会根据不同课程类型的录取人数对全国的申请者进行排名，被录取的申请者中的最低分则为该项目的最低分数线。负责高等教育的部长每年决定每个学院可以获得国家资助的最低入学分数。

（二）学制与学位授予制度

学士学位课程的长度和结构受匈牙利高等教育法及相关政府和部级法令的管辖。专业领域包括农业、人文学科、社会科学、IT、法律和公共管理、经济学、工程、医学和健康研究、教师培训、体育、科学、艺术等。

一般来说，学士学位课程为期3年，学生需要修满180个ECTS学分，但在某些研究领域，课程为期3年半（180+30ECTS）或4年（240ECTS）。

各高等教育机构自行对学生的成绩进行考察和监管，自主设置考试和计算成绩的方式，并最终依据考试成绩颁发学位证书。在完成所有必修科目、参加期末考试、撰写期末论文并完成答辩后，学生将被授予临时毕业证书。在课程结束后，再授予学士学位。

除本科课程外，在特定的专业还设置有一级课程。一级课程为5—6年制，学生需要修满300—360 ECTS学分，毕业后直接获得硕士学位。一级课程的申请者与学士学位的申请者的申请程序相同。这些特殊专业具体包括：医学、牙科学、药学、兽医学、农业工程和林业、建筑学、法律、经济和金融、艺术课程、教师培训（中学）以及神学研究。

二、研究生教育制度

（一）入学制度

1. 硕士研究生入学

只有获得学士学位的学生才有资格申请攻读硕士学位。各高等教育机构自主设置与管理硕士招生体系。申请攻读硕士学位的学生可以报考多个院校，学校按照报考志愿顺序对学生进行录取。

2. 博士研究生入学

拥有硕士学位的学生可以申请攻读博士学位。博士研究生的遴选属于高等教育机构博士点的负责范围，各院校有权制定自己的申请程序及准则。申请攻读博士学位的考试通常会设有面试。

政府只限制国家资助名额，不限制博士生的数量。由高等学校博士理事会主席组成的全国博士理事会规定国家资助名额，以及资助名额在高等学校之间分配的原则。由于国家资助的全日制名额有限，博士生做兼职以支付学费的比例较高。

（二）学制与学位授予制度

1. 硕士

硕士学位的专业领域包括农学、人文、社会科学、信息技术、法律与管理、军事与国防、经济、工程、医药与健康、教育、体育、科学以及艺术。

一般来说，硕士的学制为 2 年，学生需要修满 120ECTS 学分。但是也有一些学科学制为 3 学期（1 年半）或 2 学期（1 年），学生需要修满 90 或 60ECTS 学分。相关教育部门会发布官方的硕士培养方案。学生想要毕业必须通过期末考试，期末考试的内容由各高等教育机构自行规定，一般包括学位论文或文凭项目的答辩以及额外的面试、笔试或者实践考试。

2. 博士

博士的学制一般为 4 年，学生需要修满 240ECTS 学分。博士阶段的学习分为两部分：第一阶段为“学习与研究”（4 学期），第二阶段为“研究与论文”（4 学期）。在前 4 个学期的学习结束后，学生需要参加考试，通过考试的人可以进入第二阶段。进入博士第二阶段的学生即成为博士候选人。如果学生不能在获得候选人资格后的 3 年内提交毕业论文，则取消其候选人资格。

第四节 高等教育机构类型

匈牙利高等教育机构可以根据不同的标准进行分类。

1. 按监管机构分类

高等教育机构中，国家和非国家监管的机构之间存在明显的区别。非国家机构可以由教堂、商业组织或基金会建立。非国家机构的基础和运作与国家机构的基础和运作遵循相同的（质量）标准。在建立时，需要在认证过程中检查办学的合规性，符合标准的机构获得议会和国家承认。只有国家承认的非国家机构才能提供高等教育。非国立高等教育机构的建立和运作必须遵守高等教育法及相关法规的规定。国家为国家机构和非国家机构提供部分资金支持。

2. 按教育内容分类

按照教授的专业和课程分类，有大学、科技大学和学院（非大学的高等教育机构），这 3 类教育机构的主要区别在于学术能力。

大学设有至少 8 个学士专业和 6 个硕士专业，并且有资格授予博士学位，大学中至少 60% 的教学和研究人员拥有博士学位，定期开展学生的学术研讨会，并能够在一些课程中提供外语教学。

科技大学也是高等教育机构，设有至少 4 个学士专业、2 个硕士专业、2 个双重培训（包括工程、IT、农业、自然科学或商业研究）专业，至少有 45% 的教学和研究人员拥有博士学位。

学院中至少有 1/3 的教学和研究人员拥有博士学位，能开展学生的学术研讨会。

这 3 类学校在法律上没有区别，但由于历史原因，科技大学通常在实践教育中更加活跃。相比之下，大学通常提供更多理论导向的学位课程，拥有比科技大学和学院更多的硕士专业，更加积极地参与基础性研究。

除了少数例外，州立大学是由数个学院组成的大型教育机构。其中大部分是不同教会和宗教团体的神学院。根据教育局的数据，匈牙利有 22 所国家资助和 7 所非国家资助的大学，5 所国家资助和 4 所非国家资助的应用科学大学，1 所国家资助和 26 所非国家资助的学院（其中 21 所由教会经营）。

表 1　匈牙利大学排名

大学名称	QS 排名	ARWU 排名	U.S. News 排名	THE 排名
塞格德大学（University of Szeged）	501—510	601—700	688	801—1000
德布勒森大学（University of Debrecen）	601—650	901—1000	635	801—1000
罗兰大学（Eotvos Lorand University）	651—700	501—600	434	601—800

续表

大学名称	QS 排名	ARWU 排名	U.S. News 排名	THE 排名
佩奇大学（University of Pécs）	651—700		1125	801—1000
布达佩斯技术与经济大学（Budapest University of Technology and Economics）	801—1000	801—900	944	1001+
布达佩斯考文纽斯大学（Corvinus University of Budapest）	801—1000			1001+
塞麦尔维斯大学（Semmelweis University）		901—1000	682	401—500
圣伊斯特万大学（Szent István University）				1000+

参考文献

中文部分

[1] 中华人民共和国外交部：《匈牙利国家概况》，2019 年 8 月，见 https://www.fmprc.gov.cn/web/gjhdq_676201/gj_676203/oz_678770/1206_679858/1206x0_679860/。

[2] 中华人民共和国教育部教育涉外监管信息网：《匈牙利》，2019 年 10 月 9 日，见 http://www.jsj.edu.cn/n1/12052.shtml。

外文部分

[1]Forbes, Tokyo leading center of commerce in Asia, London No 1 in world - MasterCard study, 2006-12-7, https://web.archive.org/web/20110604005151/http://www.forbes.com/feeds/afx/2007/06/12/afx3810988.html.

[2]Ministry of National Resources, The Bologna System, 2008-4-30, http://

www.nefmi.gov.hu/english/the-hungarian-higher/the-bologna-system.

[3]Nuffic, Education and diplomas Hungary, 2018-7, https://www.nuffic.nl/en/education-systems/hungary.

[4]EACEA, Hungary Overview, 2019-11-19, https://eacea.ec.europa.eu/national-policies/eurydice/content/hungary_en.

[5]United Nations Development Programme, Human Development Reports - 2018 Statistical Update-Chinese, 2019-12-19, http://www.hdr.undp.org/sites/default/files/2018_human_development_statistical_update_cn.pdf.

[6]EACEA, Hungary-Second Cycle Programmes, 2020-2-13, https://eacea.ec.europa.eu/national-policies/eurydice/content/second-cycle-programmes-35_en.

[7]EACEA, Hungary-Third Cycle (PhD) Programmes, 2020-2-13, https://eacea.ec.europa.eu/national-policies/eurydice/content/third-cycle-phd-programmes-35_en.

[8]knoema, Hungary - Adult (15+) literacy rate, 2020-4-09, https://knoema.com/atlas/Hungary/topics/Education/Literacy/Adult-literacy-rate.

[9]Oecd-ilibrary, OECD Health Statistics & Social protection, https://www.oecd-ilibrary.org/social-issues-migration-health/data/oecd-health-statistics/oecd-health-data-social-protection_data-00544-en.

[10]Oktatas Hibatal, Higher Education in Hungary, https://www.oktatas.hu/kepesitesek_elismertetese/english/hungarian_higher_education.

第二十二章　意大利

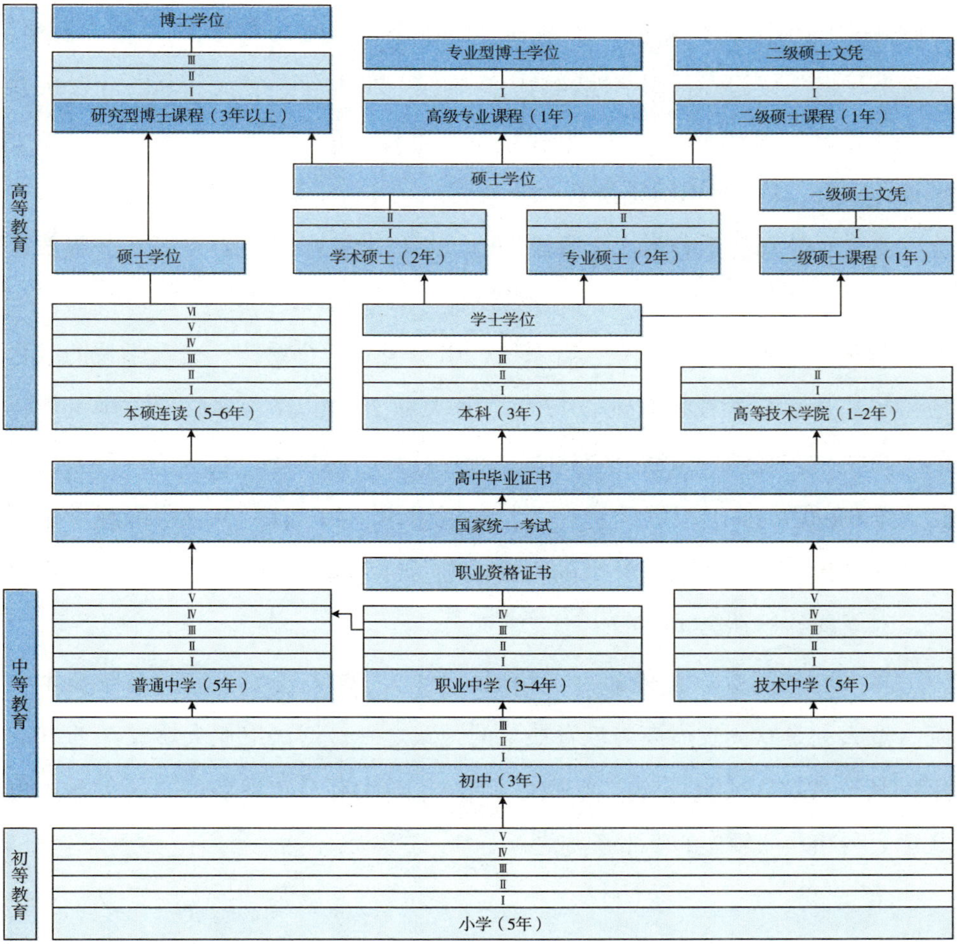

高等教育
博士学位
研究型博士课程（3年以上）
专业型博士学位
高级专业课程（1年）
二级硕士文凭
二级硕士课程（1年）
硕士学位
一级硕士文凭
硕士学位
学术硕士（2年）
专业硕士（2年）
一级硕士课程（1年）
学士学位
本硕连读（5–6年）
本科（3年）
高等技术学院（1–2年）
高中毕业证书
国家统一考试
职业资格证书
中等教育
普通中学（5年）
职业中学（3–4年）
技术中学（5年）
初中（3年）
初等教育
小学（5年）

第一节　导言

意大利，全称为意大利共和国，是一个位于南欧的国家。意大利地处中部地中海，与法国、瑞士、奥地利等国接壤，占地面积约 30 万平方公里，大部分地区气候为温带季节性和地中海气候。2019 年，意大利总人口为 6040 万，主要是意大利人，大部分居民信奉天主教。意大利语为官方语言。意大利使用欧元，1 人民币约兑换 0.1281 欧元。

意大利教育体系分为 3 个阶段，即 5 年初级教育（小学），8 年中级教育（3 年初中、5 年高中），大学、专科院校等高等教育，其中 6 至 16 岁为义务教育阶段。意大利既有私立教育系统，也有公立教育系统，公立学校的教育质量也高于私立学校。截至 2017 年，意大利 25 岁以上至少接受过中等教育的人口男性占 83%，女性占 75.6%，高等教育毛入学率为 63%。政府教育支持占 GDP 的 4.1%。根据经济合作与发展组织（OECD）2018 年国际学生评估测试（PISA），意大利学生的阅读成绩排在第 32 位，数学成绩排在第 31 位，科学成绩排在第 40 位。

意大利的高等教育分为大学和理工学院、高等艺术学院、高等技术学院。意大利是欧洲发展高等教育最早的国家之一。博洛尼亚大学成立于 1088 年，其校名拉丁文直译为“大学之母”，是意大利最负盛名的一所大学，也是意大利和欧洲领先的学术机构之一。

第二节 中等教育制度

一、中等教育类型

意大利的义务教育阶段包括5年小学、3年初中和高中的前2年。初中毕业时学生需要参加考试，通过考试可以获得结业证书。初中毕业生有3种去向：升入高中、接受职业技术培训或直接就业。

高中分为普通中学、技术中学、职业中学3类。

普通高中教育为5年制，一共有6种不同类型的学校：艺术、古典、科学、语言、音乐和舞蹈、人文科学。其中，艺术学校提供6个专业领域的课程，包括形象艺术、建筑和环境、设计、视听与多媒体、图像、景观设计。所有分支专业前两年所学习的课程都是统一的。

技术中学学制为5年制，通常分为农科、工科、商科等，目标是培养专业人才。技术中学毕业生可以选择就业，也有继续升学的资格，可以考取大学的相关专业。

职业中学的目标是培养中级技工，学生在就读3年或4年后，可以选择参加考试后毕业，然后进入劳动力市场进行实习，此时学校为他们颁发职业资格证书。结束3—4年的职业学习后，学生也可以选择转入普通高中继续学习，如果在第5年结束时参加国家考试并通过，学生即可以获得第二张高级文凭，学生可以凭此文凭升入高等教育体系。

职业中学与技术中学的区别在于职业中学的通识教育和理论科目较技术中学来说更少，其更注重实际运用的教学，且没有完整接受5年教育的学生不能升入高等教育机构。

此外，由于义务教育仅包括高中的前2年，学生上完2年的课程之后也可以直接毕业，但是他们获得的文凭证书比上满5年课程的学生获得的文凭证书低一等级。

二、中等教育毕业制度

在每学期和每学年结束时，学校会以班级为单位开展一个由全班所有老师组成的班会，老师们会为每个学生的每一科和每一项行为打分。分数范围从 0 到 10，6 分相当于及格。每位学科老师都根据学生在自己的学科表现向班级理事推荐分数，多数表决通过则代表通过。如果没有达到多数，则以学校经理的投票为准。分数低于 6 的学生既不能升入下一年级，也不能参加期末考试。

此外，在高中三年级的学习结束时，学生会得到一个叫作“学校学分”的分数，相当于学生最终成绩的平均值，包括行为成绩，如出勤率、课外活动等。三年级以后每年年底学校都会更新学生的“学校学分”。学生在三年级最多可得 12 个学分，四年级最多可得 13 个学分，五年级最多可得 15 个学分，三年一共最多可得 40 个学分，如表 1 所示。

表 1　意大利高中平均分数转换为学校学分表

平均分数	三年级学分	四年级学分	五年级学分
A <6	—	—	7—8
A = 6	7—8	8—9	9—10
6 <A ≤ 7	8—9	9—10	10—11
7 <A ≤ 8	9—10	10—11	11—12
8 <A ≤ 9	10—11	11—12	12—13
9 <A ≤ 10	11—12	12—13	14—15

意大利学生在普通高中或职业高中结束学习时，需要参加国家统一考试。每一所学校会在五年级课程结束后进行期末考核时，决定学生是否有资格参加国家考试。评审标准为：学生每一学年的出勤率是否占到教学时间的 75% 以上；学生是否在每个成绩评核的科目中取得 60% 或以上的成绩。国家考试内容包括 3 次笔试和 1 次面试，具体内容如下：

1. 第一次笔试

第一次笔试的目的是验证考生的意大利语或教学语言的熟练程度，以及表达能力、语言逻辑和批判性技能，考试时间为 6 小时。

学生可选的科目有 3 种：

A 类——对意大利文学作品的分析和解释；

B 类——对文本进行分析并做出书面评论；

C 类——对最近事件的评论。

2. 第二次笔试

第二次笔试的目的是验证学生对于主要科目的知识掌握和应用能力。教育部已经为每一类课程（普通或职业课程）和每一个专业分支确定了一系列具体的科目。在艺术和音乐舞蹈类的考试中，“笔试”则要求学生提供一份图表作品或一场音乐 / 舞蹈表演。

第二次测试的时间根据专业的不同，从 1 天到几天不等，每天考试 6 小时。例如，艺术科的考试可以持续 3 天，每天 6 小时。

3. 第三次笔试

第三次笔试是对 4 个不同的话题进行考查，学生根据提出的问题依次回答，不同专业的考试内容不同。考试时间为 2 个小时。

4. 面试

面试是对于最后一年所学的所有科目的考核。考试委员会通过对文件、文本、项目和经验进行分析和批判性讨论，核实学生对每一门课程的知识掌握和技能运用，以及学生将这些知识联系起来的能力。除此之外，委员会也会审核学生“公民与宪法”方面的知识与能力。最后，学生还需要针对他们的实习经历做一个简短的报告或多媒体作品展示。

在国家考试结束时，考试委员会以百分制给予学生最后的得分，获得 60 分及以上的学生即通过考试，通过考试的考生将获得一张文凭和一份名为“学生课程”的文件。

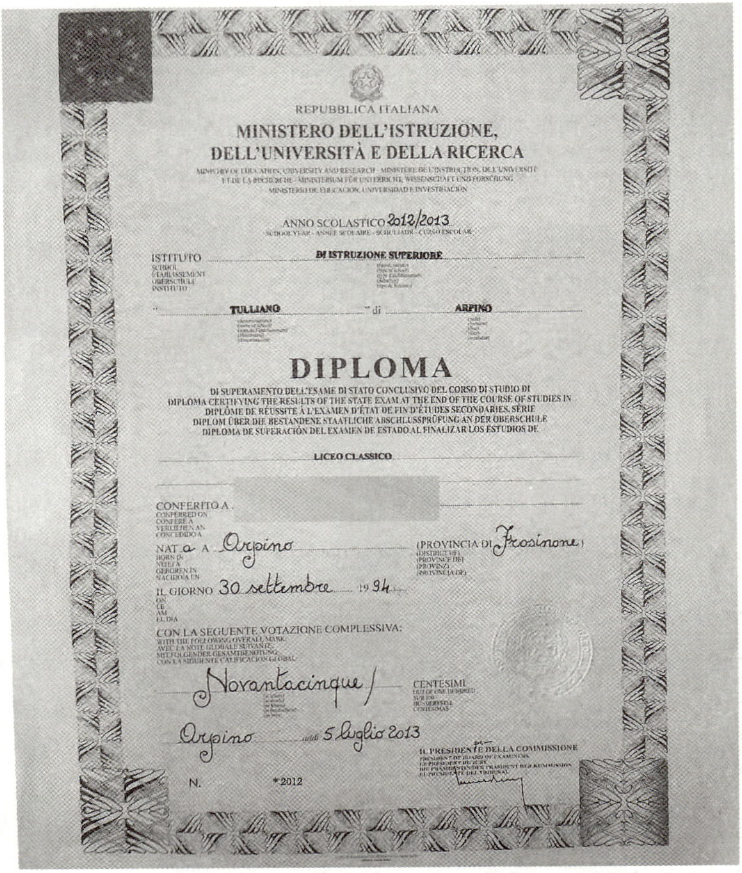

REPUBBLICA ITALIANA

MINISTERO DELL'ISTRUZIONE,
DELL'UNIVERSITÀ E DELLA RICERCA

ANNO SCOLASTICO 2012/2013

ISTITUTO DI ISTRUZIONE SUPERIORE

"TULLIANO" di ARPINO

DIPLOMA

DI SUPERAMENTO DELL'ESAME DI STATO CONCLUSIVO DEL CORSO DI STUDIO DI
DIPLOMA CERTIFYING THE RESULTS OF THE STATE EXAM AT THE END OF THE COURSE OF STUDIES IN
DIPLÔME DE RÉUSSITE À L'EXAMEN D'ÉTAT DE FIN D'ÉTUDES SECONDARIES, SÉRIE
DIPLOM ÜBER DIE BESTANDENE STAATLICHE ABSCHLUSSPRÜFUNG AN DER OBERSCHULE
DIPLOMA DE SUPERACIÓN DEL EXAMEN DE ESTADO AL FINALIZAR LOS ESTUDIOS DE

LICEO CLASSICO

CONFERITO A [redacted]
CONFERRED ON
CONFERE A
VERLIEHEN AN
CONCEDIDO A

NATa A Arpino (PROVINCIA DI Frosinone)

IL GIORNO 30 settembre 1994

CON LA SEGUENTE VOTAZIONE COMPLESSIVA:
WITH THE FOLLOWING OVERALL MARK
AVEC LA NOTE GLOBALE SUIVANTE
MIT FOLGENDER GESAMTBENOTUNG
CON LA SIGUIENTE CALIFICACIÓN GLOBAL

Novantacinque / CENTESIMI

Arpino addì 5 luglio 2013

IL PRESIDENTE DELLA COMMISSIONE

N. *2012

图 1　意大利高中毕业证书

第三节　高等教育制度

一、大学教育制度

（一）入学制度

本科是意大利大学教育的第一级别，目的是保证学生掌握科学的方法和内容，或具备专门的职业技能。

意大利实行本专科双轨制教学、学分管理和分级淘汰制度。一般来说，完成普通中等教育或中等职业教育的学生可以凭借高中毕业证书免试入学，但是有些限制招生数量的专业会有额外的要求，比如最高体育学院、高等师范学校、艺术院校的某些专业。另外，牙科、医学和建筑等专业会有测试学科知识的国家竞争性考试。

（二）学制与学位授予制度

意大利的本科学制为 3 年，获得学士学位需要具备以下条件：

1. 学制内修满 180 个学分；

2. 通过学校的课程考试；

3. 根据不同专业，在导师的指导下完成原创的毕业作品。

高等技术学院提供职业技术高等教育，分为 2 种课程。一种是 1200—2400 学时的课程（1—2 年制）；另一种是 800—1000 学时的课程（1 年制）。如果学生要想进入 800—1000 学时的课程，必须拥有国家文凭或技术专业文凭；选择 1200—2400 学时课程则不需要持有特定的文凭，但需要考虑申请人的工作经验。在这两种课程结束时，毕业生都将获得专业技术证书。

美术、音乐、戏剧和舞蹈等专业的高等教育（AFAM）与普通高等教育一样分为不同的层次。美术学院、国家戏剧艺术学院、音乐学院和国家舞蹈学院等提供 AFAM 课程，毕业后根据不同的层级提供不同的专业文凭。

二、研究生教育制度

（一）入学制度

1. 硕士研究生入学

硕士是意大利大学教育的第二级别，意大利的硕士课程包括学术 / 专业硕士课程和一级硕士课程。硕士课程的目的是使学生具有在特定领域从事高层次工作的水平，在意大利攻读硕士学位必须具有本科学位或国外同等学历，学习一级硕士课程要求具有本科学位或满足其他要求。

2. 博士研究生入学

意大利大学教育的第三级别包括研究型博士课程、高级专业课程和二级硕士课程。研究型博士的目标是培养学生成为能胜任非常高深的科学研究或高水平的专业任务的人才，专业型博士的目标是培养学生成为具备从事高等职业的知识和技能的人才，二级硕士课程则为学生提供高级学术或专业课程。获得非一级硕士课程文凭的硕士学位是申请攻读博士学位的必要条件，申请研究型博士和专业型博士的学生还需要通过额外的考试。

（二）学制与学位授予制度

1. 硕士

学术硕士 / 专业硕士的学习期限为 2 年，学生在取得 300 学分（大学本科学习期间取得的 180 学分包含在内）且提交一篇有特色的论文后可获得硕士学位，毕业后授予硕士学位（LS）。在一些专业（如建筑、建筑工程、医学、兽医学和牙医学）中，本科和研究生课程是一个整体。

一级硕士课程（MU1）包括学术或专业化的课程，学制为 1 年，学生在修读 60 学分后可获得文凭，但这种文凭不能用以申请博士学位。

2. 博士

研究型博士的最短学习期限为 3 年，要求学生提交 1 篇论文。毕业生被授予博士学位。专业型博士的学习期限通常为 1 年，学生毕业后获得专业博士学位。

二级硕士课程（MU2）包括学术或专业化的课程，学制为 1 年，学生在修读 60 学分后可获得二级硕士文凭，这种文凭依然不能用于申请博士学位。

第四节　高等教育机构类型

意大利的高等教育机构分为大学（包括理工学院）和同等院校、高级艺术和音乐教育机构（AFAM）和高等技术学院（ITS）。

普通大学教育由 96 所大学提供，其中包括 67 所州立大学和 29 所非州立大学（其中还包括 11 所在线大学）。除普通大学外，从高等语言中介学院（SSML）、心理治疗专家专业学院，以及一些提供 5 年制艺术、技术课程的学院毕业所获得的文凭等同于经过普通大学教育获得的文凭。

提供高水平美术与音乐教育的学院（AFAM）如下：

1. 艺术学院：其主要目的是培养学生的艺术实践技能（装饰、绘画、版画、雕塑和舞台美术设计等方面）。全国有 23 所法律认可的美术学院。

2. 艺术工业高等学院（ISIA）：提供设计领域（平面设计）培训的州立学院。在法恩扎、罗马、佛罗伦萨和乌尔比诺设有 4 所艺术工业高等学院。

3. 罗马国家戏剧学院：提供演员和导演培训课程。

4. 音乐学院：提供音乐教学应用课程的高等艺术学院。意大利有 58 所音乐学院和 21 所高等音乐学院。

5. 国家舞蹈学院：位于罗马，其主要目的是培训舞蹈演员和编舞专业人员。

高等技术学院（ITS）一般来说是协会或私人基金会办学，这类学校只能提供高等教育第一周期的文凭（即本科或专科），不设硕士和博士点。截至 2018 年，意大利共有 63 所高等技术学院。

表 2　意大利大学排名

大学名称	QS 排名	ARWU 排名	U.S. News 排名	THE 排名
米兰理工大学（Polytechnic Institute of Milan）	149	201—300	303	301—350
圣安娜高等研究院（Sant'Anna School of Advanced Studies-Pisa）	177			149
博洛尼亚大学（University of Bologna）	177	201—300	116	168
罗马大学（Sapienza University of Rome）	203	151—200	119	251—300
比萨高等师范学校（Scuola Normale Superiore - Pisa）	204	401—500	204	152
帕多瓦大学（University of Padua）	234	201—300	116	201—250
米兰大学（University of Milan）	302	151—200	155	301—350
都灵理工大学（Polytechnic University of Turin）	348	501—600	489	501—600
特伦托大学（University of Trento）	389	401—500	237	301—350
比萨大学（University of Pisa）	389	151—200	186	351—400
那不勒斯腓特烈二世大学（University of Naples Federico Ⅱ）	424	301—400	204	351—400
佛罗伦萨大学（University of Florence）	448	201—300	227	351—400
圣心天主教大学（Catholic University of the Sacred Heart）	501—510	401—500	502	501—600
罗马第二大学（University of Rome Tor Vergata）	511—520	501—600	224	501—600
都灵大学（University of Turin）	541—550	201—300	227	401—500
帕维亚大学（University of Pavia）	581—590	301—400	250	401—500
米兰比可卡大学（University of Milano-Bicocca）	591—600	401—500	276	401—500
热那亚大学（University of Genoa）	651—700	401—500	286	401—500
锡耶纳大学（University of Siena）	701—750	501—600	357	401—500

参考文献

中文部分

[1] 刘梦醒：《21 世纪初期的意大利高等教育体制研究》，硕士学位论文，对外经济贸易大学外语系，2011 年。

[2] 韩骅：《意大利高中教育改革近况》，《教书育人》2008 年第 17 期。

[3] 万琳：《我国与欧洲两国（意大利与法国）的高等教育体制的比较研究》，《广西轻工业》2010 年第 7 期。

[4] 明其：《意大利高中教育的改革》，《陕西教育》2011 年第 3 期。

[5] 中华人民共和国外交部：《意大利国家概况》，2019 年 4 月，见 https://www.fmprc.gov.cn/web/gjhdq_676201/gj_676203/oz_678770/1206_679882/1206x0_679884/。

外文部分

[1]Nuffic, Education and diplomas Italy, 2015-1, https://www.nuffic.nl/en/education-systems/italy.

[2]Parlamento italino, Disposizioni per la formazione del bilancio annuale e pluriennale dello Stato (legge finanziaria 2007), 2006-12-27, http://www.camera.it/parlam/leggi/06296l.htm.

[3]Qti, The Italian Qualifications Framework for Higher Education, 2018-1-31, http://www.quadrodeititoli.it/Index.aspx?IDL=2.

[4]OECD,PISA 2015 results in focus, 2018-2-16, https://www.oecd.org/pisa/pisa-2015-results-in-focus.pdf.

[5]EACEA, Italy-Bachelor, 2018-12-20, https://eacea.ec.europa.eu/national-policies/eurydice/content/bachelor-39_en.

[6]United Nations Development Programme, Human Development Reports - 2018 Statistical Update – Chinese, 2019-12-19, http://www.hdr.undp.org/sites/default/files/2018_human_development_statistical_update_cn.pdf.

[7]EACEA,Italy Overview, 2020-1-22, https://eacea.ec.europa.eu/national-policies/eurydice/content/italy_en.

[8]EACEA, Italy-Assessment in General Upper Secondary Education, 2020-2-27, https://eacea.ec.europa.eu/national-policies/eurydice/content/assessment-general-upper-secondary-education-26_en.

[9]EACEA, Italy-Types of Higher Education Institutions, 2020-3-10, https://eacea.ec.europa.eu/national-policies/eurydice/content/types-higher-education-institutions-39_en.

[10]Governo Italiano, Ministero dell'Istruzione dell'Università e della Ricerca, https://www.miur.gov.it/.

第二十三章　柬埔寨

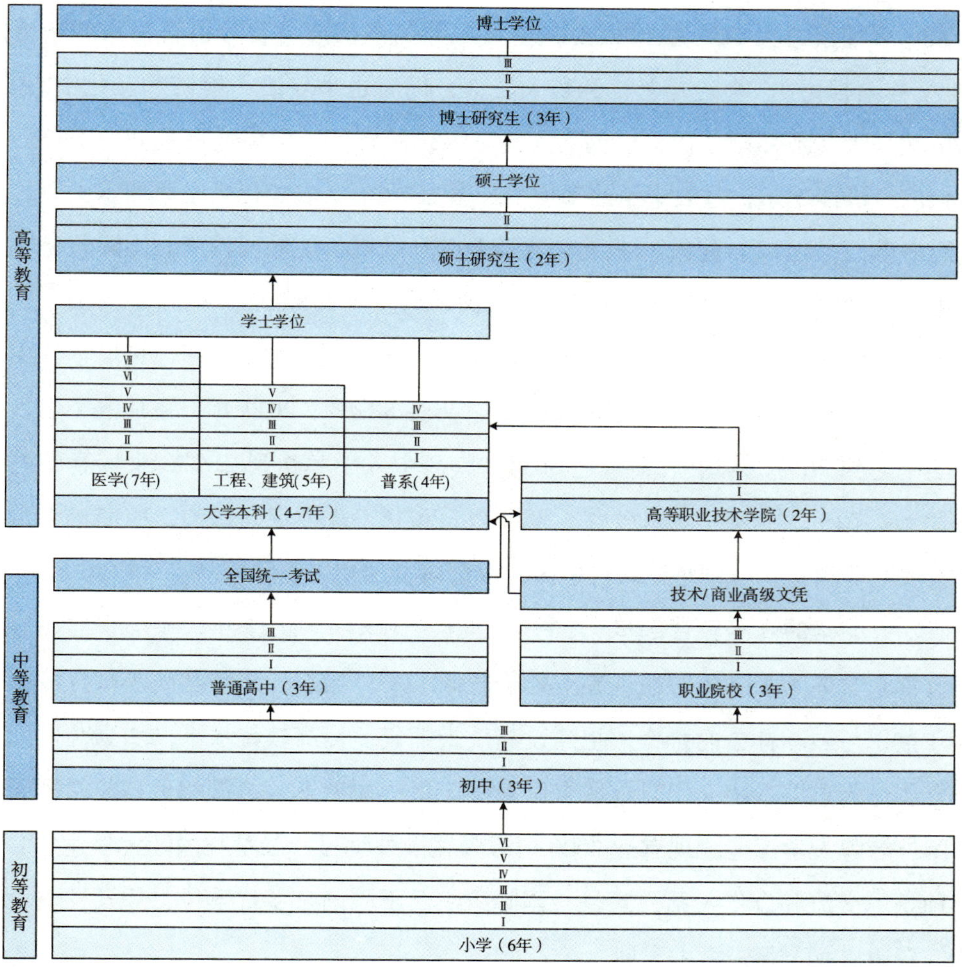
高等教育
中等教育
初等教育
博士学位
Ⅲ
Ⅱ
Ⅰ
博士研究生（3年）
硕士学位
Ⅱ
Ⅰ
硕士研究生（2年）
学士学位
Ⅶ
Ⅵ
Ⅴ
Ⅳ
Ⅲ
Ⅱ
Ⅰ
医学(7年)
工程、建筑(5年)
普系(4年)
大学本科（4–7年）
高等职业技术学院（2年）
全国统一考试
技术/商业高级文凭
普通高中（3年）
职业院校（3年）
初中（3年）
小学（6年）

第一节 导言

柬埔寨，全称为柬埔寨王国，是位于东南亚印度支那半岛南部的一个国家。柬埔寨总人口约为1480万，主要民族为高棉族。官方语言为柬埔寨语（又称高棉语）。金边是首都和最大城市，同时也是政治、经济和文化中心。虽然与大多数邻国相比，柬埔寨人均收入仍然较低，但柬埔寨是亚洲增长最快的经济体之一，过去十年的平均增长率为7.6%。农业仍然是柬埔寨主要的经济部门，纺织、建筑、服装和旅游业的强劲增长使外国投资和国际贸易增加。柬埔寨瑞尔为柬埔寨的货币，1人民币约兑换578.8022柬埔寨瑞尔。

柬埔寨的小学为6年，初中3年，高中3年。截至2016年，柬埔寨青少年（14—24岁）识字率为女性85.9%、男性88.4%。2011年，柬埔寨小学入学率达到96%，初中入学率达到34%，高中入学率达到21%。柬埔寨的教育体系有3条主线：学术教育、职业教育和非正规教育。目前，柬埔寨大力发展职业教育，特别是在农村地区，以解决贫困和失业问题。

柬埔寨的高等教育起步于20世纪40年代末期。2017年，柬埔寨的高等教育入学率为13.1%，在世界上处于较低水平。当前，柬埔寨高等教育界非常重视与国际社会的合作，把建设高质量师资，提高教育水平，增强与国际合作作为重要举措。一是在联合国及国际机构援助下，选派相关高校教师到国外名牌大学深造，现有近2000名教师在国外学习；二是与国际大学建立多种学术交流和合作关系；三是与国际组织及不同国家签订学位文凭及证书对等双边协议，促进学术发展。

第二节　中等教育制度

一、中等教育类型

（一）普通中等教育

按照年级，柬埔寨的中等教育可以分为初中阶段和高中阶段。

学生初中毕业时需要参加全国统一考试，成绩合格的学生可以获得基础教育毕业证书，继续高中的学习。另外，除了进入高中学习，学生还可以选择在职业院校继续学习。

根据学习内容，高中课程的学习还可以划分成两个阶段：高中的第一年是高中学习的第一个阶段，这个阶段的课程主要是为了巩固学生在基础教育阶段学习的知识和技能。高中的后两年是高中学习的第二个阶段，这个阶段的课程主要是拓展学生的知识，培养学生的才能，为学生进入大学学习做准备。学生高中毕业时需参加全国统一的毕业考试，学校为成绩合格的学生颁发高中毕业证书。

（二）中等职业教育

除了进入高中学习，学生还可以选择接受中等职业教育。中等职业教育主要由职业技术教育院校提供，这些学校为私立机构，学生需要自费入学。职业技术教育院校开设的课程涉及很多领域，比如农业、工业等。中等职业技术教育的课程分为 3 个级别，完成培训分别可获得一级、二级和三级证书。

二、中等教育毕业制度

高中的学生毕业时需要参加全国统一考试，成绩合格的学生可以获得高中毕业证书。高中毕业证书是申请大学的重要条件。高中毕业成绩单上会显示学生 3 年所学习的每门课程的成绩，每个年级的每个学科满分均不相同。高中毕业证书则会显示高中毕业考试 7 门科目的成绩，如图 1 所示。

中等职业学校毕业的学生可获得技术或者商业高级文凭。

KINGDOM OF CAMBODIA
NATION – RELIGION – KING

MINISTRY OF EDUCATION,
YOUTH AND SPORT
No:

CERTIFICATE
OF UPPER SECONDARY EDUCATION

The Ministry of Education, Youth and Sports of the Kingdom of Cambodia, certifies that:

Mr. :
Date of Birth :
Place of Birth :
Father's name :
Mother's name :

Has obtained the certificate of Upper Secondary Education.

Examination date : 20th August 2018
Examination center : Preah Yukunthor High School
Room number : **19** Seat: **464**

Examination grade : **C**
Grade by subject :

Foreign Language (English) : **B**
Mathematics : **B** Biology : **C** Chemistry : **D**
Literature : **E** History : **E** Physics : **C**

This certificate is issued to the bearer for official use wherever applicable.

Phnom Penh, March 29th 2019

Dr. HUN CHANRITH
Deputy General Director
By Order the Minister

图 1 柬埔寨高中文凭

KINGDOM OF CAMBODIA
NATION – RELIGION – KING

ACADEMIC TRANSCRIPT

1- Name :
2- Surname :
3- Date of birth :
4- Sex (Male or Female) : Male
5- Nationality : Cambodian
6-Moral and Physic Comportment: Good
7- The result of the exams :

No	Subject	Grade 10		Grade 11		Grade 12	
		Average	Position	Average	Position	Average	Position
1	Mathematics	116		74		41.5	
2	Physics	50		43		41	
3	Chemistry	35.5		36		64	
4	Biology	34.5		38		71	
5	Literature	145		94		48	
6	Geography	35.5		34		47.5	
7	Earth science	24.5		25		53	
8	Home economics	30		22			
9	Civic instruction	30.5		26		46	
10	History	35.5		32		47	
11	Foreign Language(English)	93		74		45	
12	Physical Education	44.5		48			
Total Average and Position		**42.87**	**5th/57**	**34.10**	**8th/57**	**42.96**	**8th/71**
Absence with permission		01		00		00	
Absence without permission		00		01		00	

Extract from the status of a student book of Secondary School of General Education.

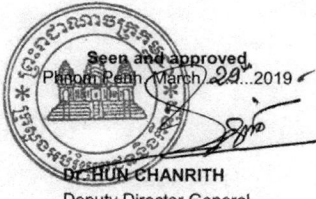

Phnom Penh, March..29th...2019
Director of Cultural Relations and Scholarship Department

CHAP SOPHORN

Seen and approved
Phnom Penh, March ..29...2019

Dr. HUN CHANRITH
Deputy Director General
By Order the Minister

图 2　柬埔寨高中成绩单

第三节　高等教育制度

一、大学教育制度

（一）入学制度

柬埔寨的高中毕业考试相当于高考，有资格参加高中毕业考试的学生要具备以下条件：

1. 通过初中的考核；
2. 修满高中的所有课程；
3. 遵守学校的规则；
4. 高中总年度的平均分数达到 25.00 以上。

高中毕业考试科目分为自然科学、社会学两大类。柬埔寨从 2014 年对高考进行改革，一般在 8 月份举行考试。考试总分数为 525 分，学生至少要取得 237 分，才能通过考试。自然科学类的考试科目有 7 个，包括数学（0—125 分）、高棉语文学（0—75 分）、物理（0—75 分）、化学（0—75 分）、生物（0—75 分）、英语（0—50 分）。除此之外，教育部每年会抽签选择考核另外一门科目，包括历史、地理、公民与道德、地球与环境任选其一（0—50 分）。社会学考试的科目有 7 个，有高棉语文学（0—125 分）、数学（0—75 分）、地理（0—75 分）、历史（0—75 分）、公民与道德（0—75 分）、英语或法语（0—50 分）。教育部每年会抽签选择的科目包括化学、物理、生物、地球与环境（0—50 分）。

成绩分成 5 个等级：A、B、C、D 和 E 等级，如表 1 所示。

表 1　高考成绩等级与对应分数

成绩等级	对应分数
A（最优秀）	总分 427 分以上
B（优秀）	总分 380—426 分
C（优）	总分 332—379 分
D（好）	总分 285—331 分
E（一般）	总分 237—284 分

学生至少要达到 E 等级才能通过高中毕业考试，成为合格毕业生。合格毕业生可以申请进入大学，申请即可入学。某些大学也会举办自主招生考试，但也需要学生通过高中毕业考试才可以参加。大学不按高考成绩等级择优录取，5 个等级的作用在于根据等级不同，学校颁发给学生不同数额的奖学金。柬埔寨大学的学费偏高，例如，柬埔寨金边皇家大学每年学费 500 美元左右，最便宜的国家法律大学学费每年则需要 250 美元（柬埔寨普通家庭月收入约为 250 美元）。一般情况下，奖学金评定等级如表 2 所示：

表 2　各成绩等级减免学费比例

成绩等级	减免学费比例
A（最优秀）	100%
B（优秀）	75%
C（优）	50%
D（好）	25%
E（一般）	0%

职业技术教育院校的学生也可以凭文凭进入大学，但是能够接收这些毕业生的大学很少。

（二）学制与学位授予制度

柬埔寨的大学学制一般是 4 年，工程专业和建筑专业为 5 年制，医学专业为7年制。柬埔寨的大学主要是为了培养具备高水平的专业技术人才、工程师和高质量的中学教师人员。从2005年开始，大学生都必须选修1门基础课程，可供选择的课程有：艺术与人文学科、数学与自然科学、社会科学和外语。另外，柬埔寨的大学实行学分与学分转换制度，积极促进高校间学生流动，帮助非全日制学生积累学分。

柬埔寨普通大学目前以私立大学为主。各学校各专业毕业要求均不相同，有的以课业成果评定，有的以考试结果评定。但是学生都需要完成学士论文才能毕业，获得学士学位。高等职业技术学院学制为2年，毕业后学生可以申请进入普通大学的三年级继续学习（相当于专升本）。转校的规则由各大学自定，有的是申请制，有的则需要学生参加考试。

二、研究生教育制度

（一）入学制度

柬埔寨硕博入学没有统一的考试，各高等教育机构自行组织招生，大学内部各院系专业的招生方式也可能有所不同。高等职业技术学院毕业的学生也可以继续报考技术和商业硕士。

1. 硕士研究生入学

以柬埔寨金边皇家大学教育学院为例，要求攻读教育硕士学位的学生必须先获得相关领域的学士学位，然后参加英语水平考试，考试包括词汇、句子结构和阅读部分。考生还需要撰写论文，论文的主题由学校提供，学生从2个主题选择1个与其研究方向相关的即可。

柬埔寨大学的硕士录取要求包括：学生具有学士学位或同等学历；通过柬埔寨大学研究生入学考试；通过大学的英语水平测试（University's English Proficiency Test，EPT）。申请硕士学位的学生的本科专业需要与硕士专业为相同领域。如果专业领域不同，学生可能需要参加衔接课程的学习，并修满

9 个学分，才能学习硕士学位课程。

2. 博士研究生入学

以柬埔寨金边皇家大学教育学院为例，申请攻读其博士学位有 4 个要求。首先，申请的学生必须拥有相关领域的硕士学位，并且具有至少 3 年的工作经验。第二，学生的雅思成绩达到 6.0 及以上，或者托福成绩为 500 及以上。第三，学生必须通过教职审查委员会组织的答辩。第四，学生需要参加面试。柬埔寨大学的博士学位申请情况与硕士学位申请类似，除考试和英语测试外，还需要提交研究计划书。

（二）学制与学位授予制度

1. 硕士

硕士研究生学制为 2 年。根据柬埔寨大学官网，硕士毕业需要修完 54 学分。一般来说，硕士课程分为 3 种：基础课程、核心课程和选修课程。基础课程占 9 学分，核心课程和选修课程占 33 学分。不同的学院和不同专业，课程所占的学分也可能不同。除修满基础、核心和选修课程学分外，学生完成剩下的 12 学分有 2 种途径：

（1）完成除基础课程、核心课程和选修课程以外另外 3 门课程，提交 1 份“小型研究论文”和 1 次期末综合考试成绩（12 个学分）；

（2）准备研究计划书（3 个学分），然后进行研究并撰写论文（9 个学分）。

2. 博士

博士研究生学制为 3 年。学生必须至少修完 60 学分，才有资格获得博士学位，且 60 学分是不包括外语课程的。

第四节　高等教育机构类型

柬埔寨的高等院校类型很多，包括：文科院校、理科院校、外国语院校、教师培训院校、工科院校、经济与法律院校、医学院校、农业院校、农业与管理院校和工艺美术院校等。此外，还有一些专门的职业技术学院。柬埔寨高等教育分 3 个层次：大学、独立专科学校和皇家科学院。

柬埔寨有 26 所大学，其中 8 所大学是由政府资助开设的，18 所是由私人筹资开设的。5 所公立大学由教育青年体育部所领导，其余 3 所大学由农林渔部、卫生部和文化艺术部 3 个政府部门领导。新建立的私立大学数量是公立大学的 2 倍，已成为柬埔寨高等教育的主流，所有私立大学由教育青年体育部领导。

独立专科学校主要提供特殊领域培训，不开展研究，也不提供多学科培训。柬埔寨 24 所高等院校属于此类学院或独立学校，其中 12 所公共拨款支持，另外 12 所由私人筹资或自主，一些专科学校也在不断升级为本科大学。

皇家科学院附属于部长委员会办公室，主要目的是为了促进研究发展，面向硕士和博士进行招生，同时也起智库的作用，就目前而言，其提供的教育和培训与大学基本相同。皇家科学院的经济学院和教育学院后来独立出来，成为独立的大学和学院，发展成为现在的国家管理大学、皇家经济与法律大学和国家教育学院。

表 3　柬埔寨著名大学列表

名称	性质
柬埔寨理工学院（Institute of Technology of Cambodia）	公立
皇家农业大学（Royal University of Agriculture）	公立
金边皇家大学（Royal University of Phnom Penh）	公立
柬埔寨国家理工学院（National Polytechnic Institute of Cambodia）	公立

续表

名称	性质
柬埔寨卫生科学大学（University of Health Sciences）	公立
菩提萨大学（University of Puthisastra）	私立
柬埔寨大学（University of Cambodia）	私立
柬埔寨智慧大学（Pannasastra University of Cambodia）	私立
暹粒建桥大学（Build Bright University）	私立
柬埔寨国立管理大学（National University of Management）	公立

参考文献

中文部分

[1] 陈皓：《柬埔寨教育行政体制改革研究》，硕士学位论文，华中师范大学教育学系，2002 年。

[2] 陈素香：《柬埔寨高等教育学校教学质量对大学生就业的影响研究》，硕士学位论文，广西民族大学行政管理系，2015 年。

[3] 朱神海：《柬埔寨中小学课程设置简述》，《科教文汇》2011 年第 10 期。

[4] 张成霞、刘羽：《柬埔寨高等教育发展历程及面临的问题》，《东南亚纵横》2011 年第 12 期。

[5] 杨启光、丁力、吕佳玲：《柬埔寨教育中的家长参与：现状、问题与对策》，《世界教育信息》2012 年第 2 期。

[6] 王喜娟：《柬埔寨大学治理问题研究》，《黑龙江高教研究》2013 年第 6 期。

[7] 王胤丹：《柬埔寨国家教育概况及其教育特色研究》，《广西青年干部学院学报》2015 年第 6 期。

[8] 杨文明：《柬埔寨高等教育治理模式演进研究》，《深州职业技术学院》2016 年第 4 期。

[9] 杨文明：《柬埔寨职业教育现状与发展趋势》，《深圳职业技术学院学报》2018 年第 1 期。

[10] 中华人民共和国外交部：《柬埔寨国家概况》，2020 年 1 月 16 日，见 https://www.fmprc.gov.cn/web/gjhdq_676201/gj_676203/yz_676205/1206_676572/1206x0_676574/。

外文部分

[1]Xinhuanet, Cambodia to celebrate day for indigenous people near Angkor Wat, 2010-8-3, https://web.archive.org/web/20130825133021/http://news.xinhuanet.com/english2010/culture/2010-08/03/c_13428465.htm.

[2]United Nations Development Programme, Human Development Reports - 2018 Statistical Update – Chinese, 2019-12-19, http://www.hdr.undp.org/sites/default/files/2018_human_development_statistical_update_cn.pdf.

[3]Central Intelligence Agency，Cambodia, 2020-4-30, https://www.cia.gov/library/publications/the-world-factbook/geos/cb.html.

[4]THE WORLD BANK, School enrollment, tertiary (% gross)-Cambodia, https://data.worldbank.org/indicator/SE.TER.ENRR?locations=KH.

[5]ROYAL UNIVERSITY OF PHNOM PENH, Admission Requirements, http://www.rupp.edu.kh/fed/?page=Admission.

第二十四章　乌兹别克斯坦

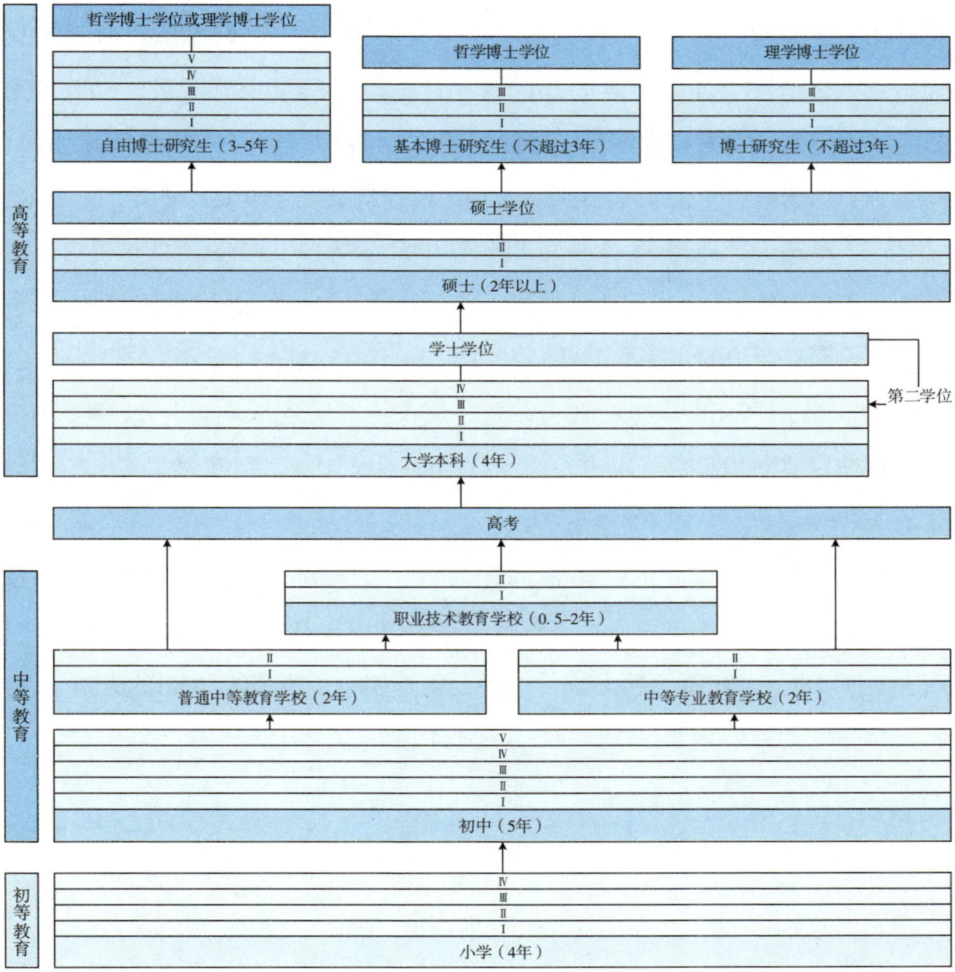

第一节　导言

乌兹别克斯坦，全称为乌兹别克斯坦共和国，是一个中亚国家。首都为塔什干，是世界上两个双重内陆国之一（另一个为列支敦士登）。乌兹别克斯坦总人口为 3372.5 万（截至 2019 年 9 月），共有 130 多个民族，乌兹别克族为主要民族。乌兹别克斯坦大多数居民信奉伊斯兰教，其余多信奉东正教。乌兹别克语为官方语言。乌兹别克斯坦国民经济支柱产业是"四金"：黄金、"白金"（棉花）、"乌金"（石油）、"蓝金"（天然气）。乌兹别克斯坦苏姆为乌兹别克斯坦的货币，1 人民币约兑换 1365.1252 乌兹别克斯坦苏姆。

乌兹别克斯坦的识字率很高，大约 99.3% 的 15 岁以上的成年人能够读写。2017 年，乌兹别克斯坦进行教育改革，将义务教育年限调整为 11 年。2017 年，乌兹别克斯坦教育支出占 GDP 的百分比为 6.41%，占政府总支出的百分比的 19.96%。

根据乌兹别克斯坦共和国高等和中等专业教育部官方网站的数据，乌兹别克斯坦全国现共有 113 所高等教育机构。其中包括 25 所大学、33 所研究所、2 所学院、30 所大学分校、1 所音乐学院、1 所高级学校以及 21 所国际大学分校。

第二节　中等教育制度

一、中等教育类型

乌兹别克斯坦的义务教育分为初等教育（小学 4 年）以及中等教育（初中 5 年、高中 2 年和职业技术教育 6 个月至 2 年不等）。在中等教育阶段，学生可以选择进入中等专业教育学校或者普通中等教育学校接受 2 年高中教育，在毕业之后可以选择进入职业技术教育学校接受职业教育。中等专业教育学校、普通中等教育学校以及职业技术教育学校的学生毕业后均可参加全国高考进入大学。

（一）中等专业教育

在九年级毕业（初中毕业）后，学生可以进入中等专业学校接受 2 年专业教育，这些学校自主命题招生，通过考试的学生可以选择自己感兴趣的专业就读。中等专业教育所提供的专业课程为学生进入大学深入学习该专业打下基础。

（二）普通中等教育

学生九年级毕业后可以通过考试进入普通中等教育的教育机构学习 2 年。中等教育机构会按照学生的选择和学习状况来指导学生选择相应课程，这些课程的大纲由教育机构批准。

（三）职业技术教育

学生在中等专业学校或普通中等学校毕业后，可以参加职业技术教育学校的入学考试，考试由学生报考的学校命题。职业技术教育的学制为 6 个月至 2 年不等，学校通常会为学生提供实习机会。该阶段的职业技术教育目的是培养具有专业技能的工作人员，如技术员、农艺师、小学教师、医护人员、牙医等。对于一些专业，职业技术教育是职业培训的最高级别，如芭蕾舞演员、马戏团演员和一些艺术专业。

二、中等教育毕业制度

（一）中等专业教育

根据国家对于各专业的要求，中等专业学校自主命题对学生进行毕业测验，通过考试的学生可以获得学校颁发的文凭，但此文凭不能用于就业，学生只能选择继续就读职业技术学校或者参加全国高考进入大学进行深造。

（二）普通中等教育

普通中等教育是全日制教育，学生毕业时需进行普通中等教育毕业考试，考试的试卷由该校老师准备，考试科目为4—5个，通过的学生将获得国家毕业证书，其中，普通学生获得绿色的毕业证书，成绩特别突出的学生获得红色毕业证书。高中毕业成绩单上的内容不仅包括每个学期的科目名称、学时以及评定等级，还包括毕业考试的成绩，如果学生平时成绩足够优秀则可以不参加毕业考试，即该学生的成绩单上只有平时成绩。普通中等教育的毕业生可以选择参加高考、进入职业技术学校，或者直接进入劳动力市场就业。

（三）职业技术教育

在国家对各职业技能出台要求的背景下，各职业技术学校自行出题对学生进行毕业测验，合格的毕业生将被授予职业资格证，毕业生可以凭资格证进入劳动力市场就业，也可以参加全国高考进入大学进行深造。

Academic Lyceum of Kokand State Pedagogical Institute
ACADEMIC TRANSCRIPT No.

Full name:	
Citizenship:	Republic of Uzbekistan
Specialty:	Exact sciences
Year of study:	3
Enrollment Order:	B No.7-U of 29 August 2016

Issued to Mirabbos Sherzod ugli Numonov to certify that he in the course of his studies from 2016 to 2019 received learned the following subjects and was awarded the academic ratings below:

Subjects	Hours	Marks
1st semester, academic year 2016/2017		
Modern Uzbek Literary Language	40	4 (good)
Oral Folk Arts	40	4 (good)
Russian Language	40	4 (good)
Foreign Language	40	4 (good)
Algebra	80	5 (excellent)
Geometry	40	5 (excellent)
Physics	80	5 (excellent)
Chemistry	40	4 (good)
Biology	40	4 (good)
History	40	5 (excellent)
Geography	40	5 (excellent)
Informatics	40	5 (excellent)
Constitution of Uzbekistan	40	4 (good)
Fundamentals of Spirituality	40	4 (good)
Special Subject	40	4 (good)
Physical Training	40	5 (excellent)
2nd semester, academic year 2016/2017		
Literature	40	4 (good)
Modern Uzbek Literary Language	40	4 (good)
Russian Language	40	4 (good)
Foreign Language	60	5 (excellent)
Algebra	80	5 (excellent)
Geometry	40	5 (excellent)
Physics	120	5 (excellent)
Chemistry	40	4 (good)
Biology	40	5 (excellent)
History	40	5 (excellent)
Economics	40	5 (excellent)
Constitution of Uzbekistan	40	4 (good)
Physical Training	40	5 (excellent)
Health and Safety Training Course	20	5 (excellent)
Special Subject (Mathematics)	20	5 (excellent)

Year 2

Subjects	Hours	Marks
3rd semester, academic year 2017/2018		
Mother Tongue	40	4 (good)
Literature	40	4 (good)
Speech Culture	40	4 (good)
Russian Language	40	5 (excellent)
English Language	80	5 (excellent)
Algebra	80	5 (excellent)
Geometry	80	5 (excellent)
Physics	140	5 (excellent)
Informatics	80	5 (excellent)
Philosophy	20	5 (excellent)
Physical Training	20	5 (excellent)
History of Uzbekistan	40	5 (excellent)
Preliminary Pre-Conscription Training	40	5 (excellent)
4th semester, academic year 2017/2018		
Modern Uzbek Literary Language	40	4 (good)
Literature	40	4 (good)
Russian Language	40	5 (excellent)
English Language	40	5 (excellent)
Algebra	80	5 (excellent)
Geometry	80	5 (excellent)
Special Subject (Mathematics)	20	5 (excellent)
Physics	160	5 (excellent)
Informatics	60	5 (excellent)
Philosophy	40	5 (excellent)
Physical Training	20	5 (excellent)
Astronomy	40	5 (excellent)
History of Uzbekistan	40	5 (excellent)
Preliminary Pre-Conscription Training	40	5 (excellent)

Year 3

Subjects	Hours	Marks
5th semester, academic year 2018/2019		
Modern Uzbek Literary Language	80	5 (excellent)
Literature	40	5 (excellent)
Russian Language	40	5 (excellent)
English Language	80	5 (excellent)
Algebra	100	5 (excellent)
Geometry	40	5 (excellent)
Physics	160	5 (excellent)
Informatics	40	5 (excellent)
Preliminary Pre-Conscription Training	40	5 (excellent)
Physical Training	20	5 (excellent)
Family Psychology	40	5 (excellent)
Idea of National Independence	40	5 (excellent)
Special Subject (Mathematics)	20	5 (excellent)

Lyceum Director: _/SIGNATURE/_ **D.Akhmadjonov**

Deputy Director for Curriculum: _/SIGNATURE/_ **A.Karimov**

OFFICIAL SEAL:

MINISTRY OF HIGHER AND SECONDARY SPECIAL EDUCATION OF THE REPUBLIC OF UZBEKISTAN, ACADEMIC LYCEUM OF KOKAND STATE PEDAGOGICAL INSTITUTE

Registration No.: **Date:**

图 1　乌兹别克斯坦中等专业学校毕业成绩单翻译件

Ministry of Higher and Secondary Special Education of the Republic of Uzbekistan
Academic Lyceum of Kokand State Pedagogical Institute
27 February 2019

CERTIFICATE No.

This is to certify that is a third-year student at Exact Sciences Department of Academic Lyceum of Kokand State Pedagogical Institute.

Lyceum Director: /SIGNATURE/ **D.Akhmadjonov**
Secretary: /SIGNATURE/ **U. Hamidova**

OFFICIAL SEAL:
MINISTRY OF HIGHER AND SECONDARY SPECIAL EDUCATION OF THE REPUBLIC OF UZBEKISTAN, ACADEMIC LYCEUM OF KOKAND STATE PEDAGOGICAL INSTITUTE

图 2　乌兹别克斯坦中等专业学校文凭翻译件

第三节　高等教育制度

一、大学教育制度

（一）入学制度

乌兹别克斯坦高等教育机构的入学是在所有学生（包括公费和自费）的统一录取规则和单一竞赛的基础上进行的，在考试中取得高分的学生将被优先录取，其余的考生按照大学招生名额选择自费入学。

2018 年，乌兹别克斯坦的高等学校考试制度进行了一些变革，考试时间由 1 天改为 2 周，2018—2019 学年的高考从 8 月 1 日至 8 月 15 日，共进行 2 周（此前在每年的 8 月 1 日进行全国统一考试），每个专业的考试时间由国家考试中心决定。改革还体现在考场的变化方面，2018 年后的考试在国家考试中心确定的专门考场进行，而此前的考试则在大学教学楼进行。

参加高考的学生可以在网上报名申请，第一年申请的学生可以免费申请，第二年继续申请要付相当于 200 元（人民币）的申请费。考生要给录取委员会提供高中毕业证书、健康证明书、照片、护照复印件及其他需要的证书。2019 年乌兹别克斯坦高考改革后，每一位考生可以选择 3 所大学的同一个专业进行申请。乌兹别克斯坦国家考试中心负责高考的命题和组织，高考的考试科目因每位考生选择的专业和语言不同而不同，考试内容与高中教材有直接的关系。从 2020—2021 学年起，乌兹别克斯坦全国高考科目将分两个部分：第一部分是 3 个必考的科目：母语、数学和乌兹别克斯坦历史；第二部分是招生选考方向的 2 个科目。对于英语科目，具有国家（NS V2）及国际证书（IELTS 5.5、TOEFL IBT72、FCE B2 其他外语证书），招生免外语考试并得到满分。考试的结果将在国家考试中心网站公布。

对于有些专业（如艺术、音乐、建筑、体育等）的申请者，一般会在考试之前进行“创造性测试”，其内容是根据每个专业的标准设置的，“创造性测试”的成绩占总考试分数的1/3。

据中国新闻网发布的信息，2019年乌兹别克斯坦国家高考于7月29日正式开始，首批考生约7万人参加了第一天的考试，共有106.6925万人报考全日制大学本科。

（二）学制与学位授予制度

本科是高等教育的基础阶段，学制为4年。学生可以在毕业后申请修读第二学位，不用重新参加高考，在参加面试通过后，从第二学位专业的三年级开始读即可。

本科的学科划分包括6项知识领域，分别是：经济与法律；工业、技术、建设、交通与邮电；医学与社会保障；人文科学与教育；服务领域、艺术与运动；农业与水利。

高校本科毕业时会进行毕业考试、论文答辩。通过毕业考试、顺利答辩的学生被授予学士学位。公费攻读本科的毕业生为国家在国立机构工作3年之后才可以拿到文凭。

二、研究生教育制度

（一）入学制度

大学本科毕业生获得文凭后有资格进入硕士阶段就读，报考某一高校硕士研究生的考生需参加该高校组织的考试，另外本科的总学分也会计入考试成绩。

硕士毕业后有资格进入博士阶段就读，报考某一高校博士研究生的考生需参加该高校组织的考试，参加考试的考生需要发表过多篇国际论文。博士学位可以分为：（1）自由博士研究生——3年到5年，答辩后被授予PhD（哲学博士学位）或DSc（理学博士学位）；（2）基本博士研究生——不超过3

年，毕业后被授予 PhD；（3）博士研究生——不超过 3 年，顺利答辩后被授予 DSc。其中，选择攻读自由研究生和博士研究生的学生，入学考试只进行面试；选择攻读基本博士研究生的学生则需要通过招生院校组织的考试。

（二）学制与学位授予制度

1. 硕士

硕士是在学士学位基础上的特定专业的高等教育。

硕士研究生在学习的最后阶段要参加所在学校组织的毕业考试，只有顺利通过答辩才会被授予硕士学位。公费攻读硕士的学生毕业以后要在国立机构工作 5 年才能拿到文凭。

2. 博士

自由博士研究生类型的博士答辩后被授予 PhD（哲学博士学位）或 DSc（理学博士学位）；基本博士研究生类型的博士答辩后将被授予 PhD；博士研究生类型的博士顺利答辩后将被授予 DSc。

第四节　高等教育机构类型

高等教育分为本科和研究生两个阶段。乌兹别克斯坦有以下类型的高等教育机构：

1. 大学（University）：在专业领域为学生提供高等教育和继续教育，并且针对不同的学科进行基础研究和应用研究。大学会以广泛的知识领域为基础完成高等教育的教学大纲，即提供通识教育。

2. 学院（Institute）：学院为学生提供指定专业的培训课程，并且在科学、文化、艺术等领域进行基础和应用科学研究。学院会以具体的知识领域为基础完成高等教育的教学大纲，即提供专业教育。

3. 研究所（Academy）：研究所一般提供研究生教育，发挥其基础和应用研究职能。

表 1　乌兹别克斯坦著名大学列表

名称	性质
乌兹别克斯坦国立大学（National University of Uzbekistan）	公立
塔什干国立东方研究所（Tashkent State Institute of Oriental Studies）	公立
塔什干灌溉和农业机械化研究所（Tashkent Institute of Irrigation and Agricultural Mechanization Engineers）	公立
塔什干纺织轻工学院（Tashkent Institute of Textile and Light Industry）	公立
撒马尔罕州立大学（Samarkand State University）	国立
塔什干医学院（Tashkent Medical Academy）	公立
塔什干州牙科学院（Tashkent State Dental Institute）	国立
乌兹别克斯坦国立世界语言大学（Uzbekistan State University of World Languages）	公立
塔什干铁路运输学院（Tashkent Institute of Railway Transport Engineers）	公立
塔什干信息技术大学（Tashkent University of Information Technologies）	公立

参考文献

中文部分

[1] 伊力米热·伊力亚斯：《乌兹别克斯坦高等教育》，《木斯教育学院学报》2013 年第 12 期。

[2] 孟凡丽、邢芸：《乌兹别克斯坦现高等教育及政策分析》，《俄罗斯中亚东欧市场》2012 年第 5 期。

[3] 中华人民共和国外交部：《乌兹别克斯坦国家概况》，2020 年 1 月 2 日，见 https://www.fmprc.gov.cn/web/gjhdq_676201/gj_676203/yz_676205/1206_6770

52/1206x0_677054/。

外文部分

[1]Ministry of higher and secondary specialized education of the Republic of Uzbekistan, Higher educational institutions, 2015-8-19, http://edu.uz/en/otm/index.

[2]Gazeta, Опубликован первый рейтинг вузов Узбекистана, 2018-7-19, https://www.gazeta.uz/ru/2018/07/19/rating/.

[3]Министерство высшего и среднего специального образования Республики Узбекистан, школьное образование, 2019-9-5, http://www.edu.uz/ru/pages/schooling.

[4]Unesco, Education Expenditures, http://uis.unesco.org/country/UZ.

[5]Министерство высшего и среднего специального образования Республики Узбекистан, вузовское образование, http://www.edu.uz/ru/pages/undergraduate-education.

[6]Ministry of higher and secondary specialized education of the Republic of Uzbekistan, Concept of Higher education, http://edu.uz/en/pages/undergraduate-education.

第二十五章　新加坡

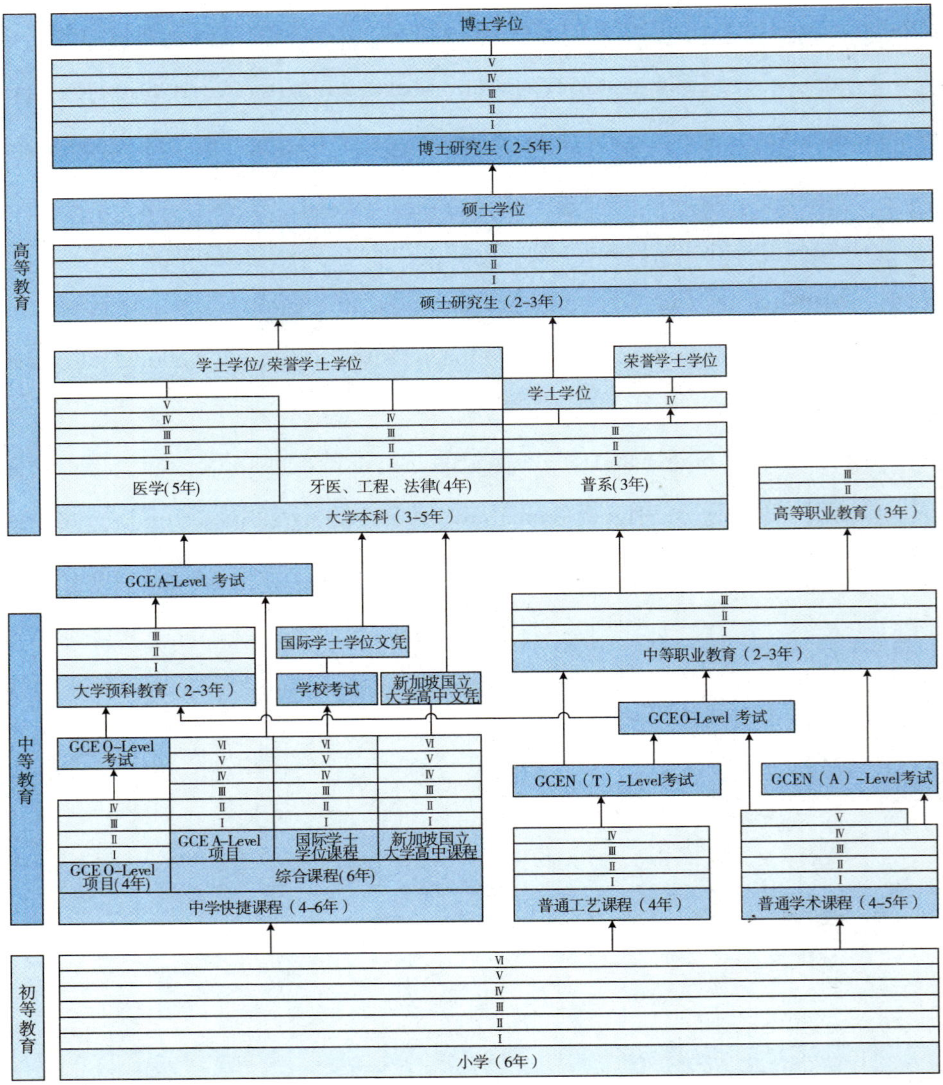

博士学位
V
Ⅳ
Ⅲ
Ⅱ
I
博士研究生（2-5年）
硕士学位
Ⅲ
Ⅱ
I
硕士研究生（2-3年）
学士学位/荣誉学士学位
荣誉学士学位
学士学位
医学(5年)
牙医、工程、法律(4年)
普系(3年)
大学本科（3-5年）
高等职业教育（3年）
高等教育
GCE A-Level 考试
国际学士学位文凭
中等职业教育（2-3年）
大学预科教育（2-3年）
学校考试
新加坡国立大学高中文凭
GCE O-Level 考试
GCE O-Level 考试
GCE A-Level 项目
国际学士学位课程
新加坡国立大学高中课程
GCEN（T）-Level考试
GCEN（A）-Level考试
GCE O-Level 项目(4年)
综合课程(6年)
中学快捷课程（4-6年）
普通工艺课程（4年）
普通学术课程（4-5年）
中等教育
小学（6年）
初等教育

第一节 导言

新加坡，全称为新加坡共和国，是一个位于东南亚的海岛国家，土地面积大约 710 平方公里。截至 2018 年 12 月，新加坡总人口为 564 万，其中华人占 74% 左右，其余为马来人、印度人和其他种族。马来语为国语，英语、华语、马来语、泰米尔语为官方语言，英语为行政用语。主要宗教为佛教、道教、伊斯兰教、基督教和印度教。新加坡元为新加坡的货币，1 人民币约兑换 0.1934 新加坡元。

2018 年，新加坡有 170 多所小学、150 多所中学、20 多所初级学院、5 所理工学院和 6 所公立大学。2019 年，新加坡对一些学校进行了合并。学生在小学学习 6 年后，在中学读 4 年，如果学生成绩不好可以继续读第 5 年，然后进行分流。学生继续学习的途径包括：大学、理工学院、技术教育学院等。2017 年，新加坡平均受教育年龄是 11.5 年，至少接受过中等教育的人口占比 79.4%。2017 年，新加坡人口中拥有至少本科学历或者同等学历的人数占比 30.71%。根据经济合作与发展组织（OECD）2018 年国际学生评估测试（PISA），新加坡学生的阅读成绩、数学成绩和科学成绩都排在第 2 位。

新加坡的高等教育类型包括普通高等教育和高等职业教育。高等教育机构包括公立大学和私立大学，高等职业教育的主体则是理工学院、工艺教育学院。

第二节 中等教育制度

一、中等教育类型

新加坡的中等教育分为中学教育和中学后教育。

根据学校的课程和费用，新加坡的中学可以分为5种类型，分别是：公立学校、政府资助的学校、私立学校、特殊私立学校和专门学校。公立学校是政府开设的学校，除了提供国家课程大纲所必需的课程，还提供其他课程，培养学生才能。

政府资助的学校，不是政府开设的，但是政府会给予很大一部分资金，这种学校在课程设置和费用上与公立学校是一样的，学制4—6年。

私立学校的课程和费用是自己制定的。私立学校的费用比公立学校和政府资助的学校要高很多。大多数私立学校都提供帮助学生准备普通教育证书考试（General Certificate of Education，GCE）的课程，另外还有两所私立学校提供国际文凭课程（International Baccalaureate Diploma Programme，IBDP）。这些学校还提供特殊援助计划（Special Assistance Plan，SAP），主要培养具有双语能力和文化视野的学生。

特殊私立学校为某些学生提供专业教育，比如对数学、科学、艺术、体育等有浓厚兴趣且具备这方面才能的学生。新加坡有4所特殊私立学校，学制4—6年，学习费用比较高。

专门学校是为那些在小学离校考试（Primary School Leaving Examination，PSLE）中没有取得合格成绩、无法参加中学教育的学生提供的。学制3—6年，学生在第4年末获得工艺技能证书（ITE Skills Certificate，ISC）。获得证书后学生才有资格就业，或者进入技术教育学院继续学习。

（一）中学教育

根据学生的特长、兴趣和小学离校考试成绩，学校会把学生分成3种类型的班级，分别是：中学快捷课程班、普通学术课程班和普通工艺课程班。

中学快捷课程从时间上可以分成初中阶段和高中阶段。一至三年级属于初中阶段，四至六年级属于高中阶段。中学快捷课程的初中学生需要学习的科目有：英语、母语、数学、科学、品格与公民教育、人文、设计与技术、食品与消费者教育、体育、艺术和音乐等。高中学生的必修科目有：英语、母语、数学、科学和人文。选修科目内容十分广泛，涉及语言、艺术、音乐、应用学科、应用学习、生活学习等内容，有的学校还会开设高级选修模块，帮助学生学习商业、工程、数学等知识。中学快捷课程包括两个类型：普通教育证书普通水平考试（General Certificate of Education-Ordinary Level，简称GCEO-LEVEL）项目课程和综合课程。GCE O-Level项目课程需要学习4年，课程的目的是为了帮助学生顺利获得GCE O-Level证书。综合课程的学习科目由学校自己开设，学制6年。综合课程可以划分成3种。第一种是普通教育证书高级水平考试（General Certificate of Education Advanced Level，简称GCE A-Level）项目课程，选修课程包括语言、人文与艺术（比如经济学、地理、历史、音乐等）、数学和科学（比如生物学、化学、物理等）。第二种是国际文凭课程（IBDP）。学生需要从以下学科中选择1门学科进行学习：语言文学、外语、社会学（比如经济学、地理、历史等）、数学、艺术课。另外，学生还必须完成3个核心任务的学习：知识理论、拓展性论文、综合的活动课程（Creativity, Action, Service，简称CAS，即创意、行动和服务的学习）。第三种是新加坡国立大学高中课程，由新加坡国立大学数学和科学高中提供课程，主要面向在数学和科学方面有才能和浓厚兴趣的学生。学生在一至三年级学习数学、科学、人文、语言、音乐和艺术等课程，同时，学校还会培养学生的基础研究和创新能力。在四至六年级，学生则主要学习自己选择的3—4个科目。

普通工艺课程的学制是4年，一至二年级学习的课程与快捷班课程基本相同，不同的是普通工艺课程的学生还需要学习电脑应用、设计与技术等课程。三至四年级学生需要学习英语、母语、数学和计算机相关课程。

普通学术课程的学制为4—5年，课程与快捷班基本相同。

（二）中学后教育

中学后教育可以分成两种类型，即中等职业教育和大学预科教育。理工学院、技术教育学院和艺术学院等主要提供中等职业教育，初级学院和高级中学主要提供大学预科教育。

技术教育学院（Institute of Technical Education，ITE）实际上是高等专科技术学院，学制2—3年，为学生提供职业相关的技术知识和技能的培训。目前新加坡有3所技术教育学院，提供2种课程。一种是国家技术教育课程，给学生颁发国家技术教育证书（National ITE Certificate，Nitec）。另一种则是高级技术教育课程，并且给学生颁发高级技术教育证书（Higher Nitec）。进入技术教育学院学习有一定的要求，学生需要有动手学习的能力。另外，通常主要是GCE N-level（全称为Singapore-Cambridge General Certificate of Education Normal Level，普通教育证书基础水平）或GCE O-Level项目课程的毕业生会进入到技术教育学院学习。对于Higher Nitec课程，Nitec课程的学生也可以参加。在技术教育学院毕业后，学生可以申请就读理工学院，或者去私立大学进修，或者直接参加工作。

理工学院的目的是培养职业专业技能的人才，学制2—3年。新加坡目前有5所理工学院，每所理工学院提供超过30种不同的课程。理工学院的学生人数超过7万。5所理工学院都提供普通入学课程（Common Entry Programmes，CEPs）。普通入学课程为学生提供了接触不同专业的机会，学生可以在了解专业后再决定就读哪个专业。普通入学课程面向的专业包括：

工程、商业、信息和数字技术等。学生如果对理工学院的某一门课程非常感兴趣，在 GCE O-Level 考试前，可以在中学最后一年的 6 月份参加理工学院的早期录取活动（Polytechnic Early Admission Exercise，Poly EAE）。另外，学生也可以参加每年在 GCE O-Level 考试成绩公布后举行的联合招生活动（Joint Admission Exercise，JAE）。大多数人毕业后直接就业，一部分学生还会选择申请进入大学或其他高校进行学习。另外，学生也可以选择申请毕业后半工半读的技能培训，学习非全日制的课程。

新加坡有两所公立艺术院校，提供专门的艺术教育，开设的课程超过 40 种，包括设计、媒体、美术和表演艺术等课程。它们是：拉萨尔艺术学院（LASALLE College of the Arts）和南洋美术学院（Nanyang Academy of Fine Arts）。进入艺术学院对学生的要求是：有艺术方面的兴趣和才能；拥有 GCE O-Level 证书，或 Nitec/Higher Nitec 证书，或其他同等证书。另外学生还需要参加艺术学院的入学考试，表演某类艺术作品或提交自己的作品。如果中学普通学术课程的学生的 GCE A-Level 考试成绩很优秀，可以申请南洋美术学院基础课程，学习 1 年。艺术学院的学生毕业后大部分都直接就业。

新加坡有两种类型的学校提供大学预科教育，即初级学院和高级中学。目前新加坡有 18 所 2 年制的初级学院（Junior Colleges）和 1 所 3 年制的高级中学（Millennia Institute）。多数初级学院和高级中学提供新加坡 – 剑桥 A-Level 课程，学生需要学习 3 个领域的相关内容：生活技能、知识技能和学术性知识。这些课程分为 3 个层级，H1（Higher 1）、H2（Higher 2）和 H3（Higher 3），即高级一等、高级二等、高级三等。学生参加 GCE O-Level 考试后，需要参加初级学院和高级中学的联合入学考试，以获取入学资格。另外，如果学生在 GCE O-Level 考试中没有取得好成绩，可以考虑通过直接升学计划（The Direct School Admission to A Junior College，简称 DSA-JC）进入初级学院或高级中学学习。学生毕业时，需要参加 GCE A-Level 考试，即普通教育高等水平考试，获得 GCE A-Level 证书。拥有此证书，学生可以申请进入大学或者其他高校学习。

二、中等教育毕业制度

（一）中学教育毕业制度

中学快捷课程的毕业制度：GCE O-Level 项目课程，学生学习结束后参加 GCE O-Level 考试，即普通教育普通水平考试，获得 GCE O-Level 证书。综合课程的学生不需要参加 GCE O-Level 考试。其中，GCE A-Level 项目课程的学生在六年级结束时参加 GCE A-Level 考试，获得 GCE A-Level 证书。国际文凭课程（IBDP）的学生在六年级末参加学校考试。学校还会结合学生的课程作业进行成绩评定，包括学生的实地调查、实验室工作或者艺术课成绩。参加此课程的学生毕业时获得国际文凭（IB）。新加坡国立大学高中课程的学生必须完成学校规定的课程任务和分级的高级研究项目，毕业时可以获得新加坡国立大学高中文凭。参加综合课程的学生毕业后，一般都会申请进入大学学习。

普通工艺课程的学制是 4 年，毕业时学生需要参加 GCE N（T）-Level [Singapore-Cambridge General Certificate of Education Normal（Technical）Level，普通教育证书普通技术水平] 考试。学生通过考试后，可以参加技术教育学习或者参加普通学术课程的学习。

普通学术课程的学制 4—5 年，学生在中学四年级时需要参加 GCE N（A）-Level [Singapore-Cambridge General Certificate of Education Normal（Academic）Level，普通教育证书普通技术水平] 考试，在五年级参加 GCE O-Level 考试。普通学术课程的学生通过 GCE N（A）-Level 考试后，可以选择进入理工学院或者技术教育学院学习。而学生在通过 GCE O-Level 考试后，则可以选择进入到初级学院、高级中学、理工学院或技术教育学院进行学习。

不同课程的学生获得证书所要达到的成绩等级是：GCE N（T）-Level 考试要求至少达到等级 D，GCE N（A）-Level 考试要求至少达到等级 5，GCE O-Level 考试要求至少达到等级 6。

（二）中学后教育毕业制度

初级学院和高级中学的学生毕业需要参加 GCE A-Level 考试。GCE A-Level 考试考查学生学习过的课程，包括必修课、选修课和课外活动课。其中，必修课程有 3 门：综合课程、母语和专项研究。另外，学生还需从学校提供的多门课程中选修 3 门 H2 级课程和 1 门 H1 级课程。GCE A-Level 考试必考科目如下：JC1（Junior College 1，初级学院 1 级考试）/CI2（Centralised Institute 2，中央研究院 2 级考试）等级，母语为必考；JC1/CI2 等级，专题作业为必考；JC2（Junior College 2，初级学院 2 级考试）/CI3（Centralised Institute 3，中央研究院 3 级考试）等级，写作为必考。选考科目的情况如下：JC1/CI2 或 JC2/CI3 等级的考试，学生需要从 H1 等级课程中选择 1 门。JC2/CI3 等级的考试，学生需要从 H2 等级的课程中选择 3 门。另外，学生还需要选择 1 门跨学科的课程进行考试。比如，学生除了学习人文类课程，还必须要从数学和科学类课程中选择 1 门课程。在这些考试项目中，母语考试的成绩不计入总分，H1 等级课程的考试分数为 H2 的一半。GCE A-Level 考试的成绩用数字表示等级，7 为最低等级，1 为最高等级，学生至少要达到等级 7 才能获得证书。

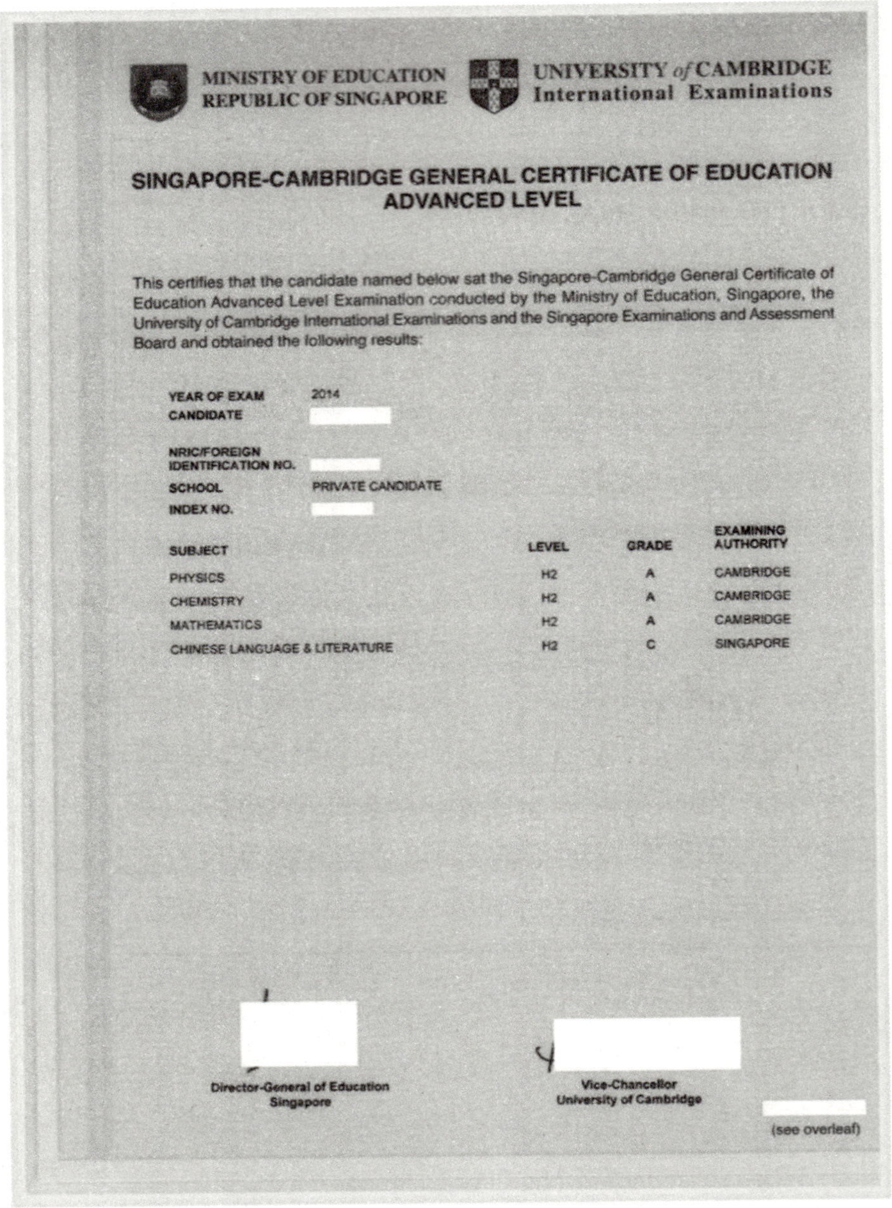

MINISTRY OF EDUCATION
REPUBLIC OF SINGAPORE

UNIVERSITY of CAMBRIDGE
International Examinations

SINGAPORE-CAMBRIDGE GENERAL CERTIFICATE OF EDUCATION
ADVANCED LEVEL

This certifies that the candidate named below sat the Singapore-Cambridge General Certificate of Education Advanced Level Examination conducted by the Ministry of Education, Singapore, the University of Cambridge International Examinations and the Singapore Examinations and Assessment Board and obtained the following results:

YEAR OF EXAM 2014
CANDIDATE
NRIC/FOREIGN IDENTIFICATION NO.
SCHOOL PRIVATE CANDIDATE
INDEX NO.

SUBJECT	LEVEL	GRADE	EXAMINING AUTHORITY
PHYSICS	H2	A	CAMBRIDGE
CHEMISTRY	H2	A	CAMBRIDGE
MATHEMATICS	H2	A	CAMBRIDGE
CHINESE LANGUAGE & LITERATURE	H2	C	SINGAPORE

Director-General of Education
Singapore

Vice-Chancellor
University of Cambridge

(see overleaf)

图 1　GCE A-Level 考试资格证书

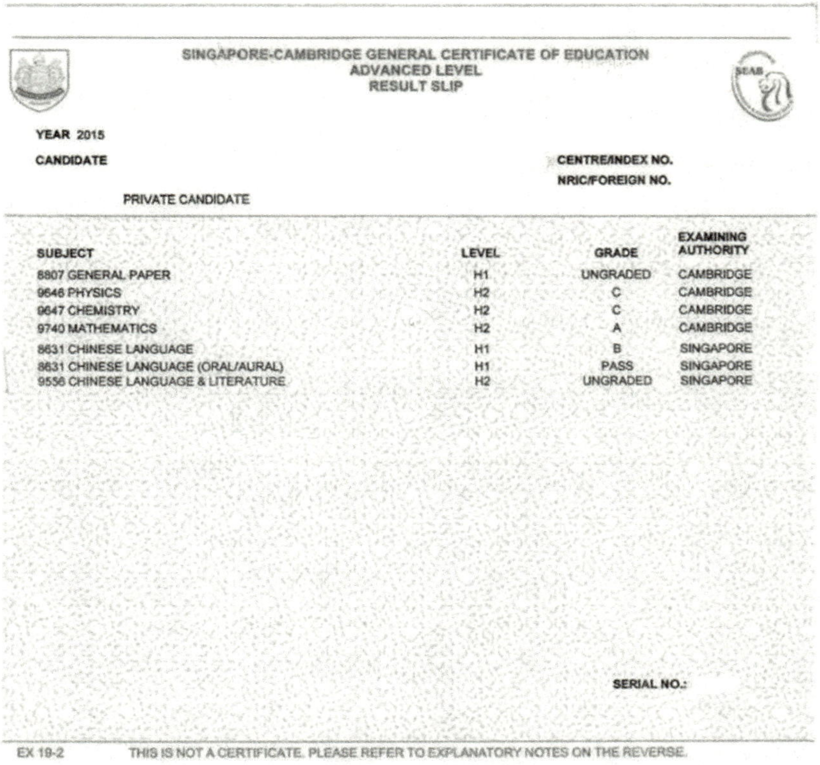

SINGAPORE-CAMBRIDGE GENERAL CERTIFICATE OF EDUCATION
ADVANCED LEVEL
RESULT SLIP

YEAR 2015

CANDIDATE　　　　CENTRE/INDEX NO.

NRIC/FOREIGN NO.

PRIVATE CANDIDATE

SUBJECT	LEVEL	GRADE	EXAMINING AUTHORITY
8807 GENERAL PAPER	H1	UNGRADED	CAMBRIDGE
9646 PHYSICS	H2	C	CAMBRIDGE
9647 CHEMISTRY	H2	C	CAMBRIDGE
9740 MATHEMATICS	H2	A	CAMBRIDGE
8631 CHINESE LANGUAGE	H1	B	SINGAPORE
8631 CHINESE LANGUAGE (ORAL/AURAL)	H1	PASS	SINGAPORE
9536 CHINESE LANGUAGE & LITERATURE	H2	UNGRADED	SINGAPORE

SERIAL NO.:

EX 19-2　　THIS IS NOT A CERTIFICATE. PLEASE REFER TO EXPLANATORY NOTES ON THE REVERSE.

图 2　GCE A-Level 考试成绩单

第三节　高等教育制度

一、大学教育制度

（一）入学制度

持有资格证书的学生需要向高校提出申请。新加坡大学的主要生源是初级学院和高级中学的学生，他们通过参加 GCE A-Level 考试，获得 GCE A-Level 证书。另外，工作人士和外国学生也可以参加大学学习，有不同的申请标准。对于初级学院毕业生来说，GCE A-Level 考试成绩占最终成绩的 65%，推理测验占 25%，专题作业的成绩占 10%。对于理工学院的毕业生，他们的 GCE O-Level 考试成绩占 60%，推理测验成绩占 25%，理工学院的成绩占 15%，另外学生还可以通过课外活动获得一定积分。

根据新加坡公立大学发布的 2018—2019 学年录取分数线文件，新加坡国立大学本科不同专业对初级学院学生录取要求前 10% 生源的成绩基本上为全 A，后 10% 生源则允许有 B 和多个 C 的等级；对理工学院毕业生录取要求为：前 10% 生源的最高绩点达到 4.00，后 10% 生源最低绩点是 3.60—3.70，个别专业最低达到 3.37。南洋理工大学本科不同专业对初级学院的学生录取要求前 10% 基本上也是全 A，后 10% 中个别专业则允许有 D；对理工学院毕业生的录取要求前 10% 中绩点在 3.80 以上，后 10% 中最低绩点为 3.39—3.83，个别专业最低达到 3.26。由此可见，公立大学对本科录取的要求比较严格。

（二）学制与学位授予制度

新加坡大学本科的学制是 3—5 年。在第三年的时候，学校会对考试成绩优秀的学生推荐多读 1 年荣誉课程。如果学生希望直接毕业，则获得普通学士学位。如果学生愿意再读 1 年，毕业时则获得荣誉学士学位。有些学院是 4 年制的，这些学院会根据学生 4 年的成绩，授予学生相应的荣誉学士学位或普通学士学位。荣誉学士学位的竞争很激烈，通常只有成绩很优秀的学生才有机会获得此学位，一般是在专业排名前 2%—3% 的学生。荣誉学士学位有不同的等级，如果学生获得最高等级的荣誉学士学位，或者次一级的荣誉学士学位，学生可以直接攻读博士学位。在新加坡，荣誉学位的价值极高，对学生毕业就业有着很大帮助。

大学中不同专业所采用的学制不尽相同。一些专业的学习时间比较长，比如牙医专业需要 4 年，工程专业需要 4 年，法律专业需要 4 年，医学专业需要 5 年。学生每个学期都有必修课和选修课，分别包含 4 门课程，也就是说学生一个学期需要学习 8 门课程。另外，学生还需要参加讲座和辅导课，还要进行大量阅读，完成实习任务和论文。

以新加坡国立大学为例，学生的成绩与字母等级相对应，A+ 和 A 对应 5 分，A– 对应 4.5 分，以此类推，得出学生的累计平均绩点（Cumulative Average Point，CAP）。绩点低于 3.5 的学生读研可能会有困难。

表 1　新加坡国立大学绩点与字母成绩等级

字母成绩等级	绩点
A+	5
A	5
A-	4.5
B+	4
B	3.5
B-	3
C+	2.5
C	2
D+	1.5
D	1
E	0.5
F（不及格）	0

表 2　新加坡国立大学荣誉学士学位制度

CAP 成绩要求	荣誉学位分级制度	英文表述
4.50 及以上	荣誉最优学位	Honours（Highest Didtinction）
4.00—4.49	荣誉特优学位	Honours（Didtinction）
3.50—3.99	荣誉优等学位	Honours（Merit）
3.00—3.49	荣誉学位	Honours
2.00—2.99	及格	Pass
低于 2.00	不及格	Fail

表 3　新加坡国立大学普通学士学位制度

CAP 成绩要求	普通学士学位分类	英文表述
3.00 及以上	优秀	Pass with Merit
2.00—2.99	及格	Pass
低于 2.00	不及格	Fail

二、研究生教育制度

新加坡的硕士和博士研究生都分为两种，研究型和修课型。通常，公立大学的修课型硕士课程学习时间需要 2 年左右，研究型硕士课程学习时间需要 3 年左右，不同的专业不尽相同。另外，私立大学的硕士课程学习时间通常要短一些。

（一）入学制度

1. 硕士研究生入学

以新加坡国立大学为例，申请研究型硕士的最低要求是，考生必须通过入学考试（例如，GRE 和 GMAT 科目）和 / 或面试中的某些特定的项目。申请研究型硕士学位课程通常还需要相关学科的荣誉学位或同等学历。经研究生委员会（The Board of Graduate Studies，BGS）批准，各部门还可以逐案录取具有相关研究或工作经验的、有学士学位且本科成绩优秀的学生。入读修课型硕士学位课程需要相关学科的荣誉学士学位或同等学历；或具有相关研究生证书的学士学位，且 CAP 的最低要求为 3.00。此外，学校可能还要求学生通过以下几项考核：入学考试（例如 GRE 和 GMAT 科目）；相关领域的职业测试；完成 40 个单元的预备课程（MODULAR COURSES，MC）。在特殊情况下，具有其他资历和经验的候选人可在获得 BGS 批准的情况下纳入考虑范围。

2. 博士研究生入学

不同学校录取博士的要求不尽相同。一般来说，有荣誉学士学位的学生比较容易申请博士。以新加坡国立大学为例，申请博士学位课程要求相关学科具有良好的硕士学位，或者相关学科至少具有二等高级荣誉 / 荣誉（杰出）学位或同等学历。

（二）学制与学位授予制度

1. 硕士

研究型硕士研究生需要提交毕业论文，另外学生还需要参加 3—6 门课程的学习并参加考试。修课型研究生需要完成课程作业和专题论文。以新加坡国立大学的艺术与社会科学学院为例，硕士研究生的毕业要求是：平均绩点最低达到 3.00；英语课程的成绩至少达到 C 等级；完成毕业论文并通过论文答辩。

2. 博士

根据学习方案的不同，博士课程长度可从 2 年至 5 年不等。博士课程一般由两个阶段组成：第一阶段是上课和进行博士资格考试，第二阶段完成论文。在学生进入第二阶段之前，他们必须通过博士资格考试，通过与其论文主题和其他相关科目为内容的口试。另外，学生还需要取得一定的平均绩点。以新加坡国立大学的艺术与社会科学学院为例，博士生的毕业要求是：平均绩点最低达到 3.50；英语课程成绩至少达到 C 等级；通过博士资格考试；完成博士学位论文并通过论文答辩。

第四节　高等教育机构类型

新加坡的高等教育包括普通高等教育和高等职业教育。新加坡公立大学和私立大学主要提供普通高等教育，也提供职业教育，体现普职混合的特点。

理工学院除了提供中等职业教育，也提供高等职业教育。

新加坡目前有6所公立大学，分别是新加坡国立大学（National University of Singapore，NUS）、南洋理工大学（Nanyang Technological University，NTU）、新加坡管理大学（Singapore Management University，SMU）、新加坡科技设计大学（Singapore University of Technology and Design，SUTD）、新加坡理工大学（Singapore Institute of Technology，SIT）、新跃社科大学（Singapore University of Social Sciences，SUSS）等。新加坡私立大学数量众多，比较有名的有新加坡管理发展学院（Management Development Institute of Singapore）、新加坡楷博高等教育（Kaplan Higher Education）、新加坡管理学院（Singapore Institute of Management）、新加坡PSB学院（PSB Academy）、新加坡东亚管理学院（East Asia Institute of Management）、新加坡英华美学院（Informatics Academy）等。

表4 新加坡大学排名

大学名称	QS 排名	ARWU 排名	U.S. News 排名	THE 排名
南洋理工大学（Nanyang Technological University）	11	73	43	48
新加坡国立大学（National University of Singapore）	11	67	34	25
新加坡管理大学（Singapore Management University）	477			
新加坡科技设计大学（Singapore University of Technology and Design）		801—900	451	

参考文献

中文部分

[1] 单伟：《新加坡高校入学考试制度探析》，硕士学位论文，山东师范大学教育学系，2010年。

[2] 郭远：《新加坡基础教育分流研究——从教育机会平等视角》，硕士学位论文，上海师范大教育学系，2010年。

[3] 张茹：《新加坡与泰国研究生培养模式的比较研究》，硕士学位论文，广西师范大学教育学系，2010年。

[4] 沙红：《新加坡的教育和人才战略》，《天津市教科院学报》2004年第6期。

[5] 胡丽娜：《新加坡研究生教育及其启示》，《世界教育信息》2008年第9期。

[6] 章新友、肖飞飞：《新加坡教育体制的探究及其启示》，《江西中医学院学报》2012年第5期。

[7] 关亚琴：《试评新加坡大学招生制度改革及其启示》，《中学生导报（教学研究）》2013年第14期。

[8] 卢菲菲：《新加坡高等职业教育人才培养特色探析》，《广州职业教育论坛》2015年第4期。

[9] 一帆：《新加坡大学招生制度》，《教育测量与评价》2017年第12期。

[10] 一帆：《新加坡普通教育证书高级水平考试（GCE A）内容与计分》，《教育测量与评价》2017年第12期。

[11] 中华人民共和国外交部：《新加坡国家概况》，2020年4月16日，见https://www.fmprc.gov.cn/web/gjhdq_676201/gj_676203/yz_676205/1206_677076/1206x0_677078/。

外文部分

[1]SEAB, About GCE A-Level, 2018-9-22, https://www.seab.gov.sg/home/examinations/gce-a-level/about-gce-a-level.

[2]SEAB, N(T)-Level Syllabuses Examined in 2019, 2018-9-22, https://www.seab.gov.sg/home/examinations/gce-n(t)-level/about-gce-n(t)-level.

[3]Ministry of Education SINGAPROE, Normal (Technical) course for secondary school, 2019-2-9, https://beta.moe.gov.sg/secondary/courses/normal-technical/.

[4]Nuffic, Education and diplomas Singapore, 2019-6, https://www.nuffic.nl/en/education-systems/singapore.

[5]Ministry of Education SINGAPROE, Choosing your Secondary Schools for admission to Secondary 1 in 2020, 2019-9, https://beta.moe.gov.sg/uploads/s1-posting-chinese-2019-revised-241019.pdf.

[6]NUS, Notification of Grade Profiles and Course Places for Singapore-Cambridge GCE A-level and Local Polytechnic Diploma Applicants for the Academic Year 2019/2020 NUS Undergraduate Admissions Exercise, 2019-12-18, http://www.nus.edu.sg/oam/undergraduate-programmes/indicative-grade-profile-(igp).

[7]SEAB, Result Slips and Examination Certificates, 2019-12-18, https://www.seab.gov.sg/home/examinations/result-slips-examination-certificates-school-candidates.

[8]NTU, AY2018-19 Grade Profiles, Polytechnic GPAs and Programme Places for 'A' level and Polytechnic Applicants, 2019-12-19, https://www3.ntu.edu.sg/oad2/website_files/IGP/NTU_IGP.pdf.

[9]United Nations Development Programme, Human Development Reports - 2018 Statistical Update – Chinese, 2019-12-19, http://www.hdr.undp.org/sites/

default/files/2018_human_development_statistical_update_cn.pdf.

[10]Ministry of Education SINGAPROE, Courses and subjects for secondary schools, 2020-2-27, https://beta.moe.gov.sg/secondary/courses/.

[11]Ministry of Education SINGAPROE, Integrated programme, 2020-2-27, https://beta.moe.gov.sg/secondary/courses/express/integrated-programme/#integrated-programme.

[12]Ministry of Education SINGAPROE, Normal (Academic) course for secondary school, 2020-2-27, https://beta.moe.gov.sg/secondary/courses/normal-academic/.

[13]Ministry of Education SINGAPROE, School type, 2020-2-27, https://beta.moe.gov.sg/secondary/schools/types/.

[14]Ministry of Education SINGAPROE, SECONDARY SCHOOL EDUCATION, 2020-2-27, https://beta.moe.gov.sg/uploads/Secondary-School-Education-Booklet-2019.pdf.

[15]Ministry of Education SINGAPROE, Subjects for Express course, 2020-2-27, https://beta.moe.gov.sg/secondary/courses/express/electives/#subjects.

[16]Topuniversities, QS World University Rankings, 2020-3-3, https://www.topuniversities.com/university-rankings/world-university-rankings/2020#ranking-tab.

[17]Ministry of Education SINGAPROE, Express course for secondary school, 2020-3-9, https://beta.moe.gov.sg/secondary/courses/express/.

[18]NUS, BRIEF PROGRAMME REQUIREMENTS, http://www.fas.nus.edu.sg/research/programmereq.html.

[19]NUS, Degree Classification, http://www.nus.edu.sg/nusbulletin/faculty-of-science/undergraduate-education/degree-requirements/curriculum-structure-and-graduation-requirements/degree-classification/.

[20]NUS, Graduate Admissions, http://www.nus.edu.sg/registrar/prospective-students/graduate/graduate-admissions.

[21]Ministry of Education SINGAPROE, post-secondary education, https://www.moe.gov.sg/docs/default-source/document/education/post-secondary/files/post-secondary-brochure.pdf.

第二十六章　约旦

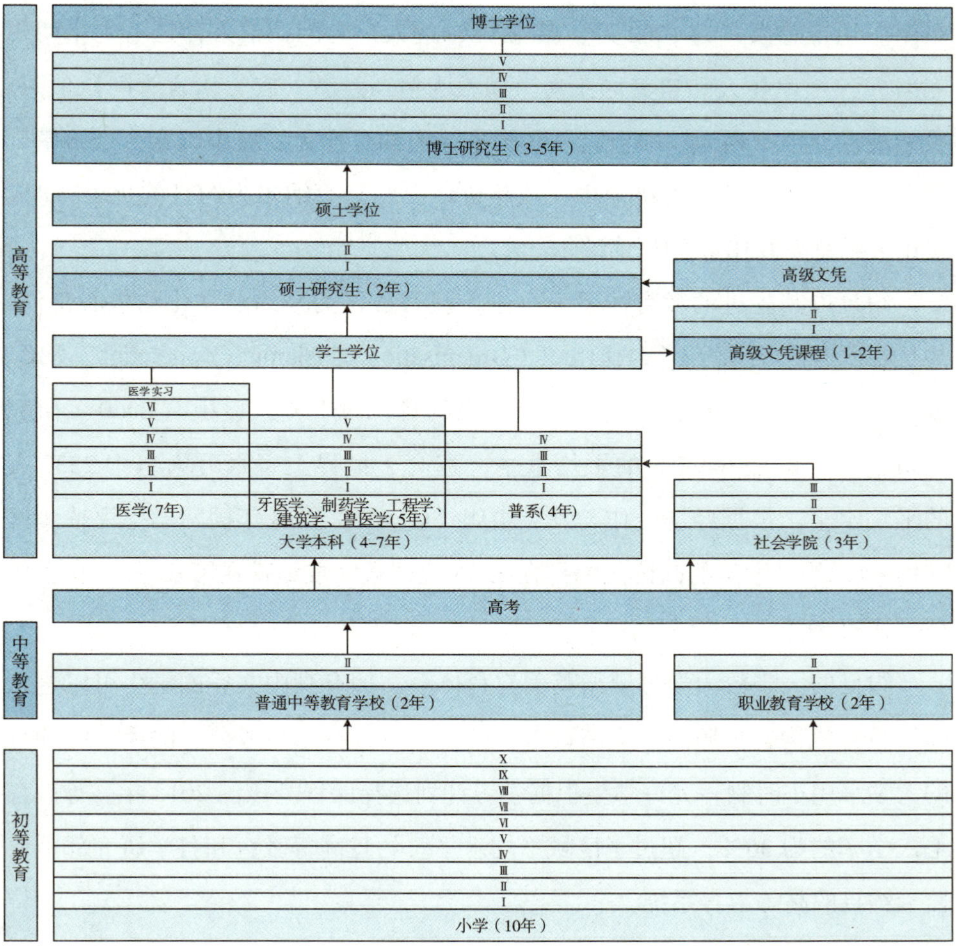

高等教育
博士学位
Ⅴ
Ⅳ
Ⅲ
Ⅱ
Ⅰ
博士研究生（3–5年）
硕士学位
Ⅱ
Ⅰ
硕士研究生（2年）
高级文凭
Ⅱ
Ⅰ
高级文凭课程（1–2年）
学士学位
医学实习
Ⅵ
Ⅴ
Ⅳ
Ⅲ
Ⅱ
Ⅰ
医学(7年)
Ⅴ
Ⅳ
Ⅲ
Ⅱ
Ⅰ
牙医学、制药学、工程学、建筑学、兽医学(5年)
Ⅳ
Ⅲ
Ⅱ
Ⅰ
普系(4年)
大学本科（4–7年）
Ⅲ
Ⅱ
Ⅰ
社会学院（3年）
高考
中等教育
Ⅱ
Ⅰ
普通中等教育学校（2年）
Ⅱ
Ⅰ
职业教育学校（2年）
初等教育
Ⅹ
Ⅸ
Ⅷ
Ⅶ
Ⅵ
Ⅴ
Ⅳ
Ⅲ
Ⅱ
Ⅰ
小学（10年）

第一节 导言

约旦，全称为约旦哈希姆王国，是一个阿拉伯国家，位于西亚的约旦河东岸。约旦总人口为1062万，其中98%的人口为阿拉伯人，还有少量切尔克斯人、土库曼人和亚美尼亚人。国教为伊斯兰教，官方语言为阿拉伯语。虽然被世界银行列为“中上收入”国家，但约旦作为发展中国家，经济基础薄弱，资源较贫乏，可耕地少，依赖进口。约旦第纳尔为约旦的货币，1人民币大约兑换0.1017约旦第纳尔。

约旦以其先进的教育体系而自豪，教育被认为是约旦文化的核心价值。约旦在所有57个伊斯兰合作组织（Organisation of Islamic Cooperation，OIC）成员国中拥有最高比例的研究人员。在约旦，每百万人口中有8060名研究人员，高于欧盟6494人的平均水平，远高于世界上每百万人口中2532人的平均水平。根据经济合作与发展组织（OECD）2018年国际学生评估测试（PISA），约旦学生的阅读成绩排在第55位，数学成绩排在第65位，科学成绩排在第51位。

约旦的大多数大学都遵循英美教育体系。拥有高中文凭的学生可以进入高等教育机构，按照高考成绩报考学校，可以选择私立或公立的大学。约旦的大学采用小时制，允许学生根据学习计划选择课程。该国2018年高等教育毛入学率约为36%，超过了区域平均水平。约旦高等教育和科学研究部负责监管约旦的高等教育系统。

第二节　中等教育制度

一、中等教育类型

（一）公立中学

约旦的公立高中为 2 年制。学生会在高一进行分科，可选方向包括文科、理科、宗教、计算机、农业、产业等。其中文科和理科是最热门的两个方向，因为拥有文科或理科高级证书的学生在学校和专业方面的选择和机会往往多于其他学科。文科生主要课程内容为：研究阿拉伯语古代与现代文学的课程（两门）、研究宗教的课程（两门）、历史、地理、英语、约旦历史以及数学；而理科生的课程主要为：数学、化学、物理、生物、阿语、宗教以及约旦历史等。

（二）私立学校

一般而言，约旦私立学校教学水平比公立学校高很多，学校的设备、教材、教师、课程设计水平均高于公立学校，多采用国际教学模式。来自私立学校的学生一般会在考试中获得最高的分数。同时私立学校的学费也很高，其中有些学校一年的学费高于 3 万元人民币。

（三）职业教育学校

在约旦申请中等职业学校需要具备以下条件：（1）良好的阅读和写作能力；（2）至少读完十年级（读完初等教育）；（3）申请人年龄不小于 16 岁；（4）申请者的能力适合所报考的专业；（5）支付培训费和保险费。职业教育学校培训学制具体取决于专业的性质，大多数专业的培训持续时间为 700 个小时。

二、中等教育毕业制度

公立中学的学生会在高二的 6 月参加 Tawjihi 考试（约旦普通中等教育证书考试）。文科方向考试的内容为：研究阿拉伯语古代与现代文学的课程（两门）、研究宗教的课程（两门）、历史、地理、英语、约旦历史、数学；理科方向考试的内容为：数学、化学、物理、生物、阿语、宗教、约旦历史等。学生对课程内容的把握得达到 50% 以上准予毕业，即可以拿到毕业证书。一般情况下，成绩达到总分的 65% 以上的学生才可以进入公立或私立大学。如图 1 所示，参加考试的学生最终拿到的成绩单上包括每门考试所获得

بسم الله الرحمن الرحيم

The Hashemite Kingdom Of Jordan
Ministry Of Education
THE GENERAL SECONDARY EDUCATION CERTIFICATE EXAMINATION FOR 2019 / Complementary Exam
Transcript of Grades for the Students Participated in G. S. E. C. E Scientific Stream
Track : Medical & Health

المملكة الأردنية الهاشمية
وزارة التربية والتعليم
قسم الامتحانات
١٢ أيلول ٢٠١٩
صورة طبق الأصل
مدير التربية والتعليم

Name :　　　Candidate No. :　　　Nat.

Subject :	Minimum Score	Maximum Score	Paper One Score	Paper Two Score	Final Score	*Standard Score
Islamic Education	80	200	---	---	200	190
Arabic Language	80	200	---	---	183	178
English Language	80	200	---	---	194	191
History of Jordan	80	200	---	---	198	187
Mathematics	80	200	188	196	192	182
Physics	80	200	---	---	157	167
Chemistry	80	200	---	---	195	180
Biology	80	200	---	---	190	183
Geology & Environment	80	200	---	---	---	---

* Normal Converted Score that is Equivalent to the Orignal Score.

Grand Total(**)　1352　From (1400)

Percentage Average　96.5

Date : 31/08/2019

Written By : C. D. G. D. G.

Checked by

Minister Of Education

Grand Total(**): It consists of the grades of The General Education Subjects (Islamic Education, Arabic Language, English Language, History of Jordan) & the grade of The Compulsory Subject (Mathematics) and the two top grades of the three optional specialized Subjects (Physics, Chemistry, Biology, Geology & Environment).

图 1　约旦高中毕业考试（Tawjihi 考试）成绩单

的分数，以及最终总分占满分的百分比。

约旦的高考方向也有职业教育方向，该方向的学生参加高考分为两个步骤：第一步进行阿拉伯语、英语、宗教、数学、物理、约旦历史与两门职业专业考试；第二步进行实践操作，即实习。高考成绩出来后，学生可以根据成绩申请普通的公立和私立大学。

第三节　高等教育制度

一、大学教育制度

（一）入学制度

约旦学生接受高等教育一般不需要参加入学考试，但只有获得普通中等教育证书的学生才能申请进入高校。学生一般在网上申请报名，按意愿程度依次填写 5 个志愿（专业）。每年约旦的高等教育和科学研究部都会规定各个学校的招生名额及各学科的录取分数，各大高校会根据学生的 Tawjihi 分数从第一志愿开始录取，如学生未被第一志愿录取，自动换至下一个志愿，可能会出现调剂现象，学生可以根据结果选择服从调剂与否。

另外，根据大学性质的不同，公立大学对 Tawjihi 成绩的要求一般是总分的 65% 以上，私立大学对成绩要求一般是总分的 60% 以上。

（二）学制与学位授予制度

约旦本科学制一般为 4—7 年。普通专业的学制为 4 年；牙医学、制药学、工程学、建筑学和兽医学学制为 5 年；医学学制为 7 年，包括 6 年的课程学习和 1 年医学实习。

约旦采用学分制，而不是学年制。约旦的大学每学年分为两个学期，秋季学期及春季学期，每个学期16周，总学习时间为32周。还有一个可选的夏季学期，为期8周，学生可以在夏季学期修满9个学分，想加快毕业进度的学生可以报名暑期班在夏季学期上课。每个学年所有科目的学分满分为4，最终的学分即为全部4年的学分加起来除以4。学校通过学分来衡量学生是否修满课程。

大学的课程由各个学校参照高等教育认证委员会制订的官方课程指南设置，学生在完成规定的学习任务后会获得相应学习领域的学士学位。

二、研究生教育制度

（一）入学制度

1. 硕士研究生入学

学士课程结束后，学生可以继续攻读相关专业的硕士学位。对于申请人没有年龄限制。硕士的申请时间在每年8月，入学条件包括：（1）拥有来自约旦教育部认可的大学的相关专业学位证书；（2）在高等教育和科学研究部规定的课程上获得不低于“好”（Good）的成绩；（3）通过托福IBT、雅思或国家托福英语考试的最低分数要求（分数要求因学习项目而异）。

本科时成绩比较低的学生难以升入公立大学读研，但可以申请进入私立大学。私立大学的学费通常很高。

2. 博士研究生入学

已获得硕士学位的学生可以申请攻读博士学位，博士生的申请时间也在每年的8月。博士生的申请条件包括：（1）申请人必须拥有约旦教育部认可的硕士学位，且其成绩不低于“非常好”（Very Good）；（2）申请人的硕士专业应与博士专业相同或者相关；（3）在大学认可的期刊上发表研究论文；（4）硕士专业必须属于纯专业领域；（5）申请人的硕士考试分数不能低于总分的75%；（6）根据院长委员会批准的规则，附上托福考试、国家考试或同等水平考试的成绩证书。

（二）学制与学位授予制度

1. 硕士

硕士的学制一般为2年，学生大约需要33个学分。毕业有两种方式：（1）完成一定的课时数（一学年内每周12个小时的课时）后，撰写硕士论文，且论文必须是其所攻读领域的具有创新性的论文；（2）学生在完成课程的学习后进行考试。考试的难度非常高，很多学生难以通过，因此大多数学生选择写论文。

硕士学位的类型包括文学硕士、理学硕士以及标明其攻读领域的硕士学位，如法律硕士、通信工程硕士或教育硕士。

2. 博士

博士的学制一般为3—5年，学生需要修满54个学分。学习内容主要是研究工作、论文发表以及课程作业。攻读博士学位的学生每个学期都要提交作业，进行期中、期末考试，这些方面综合决定学生的成绩。学生需要完成规定的课时数和规定的实习时数，在完成研究及发表原创论文后可获得所研究专业的博士学位。

第四节 高等教育机构类型

约旦的高等教育机构分为公立大学、私立大学和社会学院。

约旦的大学数量为31所，包括10所公立大学、19所私立大学及2所区域性大学（世界伊斯兰科学与教育大学、阿拉伯开放大学－约旦分校）。这些大学均受高等教育理事会、高等教育和科学研究部以及高等教育机构认证和质量保证委员会的许可和监督，同时受国际认证标准的约束。

1. 国立大学

国立大学是由国家资助的大学，约旦第一所大学是1963年建立的约旦大学。

2. 私立大学

进入私立大学需要的Tawjihi分数较低，因此有些成绩不理想但仍想继续深造的学生可以申请报考私立大学。但私立大学的教育水平通常比公立大学低，而且学费高。在约旦的就业体系中，私立大学毕业生的就业竞争力不如公立大学毕业生。

3. 社会学院

对于高考成绩未达到总分的65%的学生，有的选择复习1年重新高考，以期能够提高分数，然后申请大学；而有些学生会进入小的独立的学院（社会学院），选1个自己感兴趣的专业，进行为期3年的学习。从社会学院毕业后，这些学生可以申请大学的特殊项目，一般为期2年，顺利毕业即可获得学士学位证书。

表1　约旦大学排名

大学名称	QS排名	ARWU排名	U.S. News排名	THE排名
约旦大学 (University of Jordan)	601—650		998	801—1000
约旦科技大学 (Jordan University of Science and Technology)	651—700		688	351—400
德国－约旦大学 (German Jordanian University)	801—1000			
苏玛雅公主理工大学 (Princess Sumaya University for Technology)	801—1000			
巴尔卡应用大学 (Al-Balqa Applied University)				801—1000
哈希姆大学 (Hashemite University)				1001+
雅尔穆克大学 (Yarmouk University)				1001+

参考文献

中文部分

[1] 中华人民共和国外交部：《约旦国家概况》，2020 年 4 月 16 日，见 https://www.fmprc.gov.cn/web/gjhdq_676201/gj_676203/yz_676205/1206_677268/1206x0_677270/。

外文部分

[1]SESRIC, Research and Scientific Development in OIC Countries, 2010-10-12, http://www.sesric.org/files/article/394.pdf.

[2]World Bank Group, Jordan, 2020-1-31, https://data.worldbank.org/country/Jordan.

[3]Unesco, Jordan, 2020-3-29, https://en.unesco.org/countries/Jordan.

[4]Central Intelligence Agency, JORDAN, 2020-4-20, https://www.cia.gov/library/publications/the-world-factbook/geos/jo.html.

第二十七章　埃及

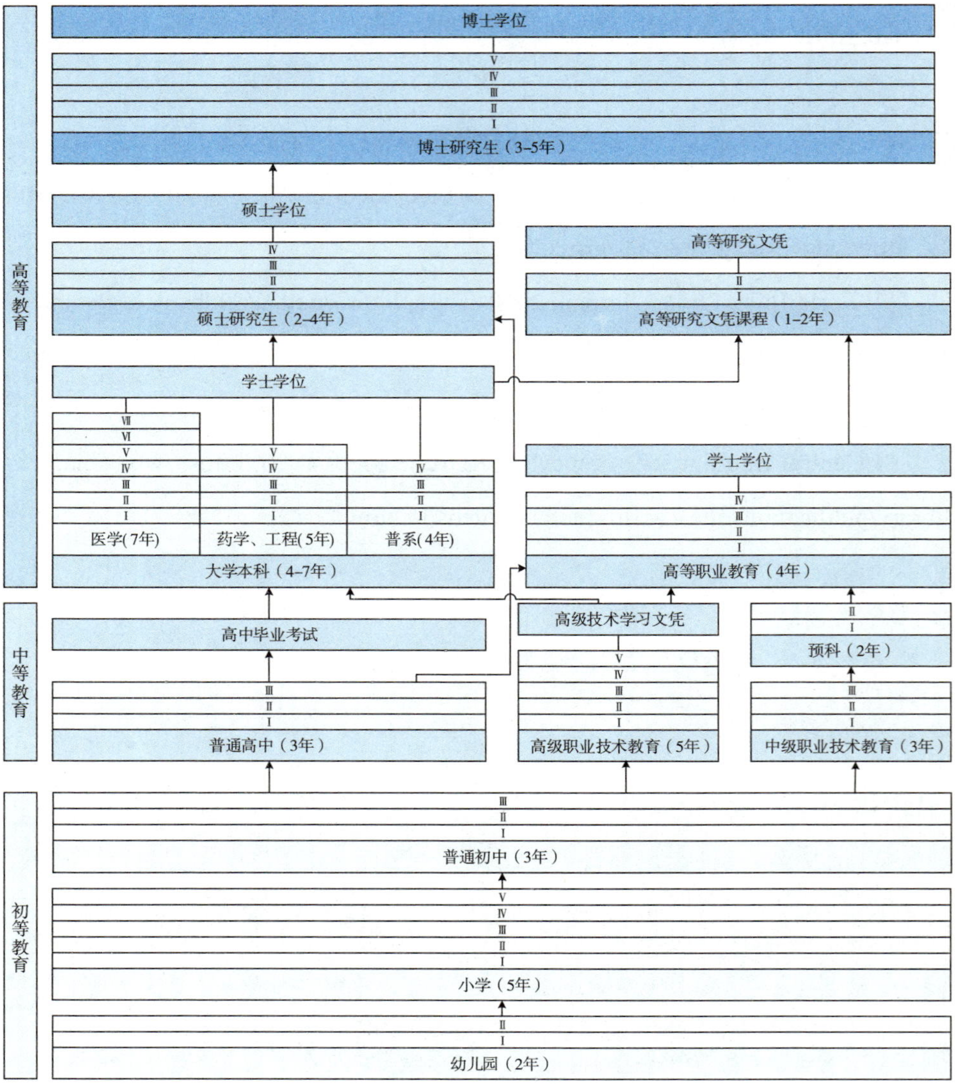

高等教育
中等教育
初等教育
博士学位
V
IV
III
II
I
博士研究生（3–5年）
硕士学位
IV
III
II
I
硕士研究生（2–4年）
高等研究文凭
II
I
高等研究文凭课程（1–2年）
学士学位
VII
VI
V
IV
III
II
I
医学(7年)
药学、工程(5年)
普系(4年)
大学本科（4–7年）
学士学位
IV
III
II
I
高等职业教育（4年）
高中毕业考试
高级技术学习文凭
预科（2年）
III
II
I
普通高中（3年）
高级职业技术教育（5年）
中级职业技术教育（3年）
普通初中（3年）
小学（5年）
幼儿园（2年）

第一节　导言

埃及，全称为阿拉伯埃及共和国，是一个跨越非洲东北角和亚洲西南角的国家，位于由大陆桥所形成的西奈半岛。截至 2019 年 7 月，埃及总人口为 9900 万。埃及是世界上历史最悠久的国家之一，其历史可以追溯到公元前 6000 至 4000 年，被认为是人类文明的摇篮。伊斯兰教是埃及的官方宗教，阿拉伯语是官方语言。埃及是中东地区规模最大、最多样化的经济体之一，2016 年，埃及超越南非，成为非洲第 2 大经济体（仅次于尼日利亚）。埃及镑为埃及的货币，1 人民币大约兑换 2.2977 埃及镑。

《人类发展指数与指标：2018 年统计更新》显示，截至 2016 年，埃及的成人识字率为 75.1%，青少年识字率男性为 93.6%，女性为 93%。全国共有基础教育（含小学、初中、高中和中等技术教育）学校约 4 万所。埃及的公共教育系统包括 3 个阶段：4 至 14 岁的基础教育阶段（幼儿园 2 年，小学 5 年，初中 3 年）；高中阶段为期 3 年，一般为 14 至 17 岁；以及大学（大学）阶段。其中义务教育为 8 年，即 6 至 14 岁之间。

截至 2018 年，埃及有 31 所私立大学和 26 所公立大学。著名的大学包括开罗大学、亚历山大大学、艾因·夏姆斯大学、爱资哈尔大学等。除大学外，埃及还有数百所公立和私立技术学院，这些学院为学生提供 2—4 年制职业或专业教育。截至 2017 年，埃及的高等教育毛入学率为 34%（占高等教育适龄人口的百分比）。

第二节 中等教育制度

一、中等教育类型

1. 普通中等教育

学生通过普通中等教育考试（高中毕业考试）后，将会获得普通中等教育证书，类似于中国的高中毕业证书，持此文凭学生可以申请进入埃及的高等院校或大学进行学习。

2. 中等技术教育

埃及初中学生如果最后一年成绩未达到总分数的 75% 就无法选文科或理科这两个方向，就只能进入职业教育这个方向。埃及的技术教育有两种学制：一种为培养中层技术工人的 3 年期技术学校（中级职业技术教育），有工业、农业、酒店教育、商业 4 种专业，学生毕业后可以获得中等技术证书，可做技术员，也可以读 2 年制预科之后接受高等教育；另一种为培养高层次技术工人的 5 年期技术学校（高级职业技术教育），设有工业、农业、酒店教育、商业 4 种专业。学生毕业后可获得高级技术学习文凭，可做“第一技术员”或实践学科的教师。5 年制技术学校的毕业生中，成绩好的可以直接报考大学（除医学专业），如果成绩不佳，则不能报考大学，也不能通过预科学校进入高等教育体系。

通常来说，埃及的私立学校水平比公立学校高，主要体现在教师教学水平、教学设备和学校教材等方面。高考时整个国家的学生都会在同样的时间参加考试，每个地区的高考试卷都相同，公立与私立学校学生的成绩也会出现差距。

二、中等教育毕业制度

埃及高中学制为3年，学生必须在高中决定自己的专业方向，专业方向分为科学类、数学类、文科类。准毕业生从高二的暑假开始准备高中毕业考试，并于高三最后一学期的6月份参加长达3个多星期的考试，考试科目为5门。考试成绩于考试结束15天后公布，学生以综合成绩为准决定最终填报的志愿。埃及教育部在分数揭晓后会确定每一类学校的录取线。一般情况下想要考取一所重点大学，成绩至少需要达到总分的90%以上。

考试科目如下：

文学类考试科目有：阿拉伯语、英语、第二语言、地理、历史、哲学、心理学（其中前3科为必考，后4科任选2科）；

数学类考试科目有：阿拉伯语、英语、第二外语、代数学、几何学、物理学、化学（其中前3科为必考，后4科任选2科）；

科学类考试科目有：阿拉伯语、英语、第二外语、物理学、化学、生物学、地质学（其中前3科为必考，后4科任选2科）。

其中第二外语可以选择法语、德语、意大利语、西班牙语。

总成绩超过205分（即满分的50%）者给予毕业，总成绩高于满分65%的学生即可报考私立或公立大学。

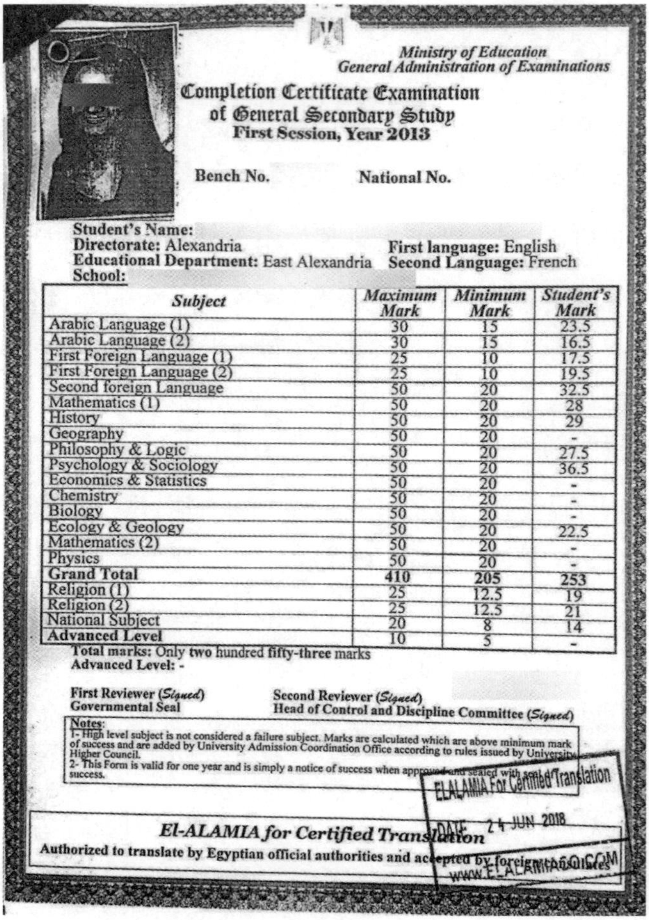

Ministry of Education
General Administration of Examinations

Completion Certificate Examination
of General Secondary Study
First Session, Year 2013

Bench No. National No.

Student's Name:
Directorate: Alexandria **First language:** English
Educational Department: East Alexandria **Second Language:** French
School:

Subject	Maximum Mark	Minimum Mark	Student's Mark
Arabic Language (1)	30	15	23.5
Arabic Language (2)	30	15	16.5
First Foreign Language (1)	25	10	17.5
First Foreign Language (2)	25	10	19.5
Second foreign Language	50	20	32.5
Mathematics (1)	50	20	28
History	50	20	29
Geography	50	20	-
Philosophy & Logic	50	20	27.5
Psychology & Sociology	50	20	36.5
Economics & Statistics	50	20	-
Chemistry	50	20	-
Biology	50	20	-
Ecology & Geology	50	20	22.5
Mathematics (2)	50	20	-
Physics	50	20	-
Grand Total	**410**	**205**	**253**
Religion (1)	25	12.5	19
Religion (2)	25	12.5	21
National Subject	20	8	14
Advanced Level	10	5	-

Total marks: Only two hundred fifty-three marks
Advanced Level: -

First Reviewer (*Signed*) **Second Reviewer** (*Signed*)
Governmental Seal **Head of Control and Discipline Committee** (*Signed*)

Notes:
1- High level subject is not considered a failure subject. Marks are calculated which are above minimum mark of success and are added by University Admission Coordination Office according to rules issued by University Higher Council.
2- This Form is valid for one year and is simply a notice of success when approved and sealed with seal of success.

ELALAMIA For Certified Translation
DATE 24 JUN 2018

El-ALAMIA for Certified Translation
Authorized to translate by Egyptian official authorities and accepted by foreign consulates
WWW.EL-ALAMIA.COM

图 1 埃及高中学历证明

第三节　高等教育制度

一、大学教育制度

（一）入学制度

埃及的高等教育体系包括大学教育和非大学型中等后教育（主要为高等职业教育，相当于国内大专）两部分。埃及的学生在小学和初中学习九年毕业后，由国家进行统一考试，获得高分的进入高中，读完高中后进入大学接受高等教育。初中生毕业成绩为总分数70%以下的学生只能进入中等技术学校，毕业后成为技术和商业等方面的初级技术人员，也称技术工人，不合格者到工业和农业部门当学徒；高中毕业生如果要接受高等教育，则需要普通中等教育证书，或者最低分为总分数75%的中学技术文凭或高级技术研究文凭。

埃及的高中毕业考试成绩一般在7月15日左右公布，高中毕业考试的成绩高低决定着学生申请大学的时间及先后，成绩越高的学生可以越早申请大学，由于每所大学每个专业招收学生的名额有限，所以越早报名意味着进入心仪的大学的机会越大。每个学校的可供选择的名额和确切的录取分数每年由大学最高委员会确定，大学的录取信息一般在8月15日公布，开学时间则在10月初。第一批学生（2万名）的报名申请时间一般在7月20日，第二批学生（2万名）则在第一批学生完成报名后开始报名。学生一般在网上申请，填自己想学的志愿（专业），按意愿程度依次填写，从第一志愿开始录取，如未被第一志愿的学校录取，自动换至下一个志愿。

每个学科都规定了最低的高考分数线。例如，经济、政治、医学、牙科、工程和自然科学系入学要求的高考分数较高。而农业、艺术、商业和法律专业要求的高考分数则较低。有些学院除了规定的分数线，还有额外的要求，例如通过第二外语或学科考试等。

（二）学制与学位授予制度

埃及的大学提供学术教育和高等职业教育。埃及本科普通专业的学习时间为4年，药学和工程学专业为5年，而医学为7年。学生修业期满，成绩合格才能毕业并被授予学位。课程成绩由学生的平时表现、作业及考试分数综合得出，一般来说，所有的课程通常都以1个项目或1篇短篇论文作为结课要求。进行语言和文学研究方向学习的毕业生将获得文学学士学位，科学、农业和工程专业的毕业生则获得科学学士学位，艺术、法律和一些教师培训类专业获得执照学位。高等职业教育学制为4年，学生在完成规定课程后获得学士学位，大学最高委员会一般判定这个学位等同于大学授予的学士学位。

埃及大学的学位授予资格需获埃及高教部和大学最高委员会认可。高教部和大学最高委员会每学年对各校、各系、各专业的学历授予资质进行审查，不符合相关规定的不予承认其学位教育的合法性。政府内阁另设有“教学质量评估、保障与监督局”，与高教部平级，负责对大学的教学质量进行监管。学校内部逐级设有大学委员会、院委员会和系委员会，大学校长担任大学委员会主席，总揽教学、科研、行政、财务等事务。学校内部设有教学委员会、科研委员会、社会服务和环境发展委员会以及纪律委员会，对学校各个方面进行监督。

二、研究生教育制度

（一）入学制度

1. 硕士研究生入学

在获得学士学位后，毕业生想要继续深造有两种选择：攻读硕士学位或者攻读高等研究文凭。

硕士学位采取申请考试制度，申请时间为7月初，9月或10月开学。申请读硕士的学生必须具备下列条件：（1）本科专业与硕士专业一致；（2）大学期间的成绩不低于“好（Good）”等级；（3）通过入学前的考试（只限艺术类别）。

高等研究文凭课程为1—2年制的专业课程，其入学条件是学生必须要有任何专业的学士（或执照）学位。

2. 博士研究生入学

博士的申请与入学时间和硕士相同，申请读博士的学生必须获得埃及教育部认可的大学的硕士学位，且所申请专业必须和取得硕士学位的专业为同类专业。

（二）学制与学位授予制度

1. 硕士

硕士学位的最短修读年限为2年，一般为2—4年，在学期间学生每年都需要通过课程考试。课程内容根据教师的不同而有所不同，结课考核一般包括课程作业和结课论文。硕士毕业要求为：第一年所有考试成绩合格，第二年提交毕业论文并通过埃及教育部审查。

除了硕士学位以外，学生还可以选择攻读1—2年制的高等研究文凭。高等研究文凭课程以就业为导向培养学生的专业素养，毕业生不能继续攻读博士学位。

2. 博士

博士按攻读专业不同分，年限为3—5年不等，学生被要求必须在5年内完成博士阶段的学习。学生要想取得博士学位，需要提交具有创新力的、能被埃及教育部认可的毕业论文。

第四节　高等教育机构类型

埃及高等教育机构包括大学和高等研究机构及专业培训机构，有私立和公立两种形式。高等教育由教育部主管。高等教育的组织机构、管理机构和学术项目负责人均依据国家的法律、法令和政府规定产生。国立大学由大学最高委员会管理。大学有完全的学术和管理自主权。埃及高等教育机构的类型可以分为：

1. 国立大学：即公立大学，不以营利为目的，办学资金来源于国家预算。公立大学的教育水平更高，培养的学生水平也高且实行免费教育，只收取少量的注册费。成绩高的学生就可以申请公立大学，毕业找工作更容易一些。埃及的公立大学规模庞大，无论在学术地位上还是办学规模上都是埃及高等教育的主体。比较著名的公立大学有创办于 1908 年的开罗大学。

2. 私立大学：是由商人、公司或营利组织以营利为目的开办的，大多数私立大学也都得到了高等教育部的认可。私立大学入学制度跟公立大学一样，也是按照成绩录取，不过没有公立大学的要求高。与公立大学比，私立大学教育水平不是很高，而且学费比较高，学生水平较低。私立大学除了医学专业之外，其他专业都有设置。埃及的私立大学除极少数之外，大多历史较短，规模不大。埃及最早的私立大学是成立于 1919 年的美国大学。

此外，埃及还有国立高等学院、私立高等学院、国立技术学院、私立技术学院、国立研究院、私立研究院、军事研究院、开放型大学等高等教育类型。

表 1　埃及大学排名

大学名称	QS 排名	ARWU 排名	U.S. News 排名	THE 排名
开罗美国大学（American University in Cairo）	395			801—1000
开罗大学 (Cairo University)	521—530	301—400	434	601—800

续表

大学名称	QS 排名	ARWU 排名	U.S. News 排名	THE 排名
艾因·夏姆斯大学 (Ain Shams University)	801—1000	701—800	667	801—1000
亚历山大大学 (Alexandria University)	801—1000	701—800	778	1001+
艾斯尤特大学 (Assiut University)	801—1000		885	1001+
阿斯旺大学 (Aswan University)				401—500
曼苏尔大学 (Mansoura University)		801—900	663	401—500
苏伊士运河大学 (Suez Canal University)			928	501—600
贝尼苏韦夫大学 (Beni-Suef University)			951	601—800
谢赫村大学 (Kafrelsheikh University)				601—800
本哈大学 (Benha University)			1162	801—1000
坦塔大学 (Tanta University)			1050	801—1000
爱资哈尔大学 (Al-Azhar University)			1082	1001+
法尤姆大学 (Fayoum University)				1001+
哈勒旺大学 (Helwan University)			1022	1001+
姆努菲亚大学 (Menoufia University)			1378	1001+
米尼亚大学 (Minia University)			1259	1001+
苏哈贾大学 (Sohag University)				1001+
南河谷大学 (South Valley University)				1001+
扎加齐克大学 (Zagazig University)		901—1000	1009	1001+

参考文献

中文部分

[1] 玛卡丽姆·嘉姆丽：《埃及高等教育》，载刘利群主编：《第二届大学女校长国际论坛论文集》，中国传媒大学出版社 2004 年版。

[2] 丁宝华：《近代埃及高等教育利弊分析》，硕士学位论文，对外经济贸

易大学英语系，2006 年。

[3] 马青：《埃及的大学国际化研究》，硕士学位论文，华东师范大学教育科学学院课程与教学系，2014 年。

[4] 克恩特·姆·莱万、张振国：《埃及的教育现状》，《外国教育动态》1981 年第 4 期。

[5] 张晓霞：《埃及公私立大学发展的比较研究》，《世界教育信息》2010 年第 8 期。

[6] 中华人民共和国教育部教育涉外监管信息网：《埃及》，2015 年 6 月 8 日，见 http://jsj.moe.gov.cn/n1/12045.shtml。

[7] 中华人民共和国外交部：《埃及国家概况》，2020 年 4 月 17 日，见 https://www.fmprc.gov.cn/web/gjhdq_676201/gj_676203/fz_677316/1206_677342/1206x0_677344/。

外文部分

[1]SIS, Constitution of The Arab Republic of Egypt 2014, 2014-1-18, http://www.sis.gov.eg/Newvr/Dustor-en001.pdf.

[2]Lynsey Chutel, South Africa just lost its spot as Africa's second largest economy, 2016-5-12,https://qz.com/africa/682877/south-africa-loses-its-spot-as-africas-second-largest-economy-to-egypt/.

[3]Ramage Y. Mohamed, Makala Skinner, Stefan Trines, Education in Egypt, 2019-2-21, https://wenr.wes.org/2019/02/education-in-egypt-2.

[4]statista, Egypt: Literacy rate from 2006 to 2017, total and by gender, 2020-2-13, https://www.statista.com/statistics/572680/literacy-rate-in-egypt/.

[5]WELCOME TO THE ARAB NETWORK FOR QUALITY ASSURANCE IN HIGHER EDUCATION, http://www.anqahe.org/.

[6]Supreme Council of Universities, http://www.scu.eun.eg/.

[7]Stateuniversity, Egypt Educational System—overview, https://education.stateuniversity.com/pages/411/Egypt-EDUCATIONAL-SYSTEM-OVERVIEW.html.

第二十八章　南非

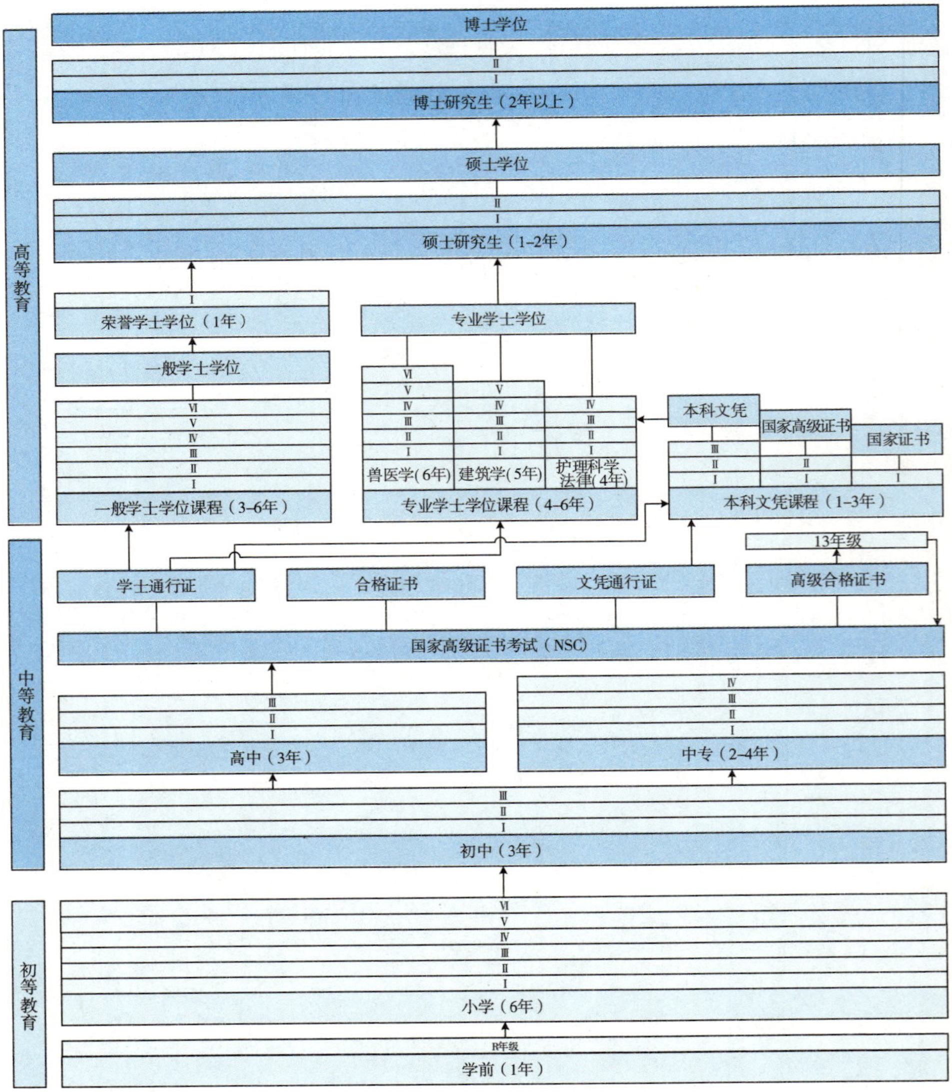

高等教育
博士学位
Ⅱ
Ⅰ
博士研究生（2年以上）
硕士学位
Ⅱ
Ⅰ
硕士研究生（1–2年）
Ⅰ
荣誉学士学位（1年）
一般学士学位
Ⅵ
Ⅴ
Ⅳ
Ⅲ
Ⅱ
Ⅰ
一般学士学位课程（3–6年）
专业学士学位
兽医学(6年)
建筑学(5年)
护理科学、法律(4年)
专业学士学位课程（4–6年）
本科文凭
国家高级证书
国家证书
本科文凭课程（1–3年）
13年级
中等教育
学士通行证
合格证书
文凭通行证
高级合格证书
国家高级证书考试（NSC）
高中（3年）
中专（2–4年）
初中（3年）
初等教育
小学（6年）
R年级
学前（1年）

第一节　导言

南非，全称为南非共和国（RSA），位于非洲大陆最南端。南非总人口为5652万，其中约80%的人口信仰基督教，其余信仰原始宗教、伊斯兰教、印度教等。南非有黑人、有色人、白人和亚裔4大种族。共有11种官方语言，英语和阿非利卡语为通用语言。比勒陀利亚（Pretoria）为行政首都，开普敦（Cape Town）为立法首都，布隆方丹（Bloemfontein）为司法首都。世界银行将南非经济评为中上收入经济体，是非洲仅有的4个国家之一。南非兰特为南非的货币，1人民币大约兑换2.0126南非兰特。

南非长期实行种族隔离的教育制度，黑人受教育机会低于白人。自1995年以来，南非开始对7至16岁的儿童实施免费的义务教育，并且废除了种族隔离时期的教科书。在南非的教育系统中，基础教育包括初等教育基础阶段（R—3年级，R级相当于小学学前教育）、初等教育中级阶段（四至六年级）；中等教育分为初中和高中，初中为七至九年级，高中为十至十二年级。截至2015年，南非的成人识字率约为94.4%。

南非高等教育系统包括23所公立高等教育机构：11所传统大学（Traditional University）、6所综合性大学（Comprehensive University）、6所科技大学（University of Technology），此外还有2所正在创建中的大学。南非的大学在医学、经济管理、工学等学科领域的国际影响力较大。南非有6所大学已经实现自治：开普敦大学、奥兰治自由邦大学、纳塔尔大学、哈雷堡大学、西开普大学和德班韦斯特维尔大学。

第二节　中等教育制度

一、中等教育类型

南非的中等教育为期6年（七至十二年级），分为初中和高中两个阶段。

初中为期3年，从七年级到九年级，属于义务教育阶段，强制性入学。学生通常在12岁或13岁时进入初中。初中课程包括母语、第二语言、数学、自然科学、社会科学、技术、经济管理科学、生活和艺术文化。完成初中阶段的教育不会颁发任何证书。

高中，也称为继续教育和培训（Further Education and Training，FET），此阶段为期3年，到十二年级毕业。高中阶段的学习不是强制性的，完整地接受9年教育的学生可以进入高中。

在升入高中时，学生可以选择普通教育和职业技术教育两个方向，选择技术类专业的学生必须上中专。普通教育课程一般为期3年，职业和技术培训课程为期2年、3年或4年。

不论是选择普通教育还是职业技术教育，所有学生都必须学习7门科目。其中4个科目是强制性的，包括母语、第二语言、数学类（数学课程在两个轨道之间的范围不同）、生活类，另外3门科目为选修课。学生不得选择2个同类别的“重叠”科目，例如不能同时选择数学和数学素养，学生还不能选择相同的语言。

二、中等教育毕业制度

在南非，matriculation或matric是指高中最后一年以及高中毕业时获得的资格，亦是最低的高等教育入学要求。中学毕业时取得的文凭为国家高级证书，中学离校考试为“高级证书考试（National Senior Certificate，NSC）”。

考试的科目分为以下几个领域：农业；艺术和文化；商业管理研究及服务；语言、制造、工程和技术；人文社会科学；物理、数学、计算机和生命科学。在南非国家资格框架（National Quality Framework，NQF）结构中，NSC为4级，包括130个学分。获得NSC证书，同时也意味着获得高等教育入学认可（即学士通行证），该证书是进入高等教育体系的法定最低要求（具体参见高等教育入学制度）。

中等教育毕业取决于期末考试、国家高级证书（NSC证书）或十二年级进行的毕业考试。如已经获得二级或更高等级的国家证书，但分数不足以获得文凭或进入高等教育机构的学生，可以再进行1年的学习（即十三年级）。

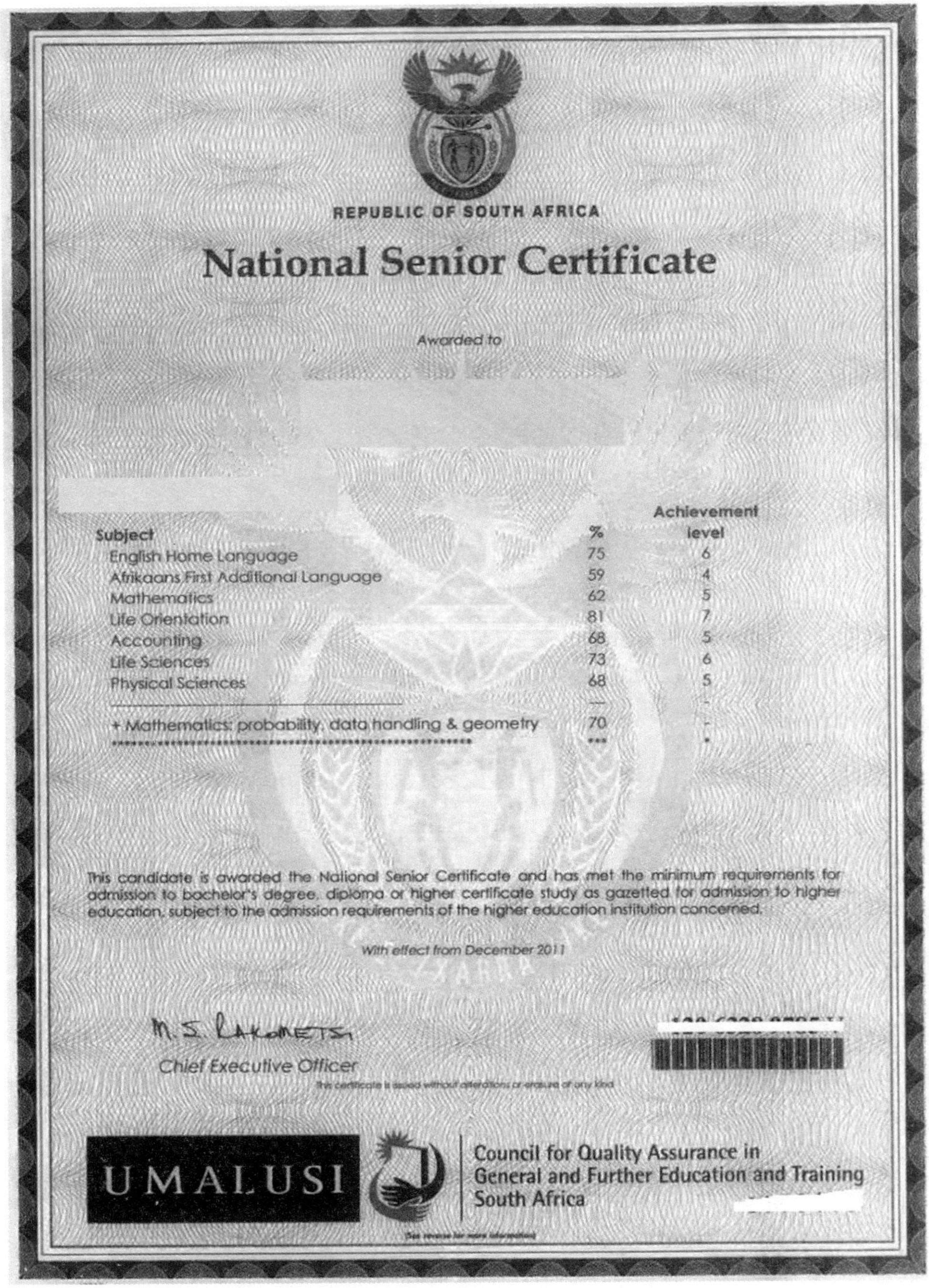

REPUBLIC OF SOUTH AFRICA

National Senior Certificate

Awarded to

Subject	%	Achievement level
English Home Language	75	6
Afrikaans First Additional Language	59	4
Mathematics	62	5
Life Orientation	81	7
Accounting	68	5
Life Sciences	73	6
Physical Sciences	68	5
————————————	—	-
+ Mathematics: probability, data handling & geometry	70	-
********************************	***	*

This candidate is awarded the National Senior Certificate and has met the minimum requirements for admission to bachelor's degree, diploma or higher certificate study as gazetted for admission to higher education, subject to the admission requirements of the higher education institution concerned.

With effect from December 2011

M. S. RAKOMETSI

Chief Executive Officer

This certificate is issued without alterations or erasure of any kind

UMALUSI

Council for Quality Assurance in General and Further Education and Training South Africa

See reverse for more information

图 1　南非中等教育 NSC 证书

第三节　高等教育制度

一、大学教育制度

（一）入学制度

想要进入高等教育体系进行深造的学生，必须要参与国家高级证书考试（NSC）。该考试在每年的10月至12月举行，对成绩不满意的考生可以在5月、6月期间进行第二次考试。学生参加考试的成绩分为4个等级，获得不同程度的证书。如果他们的分数足够高，就会被高等教育机构录取。NSC考试科目一共有7门，即母语、外语、数学或数学素养、生活以及3门选修课。

学生参加考试获得的4个级别和证书分别是（从低到高排序）：

1. 合格证书：根据南非质量保证委员会的规定，NSC合格证是一个“基准”，除了向学习者提供一份离校证书外，也可证明学生母语能力达到基本水平，除此之外没有任何作用。最低及格分数为满分的40%，如7门科目中的6门达到及格分数，学生才能获得NSC合格证。

2. 高级合格证书：拥有此证书不代表学生有资格接受所有类型的高等教育，但是可以让学生能够获得更好的就业机会，也可以使学生获得由认可机构提供的十三年级的“桥梁课程”，继续高中阶段的学习。

3. 文凭通行证：学生必须在4个20学分的科目中获得至少40%—49%的分数，这4门科目必须包括母语，同时不包括生活科目。此外，学生必须在另外2门科目中获得至少30%的分数，其中可以包括生活科目，还必须满足某些特定高等教育机构的语言能力要求。文凭通行证是NSC通行证的第三级。此级别获得的是文凭而非学位，同时也是进入高等教育阶段（非学士学位）的最低要求。

4. 学士通行证：想要进入高校攻读学士学位，学生必须在2个科目中获得至少30%的分数，并从以下科目中的4个科目中获得至少50%—59%的分数：

会计、农业科学、商业研究、戏剧艺术、经济学、工程图形与设计、地理、历史、消费者研究、信息技术、语言（包括机构的教学语言和其他2个公认的语言科目）、生命科学、数学、数学素养、音乐、物理科学、宗教学、视觉艺术。

学士通行证是南非普通教育和继续教育与培训质量保证委员会最高级别的通行证，它代表进入南非的大学攻读学士学位的最低要求。各大学可以设置高于法定最低及格分数的录取分数。另外，大学中的某些专业可能只接受在相关科目中取得高分的学生。

（二）学制与学位授予制度

在南非，本科阶段完成规定课程可以获得本科文凭（Undergraduate Diploma or Certificate）、一般学士学位（General Academic First Bachelor's Degree）和专业学士学位（Professional First Bachelor's Degree）。另外，获得一般学士学位后想要继续深造或想要继续攻读硕士学位的学生，可以继续攻读荣誉学士学位（Honours）。

1. 本科文凭：此阶段可以接受更高水平的专业课程，这些课程为期1年、2年或3年，分别获得国家证书、国家高级证书或本科文凭。获得本科文凭是继续进行学士学位课程的前提。

2. 一般/专业学士学位：根据学生所选的专业不同，学制为3到6年不等。理学学士、商业学士、文学士和社会科学学士学制为3年。一般每学年为30个全日制周，每周学生需要学习40个小时。完成3年制本科至少需要360学分，继续进入研究生阶段学习的毕业生则必须再完成1年的荣誉课程的学习。工程、农业、制药、技术和护理等专业一般为4年制。4年制本科毕业至少需要修满480学分。一般学士学位和专业学士学位之间存在不同，部分专业学士学位最终只允许进入特定的行业工作，例如护理科学学士学位（4年），法律学士学位（4 年），建筑学士学位（5 年）和兽医学学士学位（6 年）。

3. 荣誉学士学位：学生获得一般学士学位以后，如果选择再读 1 年，便可以被授予荣誉学士学位。荣誉学士学位定向于某一学科，其课程可以加深学生在学士学位课程中获得的知识。要获得荣誉学士学位，学生需要在毕业时提交 1 篇论文。荣誉学士学位毕业后可以继续攻读硕士。

二、研究生教育制度

（一）入学制度

1. 硕士研究生入学

申请攻读硕士学位的学生必须持有荣誉学士学位或专业学士学位。研究型硕士必须提交其研究方案。

2. 博士研究生入学

取得硕士学位或同等学历，并具有所报考专业学术背景的学生可以申请攻读博士学位。

（二）学制与学位授予制度

1. 硕士

一般来说，硕士学位需要修满 180 学分，最短完成时间为 1 年。但是，根据专业的不同，学分可能在 120 到 240 学分之间波动。硕士毕业生需要提交合格的研究报告和学位论文。

2. 博士

南非高等教育机构提供的最高学历证书是博士学位（Doctoral Degree）证书。要获得博士学位，学生至少要进行 2 年的学习，博士学位或哲学博士学位通常需要修满 360 学分，并且完成学位论文。攻读博士学位所需的 360 学分通常完全基于研究成果。

表 1　南非综合性大学和科技类大学的学制的区别

综合性大学		科技类大学	
学士	3 年	证书	3 年
荣誉学士	1 年	学士	1 年
硕士	1—2 年	硕士	2 年
博士	2—4 年	博士	3—5 年

第四节　高等教育机构类型

在南非，有 3 种公立高等教育机构：

1. 传统学术型大学：自 1829 年开设南非开普敦学院以来，传统的学术型高等教育一直是南非高等教育的一部分，这些大学提供学科广泛的本科和研究生学位课程。

2. 综合性大学：由技术大学与传统大学合并而成，设有艺术和科学领域的专业以及原技术大学提供的专业。

3. 科技大学：提供应用领域的专业课程，如商业、健康科学、设计、表演艺术、工程以及技术等专业。

除了这些大学之外，南非还有国立高等教育学院。这些机构位于仅有的两个没有大学的省份：普马兰加省（首都内尔斯普雷特或姆邦贝拉）和北开普省（金伯利）。这些机构与现有大学达成协议，并为各省居民提供负担得起的课程。

私立机构也提供高等教育，这些私立机构不接受国家资助，由公司和个人所有。私立机构必须在高等教育和培训部注册，其提供的课程必须得到高等教育委员会的认可，南非此类机构数量也在迅速增长，一般提供有关 IT、管理、沟通、宗教、护理和秘书专业的课程。

表 2　南非大学排名

大学名称	QS 排名	ARWU 排名	U.S. News 排名	THE 排名
开普敦大学（University of Cape Town）	198	201—300	121	136
威特沃特斯兰德大学（University of the Witwatersrand）	400	201—300	200	194
斯泰伦博斯大学（Stellenbosch University）	427	401—500	329	251—300
约翰内斯堡大学（University of Johannesburg）	501—510	601—700	366	601—800
比勒陀利亚大学（University of Pretoria）	551—560	401—500	441	601—800
罗德斯大学（Rhodes University）	801—1000		893	
夸祖鲁・纳塔尔大学（University of KwaZulu-Natal）	801—1000	401—500	338	401—500
西开普大学（University of the Western Cape）	801—1000		722	601—800
西北大学（North-West University）		601—700		501—600
南非大学（University of South Africa）		801—900		1001+
茨瓦尼科技大学（Tshwane University of Technology）				601—800

参考文献

中文部分

[1] 肖海英：《南非投资法律研究》，硕士学位论文，湘潭大学法学系，2007 年。

[2] 田腾飞：《社会变革背景下南非的教师教育研究》，博士学位论文，西

南大学教育学系，2012 年。

[3] 龙秀：《民主南非基础教育课程改革研究》，硕士学位论文，浙江师范大学教育学系，2013 年。

[4] 王桂娟：《南非学前教育管理体系研究》，硕士学位论文，浙江师范大学教育学系，2014 年。

[5] 刘亮亮、李雨锦：《南非高等教育的发展近况研究》，《世界教育信息》2010 年第 3 期。

[6] 王文礼：《南非博士生教育的现状、问题和对策》，《高教探索》2014 年第 1 期。

[7] 武学超：《南非民主化进程中高等教育发展成就与问题审思》，《比较教育研究》2016 年第 4 期。

[8] 张轩铭：《南非的民族管理机制——从班图斯坦制度到民族身份的淡化》，《科学与财富》2017 年第 7 期。

[9] 王传毅、程哲：《南非博士生教育：现状、问题及改革》，《学位与研究生教育》2018 年第 7 期。

[10] 中华人民共和国外交部：《南非国家概况》，2020 年 1 月 17 日，见 https://www.fmprc.gov.cn/web/gjhdq_676201/gj_676203/fz_677316/1206_678284/1206x0_678286/。

外文部分

[1]Stateuniversity, South Africa: Educational System—overview, 2017-3-30, https://education.stateuniversity.com/pages/1389/South-Africa-EDUCATIONAL-SYSTEM-OVERVIEW.html.

[2]Wilson Macha, Aditi Kadakia, Education in South Africa, 2017-5-2, https://wenr.wes.org/2017/05/education-south-Africa.

[3]Showme, The South African Economy, 2019-5-3, https://showme.co.za/

facts-about-south-africa/the-south-african-economy/.

[4]Statista, South Africa: Literacy rate from 2007 to 2015, total and by gender, 2019-8-9, https://www.statista.com/statistics/572836/literacy-rate-in-south-africa/.

[5]Nuffic, Education and diplomas South Africa, 2020-3, https://www.nuffic.nl/en/education-systems/south-africa/.

[6]National Ministry of Education, National Senior Certificate (NSC) Examinations, https://www.education.gov.za/Curriculum/NationalSeniorCertificate(NSC)Examinations.aspx.

[7]University of Cape Town, Postgraduate applications, http://www.humanities.uct.ac.za/hum/apply/postgraduate/requirements/overview.

[8]Council for Quality Assurance in General and Further Education and Training, https://www.umalusi.org.za/.

第二十九章　尼日利亚

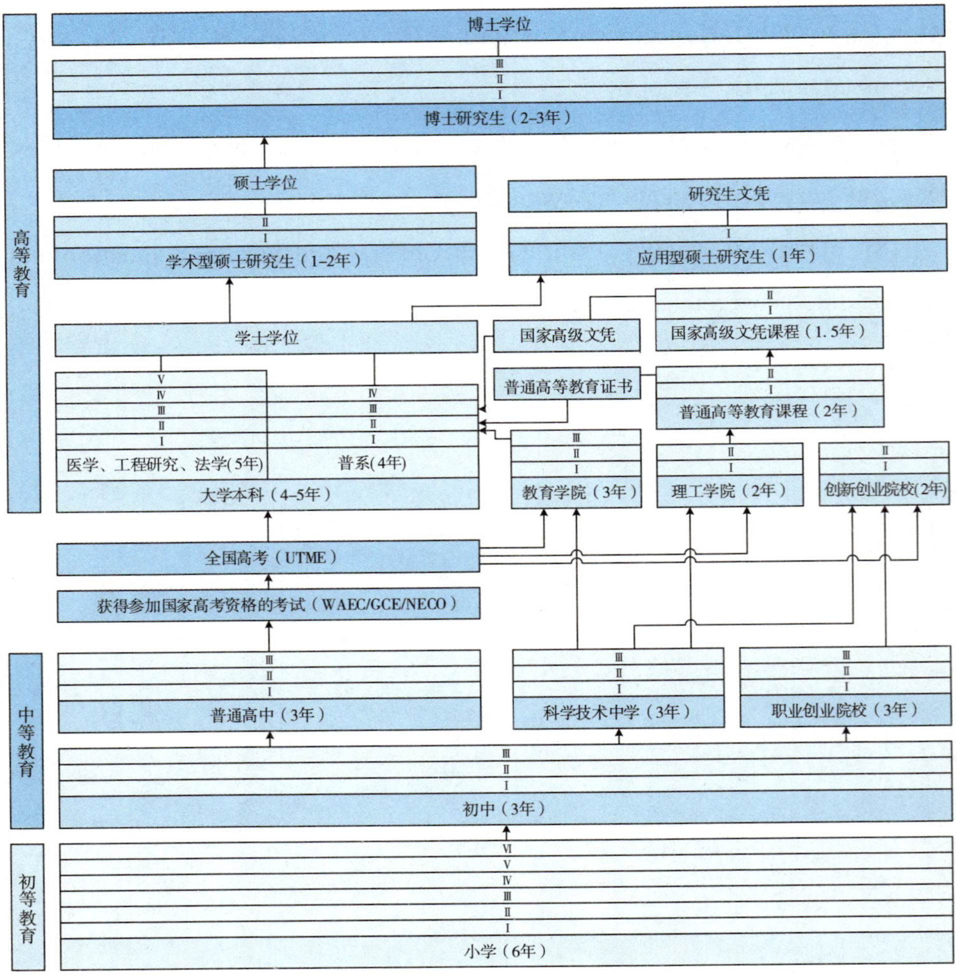

高等教育
博士学位
Ⅲ
Ⅱ
Ⅰ
博士研究生（2–3年）
硕士学位
Ⅱ
Ⅰ
学术型硕士研究生（1–2年）
研究生文凭
Ⅰ
应用型硕士研究生（1年）
学士学位
国家高级文凭
Ⅱ
Ⅰ
国家高级文凭课程（1. 5年）
普通高等教育证书
Ⅱ
Ⅰ
普通高等教育课程（2年）
Ⅴ
Ⅳ
Ⅲ
Ⅱ
Ⅰ
医学、工程研究、法学(5年)
Ⅳ
Ⅲ
Ⅱ
Ⅰ
普系(4年)
大学本科（4–5年）
Ⅲ
Ⅱ
Ⅰ
教育学院（3年）
Ⅱ
Ⅰ
理工学院（2年）
Ⅱ
Ⅰ
创新创业院校(2年)
全国高考（UTME）
获得参加国家高考资格的考试（WAEC/GCE/NECO）
中等教育
Ⅲ
Ⅱ
Ⅰ
普通高中（3年）
Ⅲ
Ⅱ
Ⅰ
科学技术中学（3年）
Ⅲ
Ⅱ
Ⅰ
职业创业院校（3年）
Ⅲ
Ⅱ
Ⅰ
初中（3年）
初等教育
Ⅵ
Ⅴ
Ⅳ
Ⅲ
Ⅱ
Ⅰ
小学（6年）

第一节 导言

尼日利亚，全称为尼日利亚联邦共和国，位于西非。由于人口和经济规模庞大，尼日利亚经常被称为“非洲巨人”。尼日利亚总人口为2.01亿。有250多个民族，主要民族有豪萨族、约鲁巴族和伊博族。居民主要信奉伊斯兰教和基督教。官方语言为英语。尼日利亚奈拉为尼日利亚的货币，1人民币大约兑换51.73尼日利亚奈拉。

尼日利亚的教育由国家教育部监管，地方政府负责执行国家控制的公立学校和地方公立学校的政策。学制为小学6年、初中3年、高中3年、大学4年。在20世纪70年代的石油繁荣之后，高等教育得到了改善，能够覆盖尼日利亚的每个次级区域。尼日利亚的识字人口占68%，其中男性（75.7%）的比率高于女性（60.6%）。

国家大学委员会（National Universities Commision，NUC）是负责监督尼日利亚高等教育管理的政府组织。尼日利亚的著名大学有艾哈迈德·贝罗大学、拉各斯大学、伊巴丹大学、尼日利亚大学和伊费大学等。除了大学，还有大量的理工学院和职业技术学院在国家技术教育委员会（National Board of Technical Education，NBTE）的管辖下运行，NBTE作为联邦政府机构，负责监督技术和职业教育。2017年，国家统计局公布尼日利亚共有107所理工学院、27所艺术学院和220所不同学科的学院。

第二节　中等教育制度

一、中等教育类型

尼日利亚中等教育主要分为普通初中与高中，为了保证初中阶段的有效教学，师生比规定为 1∶35。毕业后会为毕业生颁发初中毕业证书。高中阶段设立了普通高中和职业技术教育与培训体系（Technical Vocational Education and Training，TVET），为学生提供普通中等教育与职业中等教育。

（一）普通中等教育

根据国家制定的《普及免费基础义务教育法》（*Compulsory, Free Universal Basic Education Act*，*UBE*），尼日利亚公立初中为学生提供免费的教育，即属于义务教育阶段。

尼日利亚初中的必修科目包括英语、数学、经济学、公民教育。选修课程包括理科（生物、化学、物理或综合科学）、文科（英国文学、历史、地理或社会研究）以及农业科学或职业科目（商业、食品和营养、制图、美术等）3 大领域，学生需要从这些领域中选择 5 门选修课程。高中课程包括必修科目英语、数学、公民教育、贸易 / 创业研究，以及人文学科、科学与数学、技术、商业研究 4 个领域的若干选修科目，学生可以根据自己的情况选修 2—5 门科目。

（二）职业中等教育

职业技术教育与培训系统 TVET 是尼日利亚的职业中等教育体系。联合国教科文组织和国际劳工组织对 TVET 所下的定义是：除普通教育之外，TVET“涉及教育过程的各个方面，包括技术和相关科学的学习，以及在经济和社会生活各个领域中与职业相关的实际技能、态度、理解和知识的学习”。

在尼日利亚，TVET 课程是以能力为本位、以职业为导向的，国家职业学院创立后，有很多机构在联邦政府指导的基础上建立起来。职业技术教育在尼日利亚联邦教育部的领导下，由国家技术教育委员会（National Board of Technical Education，NBTE）监管。

TVET 在中等教育的阶段主要包含：

1. 科学技术中学（Science Technical Schools）；

2. 职业创业院校（Vocational Enterprise Institutions，VEI）。

科学技术中学主要课程为：通识教育；理论与相关课程；金工实习；生产课程；创业培训。为了保障学生在实习期间的有效参与，师生比规定为 1 ∶ 20，完成这一阶段的学习后，学生拥有 3 种选择：

1. 就业；

2. 自主创业；

3. 在高等职业技术学院接受进一步的教育。

职业创业院校（VEI）也属于中等教育，学制为 3 年。目前，尼日利亚只有 73 所私立职业创业院校，主要任务为增加职业技术教育的渠道。完成 3 年学习后，唯一接受高等教育的渠道为进入创新创业院校（Innovation Enterprise Institutions，IEI）。创新创业院校为 2 年制，主要包括：

1. 信息技术学院（Information Technology Institute）；

2. 油气技术学院（School for Oil and Gas Technology）；

3. 时装技术学院（Fashion Institute of Technology）；

4. 旅游酒店学院（School for Hospitality and Tourism）；

5. 电影学院（Film Academy）；

6. 金融学院（Financial School）。

目前，尼日利亚设有 138 所私立创新创业院校（IEI）。

二、中等教育毕业制度

一般在十二年级结束时，学生将参加由西非考试委员会和国家考试委员会联合举办的高中毕业证书考试（Senior School Certificute Examination，SSCE），该考试在每年的5月、6月举行。学生至少要考7门科目，最多考9门科目，其中数学和英语是必考的。通过考试的学生可以获得高中毕业证书（SSC），该证书会列出持证人所有通过的科目。如果对考试结果不满意或者有其他原因，学生可以选择继续参加第二次SSC年度考试。

表1　WAEC和NECO的评分分级系统

等级	等级描述	对应成绩
A1	一等荣誉（Excellent）	75%—100%
B2	二等荣誉－高级（Very good）	70%—74%
B3	二等荣誉－低级（Good）	65%—69%
C4	三等荣誉（Credit）	60%—64%
C5	三等荣誉（Credit）	55%—59%
C6	三等荣誉（Credit）	50%—54%
D7	通过（Pass）	45%—49%
E8	通过（Pass）	40%—45%
F9	不及格（Fail）	0%—39%

The West African Examinations Council

West African Senior School Certificate

JUNE 2012

This is to Certify that:

born on:

sex:

having been in attendance at

PRIME HIGH SCHOOL, ADUWAWA, BENIN CITY

sat the West African Senior School Certificate Examination and obtained the results shown below.

SUBJECT	GRADE
COMMERCE	B2
CHRISTIAN RELIGIOUS KNOWLEDGE	B3
ECONOMICS	C4
GOVERNMENT	B3
LITERATURE IN ENGLISH	C6
ENGLISH LANGUAGE	C6
MATHEMATICS	C4
AGRICULTURAL SCIENCE	C5
BIOLOGY	E8
SUBJECTS RECORDED	NINE

CD 99

Candidate No.

Certificate No.

THE WEST AFRICAN EXAMINATIONS COUNCIL waec

Chairman of Council

Registrar to Council

图 1　尼日利亚高中毕业证书考试成绩单

第三节　高等教育制度

一、大学教育制度

（一）入学制度

WAEC考试是由西非考试委员会（The West African Examinations Council,

WAEC）举办的考试。该考试在每年3月份到5月份举行。学生可以通过WAEC考试获得参加高等教育入学考试的资格。

除此之外还有其他相当于WAEC的考试，如由全国考试委员会（National Examination Council，NECO）为校内生安排的考试，在每年5月份到7月份举行；还有WAEC和NECO两个委员会分别自设的，为毕业后由于某些原因无法直接考大学的校外生安排的普通证书考试（General Certificate Examination，GCE），在每年11月份到12月份举行。

学生在通过任意一项以上提到的考试（WAEC、GCE、NECO）后就可以参加全国高考（Unified Tertiary Matriculation Examination，UTME），这项考试是由招生考试联合委员会（Joint Admissions and Matriculation Board、JAMB）主办的。JAMB除了负责为未来的本科生进入尼日利亚大学就读举行大学高等入学考试，还负责为尼日利亚公立和私立专科学校、理工学院和教育学院的申请人举行类似的考试。学生可以通过这些考试直接或间接进入高等教育，录取方式一般会在学生成绩单上注明。

大多数学生通过参加UTME进入高等教育，UTME考试最低及格分数是180分（满分400分），科目为4门，包括1门必考的英语和3门专业课，需要考试的科目及分数线由所申请的学士学位专业确定。尼日利亚大学的录取标准由各校自行确定，但对于学生成绩的算法都是根据学生的WAEC和UTME考试的成绩计算平均得分。

一些大学提供文凭和高级文凭课程，这类课程旨在为劳动力市场输送拥有实用技能的人才。对于攻读文凭和高级文凭的学生来说，进入高等教育一般不需要参加UTME，毕业后获得文凭或高级文凭。学生可以凭借国家文凭（National Diploma）直接攻读学士学位课程；可以凭借普通高等教育证书（The General Certificate of Education-Advanced Level）进入学士学位课程的第二学年；可以凭借国家高级文凭（The Higher National Diploma）进入学士学位课程的第三学年。尼日利亚教育证书（Nigeria Certificate in Education）自

1998 年以来一直是尼日利亚的最低教学资格，可在教育学院学习 3 年后获得，学生可以凭借这一证书直接进入教育学学士的第二学年或正规学士学位课程的第一学年。

original jamb utme result slip sample freebrowsinglink.com

JOINT ADMISSIONS AND MATRICULATION BOARD

National Headquarters, Suleja-Bwari Road, Bwari, P. M. B. 189, Garki Abuja, Nigeria.

2013 Unified Tertiary Matriculation Examination (UTME)

Result Slip

Date Printed: Tuesday, May 7, 2013

Candidates Details

NAMES:	[redacted]
REGISTRATION NUMBER:	362[redacted]
EXAMINATION NUMBER:	33603339
STATE OF ORIGIN:	Cross-River
L.G.A:	OGOJA
GENDER:	Male
DATE OF BIRTH:	March 26, 1991

www.freebrowsinglink.com official jamb result slip sample

sample legendkid

original jamb result slip sample freebrowsinglink.com

UTME SUBJECTS	SCORES
Use of English	38
Commerce	50
Economics	40
Mathematics	54
AGGREGATE	182

www.freebrowsinglink.com sample

First Choice of Institution/Course

Most Preferred
University Of Benin, Benin City
Course: Economics And Statistics
Faculty: Social Sciences

More Preferred
Edo State Institute Of Technology And Management, Usen
Course: Business Administration & Management

Preferred
College Of Education, Ekiadolo
Course: Economics/Social Studies

Second Choice of Institution/Course

Most Preferred
University Of Benin, Benin City
Course: Economics And Statistics
Faculty: Faculty: Social Sciences

More Preferred
Edo State Institute Of Technology And Management, Usen
Course: Business Administration & Management

Preferred
College Of Education, Ekiadolo
Course: Economics/Social Studies

Output Best with Colour Printer

Address: [redacted]

Ref No.: [redacted]

1. This Result is subject to further screening.
2. You CANNOT use this Result for employment purposes.
3. You will be informed in due course if you are offered provisional admission into any institution.
4. This result is not transferable. It remains the property of the Board which reserves the right to withdraw it if further screening reveals that it was obtained through inappropriate behaviour.
5. You can change choice of Institution/Course ONLY ONCE

REGISTRAR

图 2　尼日利亚 UTME 考试成绩单

尼日利亚的大学为了录取学生，都有不同的要求（各大学的及格标准不一样）。具体是将学生 WAEC 和 UTME 考试的成绩算出平均得分。如果学生能达到学校的要求，就可以被录取入校。

其中，JAMB 评分换算标准如表 2。

表 2　JAMB 评分换算标准

原得分	换算分数
180—185 分	20 分
186—190 分	21 分
191—195 分	22 分
196—200 分	23 分
201—205 分	24 分
206—210 分	25 分
211—215 分	26 分
216—220 分	27 分
221—225 分	28 分
226—230 分	29 分
231—235 分	30 分
236—250 分	31 分
241—245 分	32 分
246—250 分	33 分
251—300 分	34—43 分
301—400 分	44—60 分

WAEC/NECO 考试换算标准如下：

第一次参加考试通过 =10 分

非第一次参加考试通过 =2 分

A1=6 分

B2–B3=4 分

C4–C6=3 分

结合 JAMB、WAEC 或 NECO 获得最终成绩。

比如：

考生 A 在 UTME 考试中获得了 246 分换算为 33 分

第一次参加 WAEC 通过 =10 分

英语 A1=6

数学 C4=3

物理 B3=4

化学 A1=6

生物 B2=4

农业科学 C4=3

经济学 A1=6

法语 B3=4

则考生 A 的 WAEC 分数 =10+6+3+4+6+4+3+6+4=46

由此，我们可以获得考生 A 的总成绩，即 WAEC+UTME 的总得分 =33+46=79 分。

（二）学制与学位授予制度

一般来说，学士学位课程的学制为 4 年，专业包含科学、社会科学和人文学科领域。大多数大学采用学分制，修满 4 年制课程需要 120 到 160 学分，在毕业后学生可获得文学学士、理学学士和社会科学学士等学位。医学（医学、兽医学和牙科学）、工程研究以及法学学士的学士课程学制通常为 5 年，需要 140 到 170 学分，学生毕业后获得相应学位。一般来说，学士学位毕业需要提交学位论文，具体毕业规定则要视院校而定。

此外，学生可以获得单一学科的荣誉学位，也可以获得联合荣誉学位。在校期间，学生在第一年选修 3 门课程，第二年选修 2 门课程，第三年选修 1 门课程，第四年选修 1 门课程，即可获得单项荣誉；如果想要获得联合荣誉学位，学生需要在第一年选修 3 门课程，在第二年和第三年选修 2 门课程，第四年至少选修 2 门课程。

二、研究生教育制度

（一）入学制度

1. 硕士研究生入学

各招生单位的硕士入学要求不同，但大多数招生单位需要一级或二级学士学位才能申请攻读硕士学位。

学生在获得学士学位后，进行 1 到 2 年的全日制研究生学习后可被授予研究生文凭或硕士学位。研究生学位可攻读的专业很多，大多数专业都具有很强的应用性，而不是以研究为重点。

2. 博士研究生入学

只获得研究生证书或文凭的学生不能直接报考博士，只有获得硕士学位的学生才有资格报考博士。一些大学在博士课程期间或之前为学生提供获得哲学硕士学位的机会，在某些情况下，获得哲学硕士学位是攻读博士学位的必要条件。

（二）学制与学位授予制度

1. 硕士

硕士阶段是本科阶段的延续，学制为 1 到 2 年，主要由研究领域决定。应用型硕士研究生学制为 1 年，学术型硕士研究生学制为 1—2 年。应用型硕士研究生通常在完成课程作业后即可达到毕业要求，获得研究生证书或研究生文凭。对 2 年制硕士而言，课程作业只是硕士课程的一部分，想要获得硕士学位通常还需要提交 1 篇论文。另外，哲学硕士是一个短期的研究型学位，在攻读哲学硕士期间，成绩可能完全基于研究成果，也有可能同时基于课程作业和研究成果，有些大学要求攻读此学位的学生继续攻读博士学位。

2. 博士

攻读博士学位通常需要 2—3 年的学习。学生除了要学习一些课程外，往往需要提交 1 篇毕业论文并通过答辩才能被授予学位。

第四节　高等教育机构类型

尼日利亚的公立大学（包括联邦大学和州立大学）和私立大学（1990 年引进）之间有区别，但两者都得到了国家大学委员会（National Universities Commission，NUC）的认可。

过去，人们普遍认为联邦大学提供的教育质量优于州立大学，因为各州有权在不需要国家认证的情况下建立自己的大学。但如今，所有的大学都由联邦政府监管，各州不再被允许建立自己的大学，这项措施的目的是统一所有大学的教育水平。高等技术和专业教育主要由专科学校和理工学院、技术学院、教育学院和专业机构等专业院校提供，工学院则提供农业和工业领域的教育。

截至 2019 年，国家大学委员会在其网站上列出了 43 所联邦大学、52 所州立大学和 79 所私立大学作为认可的学位授予机构。

表 3　尼日利亚大学排名

大学名称	QS 排名	ARWU 排名	U.S. News 排名	THE 排名
伊巴丹大学（University of Ibadan）		901—1000	733	501—600
科文纳特大学（Covenant University）				401—500
拉格斯大学（University of Lagos）				801—1000
尼日利亚恩苏卡大学（University of Nigeria Nsukka）				1001+

参考文献

中文部分

[1] 楼世洲、彭自力:《尼日利亚大学专业认证与评估简析》,《浙江师范大学学报(社会科学版)》2010 年第 4 期。

[2] 麦克林 A. 乔加加、李霄鹏:《尼日利亚的职业技术教育与培训 :21 世纪的问题、焦点以及新趋势》,《中国职业技术教育》2009 年第 3 期。

[3] 熊淳、魏体丽:《非洲基础教育均衡发展的困境初探——以尼日利亚初等教育均衡发展之路为例》,《河北师范大学学报(教育科学版)》2012 年第 8 期。

[4] 中华人民共和国外交部:《尼日利亚国家概况》,2020 年 1 月 17 日,见 https://www.fmprc.gov.cn/web/gjhdq_676201/gj_676203/fz_677316/1206_678356/1206x0_678358/。

外文部分

[1]Federal Republic of Nigeria, *National Policy on Education(4th ed.)*, Lagos: Nigerian Educational Research and Development Council, 2004.

[2]WES Staff, Education in Nigeria, 2017-3-7, https://wenr.wes.org/2017/03/education-in-nigeria.

[3]United States Embassy in Nigeria, Nigeria Fact Sheet, 2017-8-14, https://photos.state.gov/libraries/nigeria/487468/pdfs/Nigeria%20overview%20Fact%20Sheet.pdf.

[4]National Universities Commission, http://nuc.edu.ng/.

[5]National Board for Technical Education, https://net.nbte.gov.ng/.

[6]Worldometers, Countries in the world by population (2019), https://www.worldometers.info/world-population/population-by-country/.

[7]The West African Examinations Council, https://www.waecgh.org/.

第三十章　委内瑞拉

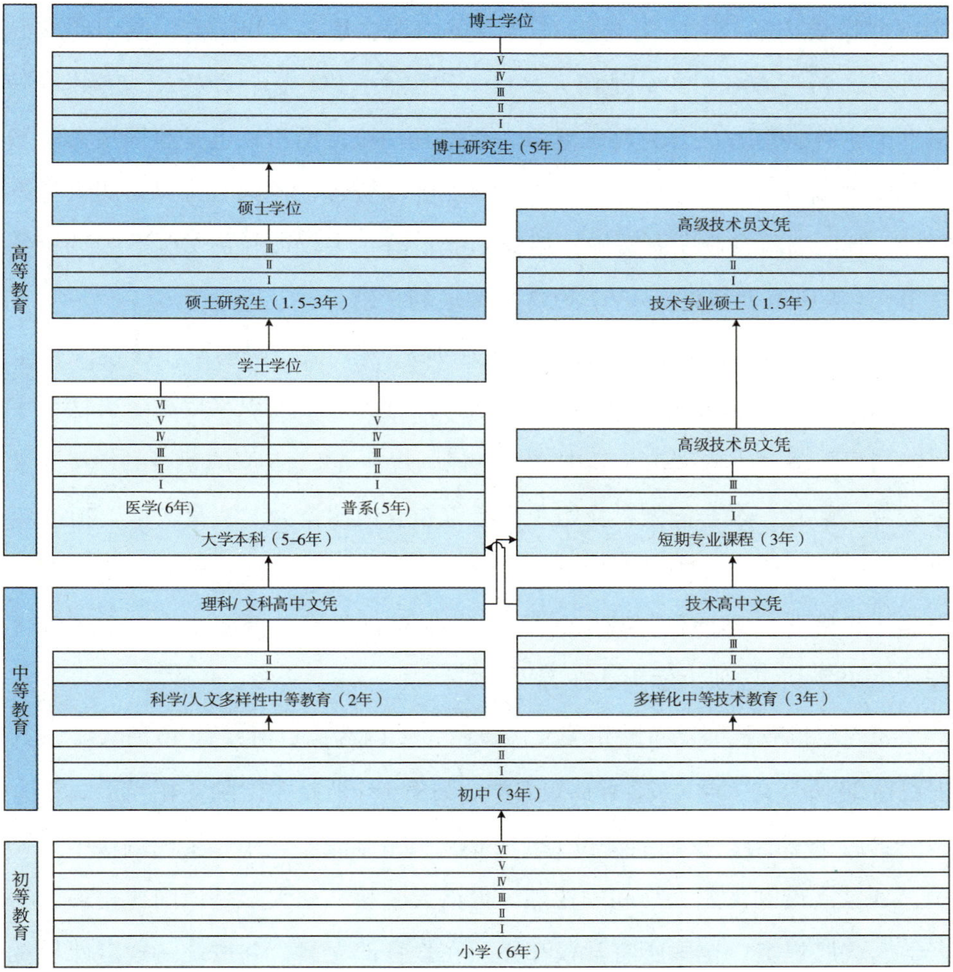
高等教育
中等教育
初等教育
博士学位
博士研究生（5年）
硕士学位
硕士研究生（1.5–3年）
高级技术员文凭
技术专业硕士（1.5年）
学士学位
医学(6年)
普系(5年)
大学本科（5–6年）
高级技术员文凭
短期专业课程（3年）
理科/文科高中文凭
技术高中文凭
科学/人文多样性中等教育（2年）
多样化中等技术教育（3年）
初中（3年）
小学（6年）

第一节　导言

委内瑞拉，全称为委内瑞拉玻利瓦尔共和国，位于南美洲北海岸。截至2018年，委内瑞拉总人口为3111万。委内瑞拉是多民族国家，其中印欧混血种人占将近60%，29%是白人，11%是黑人，2%是印第安人。多数居民信奉天主教，官方语言为西班牙语。首都是加拉加斯市，也是全国最大的城市。委内瑞拉自然条件优越，有着丰富的能源资源，该国石油储量居世界第1位。但是该国农业发展缓慢，粮食不能自给。主权玻利瓦尔为委内瑞拉的货币，1人民币大约兑换4807.3953主权玻利瓦尔。

2016年，委内瑞拉的成人识字率为97.13%。在委内瑞拉，15岁及以上女性的识字率为97.21%，男性为97.04%，世界上女性识字率高于男性识字率的国家不多，委内瑞拉是其中之一。该国规定6至15岁的儿童必须接受义务教育。另外，联合国教科文组织已经宣布委内瑞拉为无文盲国家。2010年以前，该国修改教育法，在中小学教学大纲中补充了“21世纪社会主义”的内容。2012年，学前班人数122万，9年制基础教育普及率93%，中等教育普及率75.1%，注册大学生263万人。

委内瑞拉教育部发布的相关文件显示，委内瑞拉目前共有46所大学，其中包括24所公立大学、22所私立大学，另有181所技术学院（相当于大专），其中包括53所公立技术学院和128所私立技术学院。其中，委内瑞拉中央大学、西蒙·玻利瓦尔大学和安德烈·贝洛天主教私立大学是该国比较著名的大学。政府规定，全国所有学校都必须在教育部立案，并按统一规定课程教学。根据1999年的宪法规定，高等教育是不收学费的。

第二节　中等教育制度

一、中等教育类型

委内瑞拉中等教育从整体上看，分为官方和私立两种。委内瑞拉初中为3年制；高中分为两种学校，科学/人文多样性高中一般为2年制，毕业后学校为学生颁发理科或文科高中文凭；多样化中等技术高中一般为3年制，毕业后学校为学生颁发技术高中文凭。

此外，与初中和高中同时并行的还有“parasistema”，这是委内瑞拉的另一个中等教育系统。该教育系统主要是为两类人准备的，第一类是已经在学校留级过两次的学生，学校不允许他们继续留级，他们可以选择进入这个系统继续学习；第二类是已经工作但还想重新上学的社会人员，“parasistema”为他们提供学习和获得文凭的机会。在这个系统里，学生可以快速地获得初高中的知识，并取得相应的分数，保证顺利毕业。

二、中等教育毕业制度

在委内瑞拉，学生如果想要取得高中毕业证书，分数需要在10分以上（满分20分），如果获得16分以上可以进入好的大学学习。学生通过初中三年和高中两年来获得分数，具体计算如下：首先，把每一年的分数分别相加求各年的平均值，然后再把五年的分数相加求平均值，此时算出来的分数则为毕业分数。除此之外，在高中毕业的时候，每一位学生需要写1篇论文，论文的内容为自己喜欢的、愿意研究的方向。如果学生的两项考核同时合格，则可以获得高中毕业证书。

CERTIFICACIÓN DE CALIFICACIONES
Código del Formato: RR DEA 03 03

I. Plan de Estudio:
Código del Plan de Estudio:
Mención:

II. Datos del Plantel o Zona Educativa que emite la Certificación:
Cód. Plantel: Nombre: Dtto.Esc.: *****
Dirección: Teléfono:
Municipio: IRIBARREN Ent. Federal: LARA Zona Educativa: LARA

III. Datos de Identificación del Estudiante:
Céd. Identidad: Fecha de Nacimiento:
Apellidos: Nombres:
Lugar de Nacimiento: BARQUISIMETO Ent. Federal o País: LARA

IV. Planteles donde cursó estos estudios:

Nº	Nombre del Plantel	Localidad	E.F.	Nº	Nombre del Plantel	Localidad	E.F.
1	U.E. INSTITUTO "NUEVA SEGOVIA"	BARQUISIMETO	LA	3	*****	*****	***
2	*****	*****	***	4	*****	*****	***
				5	*****	*****	***

V. Pensum de Estudio:

Año o Grado: CUARTO	Calificación		T-E	Fecha		Plantel
Asignaturas	En Nº	En letras		Mes	Año	Nº
CASTELLANO Y LITERATURA	16	DIECISEIS	F	07	2012	1
MATEMATICA	17	DIECISIETE	F	07	2012	1
HISTORIA DE VENEZUELA	17	DIECISIETE	F	07	2012	1
INGLES	20	VEINTE	F	07	2012	1
EDUCACION FISICA	18	DIECIOCHO	F	07	2012	1
FISICA	17	DIECISIETE	F	07	2012	1
QUIMICA	15	QUINCE	F	07	2012	1
CIENCIAS BIOLOGICAS	15	QUINCE	F	07	2012	1
DIBUJO	14	CATORCE	F	07	2012	1
FILOSOFIA	19	DIECINUEVE	F	07	2012	1
INSTRUCCION PREMILITAR	17	DIECISIETE	F	07	2012	1
******************************	*****	******************	***	*****	*****	*****

Año o Grado: QUINTO	Calificación		T-E	Fecha		Plantel
Asignaturas	En Nº	En letras		Mes	Año	Nº
INGLES	18	DIECIOCHO	F	07	2013	1
EDUCACION FISICA	19	DIECINUEVE	F	07	2013	1
GEOGRAFIA DE VENEZUELA	18	DIECIOCHO	F	07	2013	1
CASTELLANO Y LITERATURA	14	CATORCE	F	07	2013	1
MATEMATICA	18	DIECIOCHO	F	07	2013	1
FISICA	17	DIECISIETE	F	07	2013	1
QUIMICA	17	DIECISIETE	F	07	2013	1
CIENCIAS BIOLOGICAS	17	DIECISIETE	F	07	2013	1
CIENCIAS DE LA TIERRA	19	DIECINUEVE	F	07	2013	1
INSTRUCCION PREMILITAR	17	DIECISIETE	F	07	2013	1
******************************	*****	******************	***	*****	*****	*****

Año o Grado:	Calificación		T-E	Fecha		Plantel
Asignaturas	En Nº	En letras		Mes	Año	Nº

INUTILIZADO

VI. PLANTEL
Apellidos y Nombres del Director (a): ELISA DE MAURIELLO
Número de C.I.: V- 4068[illegible]8
Firma:
SELLO DEL PLANTEL
Para efectos de su validez a nivel estadal.

VII. ZONA EDUCATIVA
Apellidos y Nombres del Director (a):
Número de C.I.:
Firma:
SELLO DE LA ZONA EDUCATIVA
Para efectos de su validez a nivel nacional e internacional y cuando se trate de estudios libres o equivalentes sin escolaridad.

VIII. Programas Aprobados de Educación para el Trabajo: AÑO / NOMBRE / HORAS ESTUDIANTE SEMANAL

****	**********************************	****	****	**********************************	****
****	**********************************	****	****	**********************************	****
****	**********************************	****	****	**********************************	****
****	**********************************	****	****	**********************************	****
****	**********************************	****	****	**********************************	****
****	**********************************	****	****	**********************************	****

IX. Observaciones: PROMEDIO DEL ESTUDIANTE: 17,095
****
****
****
****

X. Lugar y Fecha de Expedición: BARQUISIMETO 25 de MARZO de 2014
Timbre Fiscal: Este Documento no tiene validez si no se colocan en la parte posterior timbres fiscales por Bs. 30% de la Unidad Tributaria.
ESTE SERVICIO ES GRATUITO

图 1 委内瑞拉高中毕业成绩单

第三节　高等教育制度

一、大学教育制度

（一）入学制度

委内瑞拉普通中等教育和中等专业教育毕业的学生都有资格报考大学，且本科阶段的教育是免费的。学生如果没有考入理想的大学，也可以先进入技术学院进行大专阶段的学习，再申请进入本科高年级继续学习。委内瑞拉高等教育入学制度分为两种，即国家分配和自主招生。

1. 国家大学入学系统

国家大学入学系统由委内瑞拉高等教育部监管。学生在高中的最后一年需要进入高等教育部的网站输入他们的个人信息，该系统会根据每位学生个人的情况和各高等教育机构的招生额度对毕业生进行升学分配。

需要录入的信息包括：想要报名的专业和学校（3 个选择）；初一到高一的成绩；家庭居住地址；个人家庭经济情况；课外活动表现（数学比赛、运动比赛等）。系统处理数据之后会为学生发送个人的总分、排名以及所选择的大学的分数线。

2. 大学自主招生考试

如果学生不满意国家为其所分配的大学，也可以报考各大学一年一度的自主招生考试。每个大学会为自己的每个专业设定录取分数线，考试内容也会因报考专业不同而不同。一般来说，理工专业的考试科目有数学、化学、物理、语文；医科专业的考试科目有数学、化学、生物学和语文；文科艺术专业的考试科目有数学、哲学、文化历史、语文。委内瑞拉的公立大学、私立大学和专科学院都可以举行自主招生考试，持有中专以上学历的学生都有资格参加大学自主招生考试。

（二）学制与学位授予制度

大学提供专业教育学士课程和研究性学士课程，并授予学生相关学位。大学本科学习一般为5—6年：普通专业的学习年限需要5年，学生毕业时获得学士学位；医学专业的学习年限为6年，学生可获得医学学士学位。

大学和专科学院都提供短期专业课程，通常为3年制。学生除了学习专业课程及通过考试外，还要参与相关的实习工作，毕业后将会获得高级技术员文凭。

二、研究生教育制度

（一）入学制度

1. 硕士研究生入学

学生攻读硕士研究生的前提条件是必须获得学士学位。读研究生之前，学生需要提前联系导师，在导师对学生各方面审查通过后，会为学生提供一份推荐信，这是老师愿意接受学生的凭证。这之后学生只需要参加一项英语考试，如果考试合格就可以继续攻读硕士研究生学位。

2. 博士研究生入学

持有硕士学位的学生可以申请继续攻读博士学位，申请流程与硕士基本相同，学生在申请攻读前也需要先联系导师，导师为其提供入学推荐信。

（二）学制与学位授予制度

1. 硕士

不同硕士专业的学制不同，该国硕士研究生的学制通常是1.5—3年。其中，以3年学制的硕士课程居多。

还有一类研究生课程是短期课程的后续，课程以先前课程的知识为基础，包括各种实践活动或实习安排。该类项目毕业的研究生称为技术专业研究生。

此类研究生的攻读时间不确定，一般为 1.5 年。学生毕业后获得高级技术员文凭，文凭上会列出其已完成的具体培训。

2. 博士

博士研究生的学制通常是 5 年，学生需要公开发表论文，并且通过论文答辩，才可以被授予博士学位。另外，某些专业还需要实践实习，比如医学博士除了 5 年的学习之外还需要 1 年的临床实习。

第四节　高等教育机构类型

委内瑞拉的大学类型有 3 种，分别是国立自治大学、国立实验大学和私立大学。其中，国立自治大学的学生人数最多，占全部大学生的 80% 以上。自治大学的规模最大，有许多不同的学院。实验大学规模较小，师资力量也较弱，办学重点是应用和技术教育。私立大学通常也很小，但必须遵守国家大学委员会的指导方针，该委员会对委内瑞拉所有大学进行法律监督。

另外，委内瑞拉的高等教育体系还包括师范教育。委内瑞拉的 4 所师范学校位于加拉加斯、马腊凯、马图林和巴基西梅托，主要培养教师，课程时间持续 5 年。

除了正规教育体系，该国还有非正规教育体系。提供非正规教育体系的主要组织机构是全国教育合作委员会和国立开放大学。其中，全国教育合作委员会主要负责为各行业提供学徒培训、业余职业教育培训和失业青年的特别培训。国立开放大学则为工作人士提供 5 年制大学教育的课程，上课形式也有所不同，采取远距离教学。

表 1　委内瑞拉大学排名

大学名称	QS 排名	ARWU 排名	U.S. News 排名	THE 排名
委内瑞拉中央大学（Central University of Venezuela）	701—750			
安德烈·贝罗天主大学（Andrés Bello Catholic University）	801—1000			
安第斯大学（University of the Andes）	801—1000			1001+
西蒙·玻利瓦尔大学（Simón Bolívar University）	801—1000			1001+

参考文献

中文部分

[1] 中华人民共和国外交部：《委内瑞拉国家概况》，2020 年 1 月 17 日，见 https://www.fmprc.gov.cn/web/gjhdq_676201/gj_676203/nmz_680924/1206_681168/1206x0_681170/。

外文部分

[1]Countryeconomy, Literacy rate increase in Venezuela, https://countryeconomy.com/demography/literacy-rate/Venezuela.

[2]Ministerio del Poder Popular para la Educación Universitaria, Ciencia y Tecnología, Ministry of Higher Education, Science and Technology of Venezuela, https://www.4icu.org/institutions/ve/301.htm.

图书在版编目（CIP）数据

图解国别中高等教育制度 / 杜修平主编 . — 北京：东方出版社，2020.11
ISBN 978-7-5207-1755-7

Ⅰ. ①图…　Ⅱ . ①杜…　Ⅲ . ①高等教育 — 教育制度 — 世界 — 图解②中等教育 — 教育制度 — 世界 — 图解　Ⅳ . ① G649.1-64 ② G639.1-64

中国版本图书馆 CIP 数据核字（2020）第 230611 号

图解国别中高等教育制度
（TUJIE GUOBIE ZHONGGAODENG JIAOYU ZHIDU）

责任编辑：张晓雪　张小娜
出　　版：东方出版社
发　　行：人民东方出版传媒有限公司
地　　址：北京市西城区北三环中路 6 号
邮　　编：100120
印　　刷：三河市金泰源印务有限公司
版　　次：2020 年 12 月第 1 版
印　　次：2020 年 12 月第 1 次印刷
开　　本：710 毫米 ×1000 毫米　1/16
印　　张：24.75
字　　数：316 千字
书　　号：ISBN 978-7-5207-1755-7
定　　价：99.00 元
发行电话：（010）85924641　85924738
